跨国项目管理
服务于"一带一路"建设

Transnational Project Management:Service for "the Belt and Road" Construction

戚安邦 孙贤伟 杨玉武 等◎编著

中国电力出版社
CHINA ELECTRIC POWER PRESS

内 容 提 要

本书针对"一带一路"建设中所涉及的跨国投资项目、跨国合作项目和跨国"互联互通"建设项目等所有具有"跨国"特性的项目管理而撰写，全面讨论了针对这种项目所需使用的跨国项目管理的原理和方法。与传统的日常运营管理的原理和方法，以及国内建设、投资和研发等项目管理的原理和方法的不同之处在于，这是一套涉及跨组织、跨文化、跨语言、跨时区、跨法律体系、跨国家治理结构和财税制度等特征的跨国项目管理和评估的原理和方法。

本书的内容共分为四篇：第一篇是绪论，主要是对跨国项目的特性及其管理的原理的讨论；第二篇是跨国项目的评估，包括跨国项目技术经济可行性评估、微观环境评估和宏观环境评估；第三篇是跨国项目团队的管理，包括跨国项目团队的建设和能力管理；第四篇是跨国项目的跨文化管理，包括跨国项目的跨文化影响及其应对、沟通管理、风险管理、变更管理。这些跨国项目管理的原理和方法可供跨国项目管理者们在开展跨国项目管理过程中使用，也可供管理和工程的本科生与研究生学习使用，借此为我国"一带一路"建设中所出现的大量跨国项目的管理服务。

图书在版编目（CIP）数据

跨国项目管理：服务于"一带一路"建设 / 戚安邦等编著. —北京：中国电力出版社，2020.8
ISBN 978-7-5198-4735-7

Ⅰ. ①跨… Ⅱ. ①戚… Ⅲ. ①跨国公司－项目管理－研究 Ⅳ. ①F276.7

中国版本图书馆 CIP 数据核字（2020）第107761号

出版发行：中国电力出版社
地　　址：北京市东城区北京站西街19号（邮政编码100005）
网　　址：http://www.cepp.sgcc.com.cn
责任编辑：李　静（1103194425@qq.com）
责任校对：黄　蓓　马　宁
装帧设计：九五互通　周　赢
责任印制：钱兴根

印　　刷：三河市百盛印装有限公司
版　　次：2020年8月第一版
印　　次：2020年8月北京第一次印刷
开　　本：787毫米×1092毫米　16开本
印　　张：17.75
字　　数：308千字
定　　价：78.00元

| 前　言 |

本书是在我国经过 40 多年改革开放的高速发展后，逐步迈入了世界中高等收入国家行列的背景下，为克服"中等收入陷阱"（人均收入上万美元时国民经济发展的陷阱），特别是在当今大国博弈和百年大变局的国际环境，为服务于国家的"开放发展战略"和"'一带一路'倡议"而撰写的专著。本书与我们先后出版的《创新项目管理》和《创业项目管理》是服务于国家发展战略的系列性著作。

本书针对"一带一路"建设中所涉及的跨国投资项目、跨国合作项目和跨国"互联互通"建设项目等因"跨国"而导致的独特性，全面讨论了针对这些独特性所应该使用的跨国项目管理原理和方法，这套方法既不同于企业日常运营管理的原理和方法，也不同于国内项目管理的原理和方法，它是一套涉及跨组织、跨文化、跨语言、跨时区、跨法律体系、跨国家治理结构和财税制度等一系列跨越特征的跨国项目管理和评估的原理和方法。

虽然我国自 1999 年引进现代项目管理知识体系和原理与方法（作者是国家外专局该引进工作的合作者并获得了他们颁发的引进十年和二十年两次特殊贡献奖）至今，已经有很多的国内项目管理人才，但是十分缺乏开展这种跨国项目管理的人才。作者之所以把这本书称作"跨国项目管理"（而非"国际项目管理"等名称），就是想突出这种跨国项目中的"跨越"特性，以便有针对性地为我国培养"一带一路"建设所需的跨国项目管理人才服务。

本书适合作为本科生和研究生学习的教材使用，同时可作为开展跨国项目管理的企业和个人指导实践的用书。本书由南开大学戚安邦负责第 1 章和全书的策划与编撰，南开大学杨玉武负责第 12 章的编著和全书统稿，天津理工大学孙贤伟负责第 2 章的撰写和全书的校验，其他各章的作者分别是：第 3 章华南师范大学张辉、

第 4 章南开大学的翟磊、第 5 章天津商业大学的郑丽霞、第 6 章南京审计大学的熊琴琴、第 7 章河北工业大学的刘广平、第 8 章浙江电子科技大学的杨伟、第 9 章内蒙古财经大学的陈丽兰、第 10 章山西财经大学的高跃、第 11 章石家庄铁道大学的项志芬。本书如有不妥之处还请读者批评指正。

| 目　录 |

第一篇

绪　论

我国在经历了 40 多年改革开放的高速发展后，已经逐步迈入了世界中高等收入国家的行列，人均收入已经在 2019 年达到了 10000 美元，这在全球各国的发展史上是史无前例的。同时，我国经济发展到今天已经不能再按照"世界工厂"的模式发展下去了，因为那样我国就会掉入世界银行 2007 年提出的"中等收入陷阱"（人均收入到 10000 美元左右时国民经济发展会出现的问题）。特别是在当今大国博弈和百年大变局等一系列的国际环境变化中，我国必须按照"科学发展观"和"实现中华民族伟大复兴的'中国梦'"的大政方针，以及党和国家提出的"创新、协调、绿色、开放和共享"发展的理念和战略去谋发展。其中，"开放发展"战略和"一带一路"倡议成为我国新时代的主要发展途径和方向之一，以及建设"人类命运共同体"的落脚点。

在我国开展的"一带一路"建设和"开放发展"战略过程当中，会有大量的跨国投资项目、跨国合作项目、跨国建设项目等。这些项目都有一个共同的特征，那就是由于跨国所带来的跨越多种组织和文化等界面的特征。因为这类跨国项目是由投资国（一国或多国）和东道国共同开展的跨国项目，所以这种跨国项目会涉及跨组织、跨文化、跨语言、跨时区、跨法律体系、跨国家治理结构和财税制度等跨越各种界面和多方面体系的特征。

虽然我国现在有很多国内项目管理的人才，但是十分缺乏开展这种跨国项目管理的人才。本书就是针对这种跨国项目管理的独特性，为服务于我国开展"一带一路"建设和实施"开放发展"战略所撰写的。作者之所以把这本书称作"跨国项目管理"（而不是国际项目或全球项目等名称），最重要的就是想突出这种跨国项目中所具有的跨越各种界面的特性，从而为培养我国"一带一路"建设所需的全新跨国项目管理服务人才。

第1章

| 跨国项目的概念和特性

南开大学　戚安邦

为了开展"一带一路"建设项目和实施开放发展战略，我国当今和未来会有大量的跨国项目需要去管理，所以本章将首先讨论这种跨国项目的特征及其独特性。

1.1　跨国项目的定义与内涵

有关跨国项目的定义和特性的说法有很多，其中多数是西方国家的文献中所给出的。从西方国家的角度出发，这类项目多数被称作国际项目（欧洲人是这样称呼的，因为他们认为两个以上国家就是国际），或全球项目（美国人更愿意这样叫，因为他们自信自己是全球的管理者），以及海外项目（英国人喜欢这样叫，因为他们在岛上，其他地方都是海外）。这些与本书给出的跨国项目的定义与内涵有很大的不同，本书对跨国项目的定义与内涵如下。

1.1.1　跨国项目的定义

跨国项目是指跨越两个或多个国家，由多个不同组织的成员，为实现既定的项目目标，通过相互协同与合作完成一种具有过程性、独特性、制约性、不确定性、高风险性、一次性和经济性等特征的项目活动。

很显然，这种定义的跨国项目首先具有一般项目所拥有的目的性、独特性、制约性、不确定性和一次性等特性，更重要的是这种跨国项目由于跨越多种界限或界面（如国界、组织界面和文化等）的特征，所以这种项目最大的独特性就是跨越性。

跨国项目不同于跨国公司的跨国运营运营活动，因为跨国公司运营活动是周而复始不断重复的跨国企业的组织活动，而跨国项目是一次性的组织活动。跨国项目也不同于在国内开展的项目，因为国内项目不需要跨越国度。另外，本书所讨论的跨国项目不同于国际援助项目或国际合作项目等非营利项目，跨国项目具有营利性的特征。

1.1.2　跨国项目的内涵

此处的跨国项目指的就是为实现盈利所开展的跨国建设或投资项目，这种跨国项目的主要内涵的具体分述如下。

1. 跨国项目的目的性和营利性

跨国项目的首要特性是目的性，这是指每个跨国项目都是为实现项目所涉及国家和组织的既定目标服务的，所以每个跨国项目管理都必须根据项目的既定目标去开展决策、计划、设计、实施与控制。这种跨国项目的特性可使用三方面指标进行描述：其一是有关跨国项目功能或价值方面的指标，其二是跨国项目产出物的特性指标，其三是跨国项目工作的要求指标。

其中，跨国项目的功能或价值指标是指项目所能发挥的作用和所能产生的社会和商业价值指标，跨国项目产出物的特性指标是指项目所需产出的产品或服务的规定指标，跨国项目工作要求指标是指项目各项工作的计划和要求指标。通常，跨国项目产出物特性指标是根据项目功能或价值分解得到的，而跨国项目工作要求指标是根据项目产出物特性指标分解得到的。

对这种营利性的跨国项目而言，最为重要的是借助跨国项目评估去分析和确认跨国项目在技术和经济等方面的可行性。这既要通过开展跨国项目财务可行性评估去确认项目的盈利能力，又要通过开展项目国民经济可行性评估去确定项目对于国家的贡献情况。其中，跨国项目财务可行性评估必须全面考虑所涉及国家的现行财税制度和规定，而国民经济贡献就需要考虑跨国项目对于东道国和投资国等的项目所跨越国家的国民经济贡献情况。

2．跨国项目的过程性和制约性

跨国项目最主要的特性是其过程性，因为跨国项目的过程性是其开展管理的前提条件（没有过程而瞬间发生的事就无法管理，如地震就难以管理）。由于跨国项目涉及两国或多国参与的决策、计划、涉及和控制等活动，使得这种项目的过程需要跨越国家、组织、文化、治理体系等诸多边界的过程，所以跨国项目过程不同于国内项目的过程。

跨国项目的过程性使得这种项目可以划分出一系列的项目阶段，这些项目阶段可进一步划分出一系列的项目工作包，甚至更进一步划分成一系列的项目活动，从而使得跨国项目可以分阶段管理，以及按照基于活动的方法去开展项目管理。

跨国项目的制约性是指项目会受到所处跨国环境与条件的限制和制约，包括资源供应和实施环境与条件等方面不同程度的制约。因为这种项目跨越国家、组织、文化、治理体制、语言、沟通、社会环境和自然环境等方面因素，所以这种跨国项目制约的因素和条件相对较多，并且项目的制约性也十分独特。

其中，跨国项目所需资源的制约主要包括跨国项目所需人力、财力、物力、信息资源等方面的制约。跨国项目实施环境与条件方面的制约主要包括跨国项目所处宏观环境、微观环境和项目实施条件等方面的制约。其中，跨国项目涉及的不同国家体制、机制和现行财税与法律制度方面的制约是最为重要的制约，所以找出这些制约是确保跨国项目成功的关键。

3．跨国项目的一次性和独特性

跨国项目的一次性也被称为时限性，这是指每个跨国项目都是有始有终的，即它们都有自己的项目起点与终点。由于跨国项目的这种一次性，使得人们只有一次机会，因此若跨国项目管理或决策中出现任何重大失误或错误，那么就只有"不成功便成仁"的结果了。虽然跨国项目可以借助变更去纠正项目管理失误，但是变更后的跨国项目已经不是原来的跨国项目了。

跨国项目的这种一次性与项目持续时间长短无关，不管项目持续时间多长，跨国项目管理都只有一次机会。这完全不同于日常运营管理，因为日常运营管理是周而复始不断重复的，所以即使人们某一次出了问题也还有后续补救的机会。但是跨国项目管理的一次性使得人们没有后悔或反悔机会，这就使得跨国项目管理相对困难得多。

跨国项目的独特性是指跨国项目在项目时间、地点、目标、环境、条件和项目产出物，以及项目工作等各方面所存在的独特之处，这使得跨国项目的管理很难完全借鉴前人的经验和教训。虽然跨国项目在某些方面会同历史类似项目具有相同性，但是任何一个跨国项目必然在某些方面会存在与其完全不同的、全新的和独特的地方。

这就使得人们要想做好跨国项目就必须首先充分认识其独特性，并且针对其独特性去开展有效的管理。需要特别指出的是，跨国项目独特性使得项目实施者没有经验和知识可供借鉴，只能按照"吃一堑长一智"的办法去摸索着开展跨国项目的管理。这不仅导致了跨国项目管理难度的增加，而且导致了跨国项目的高度不确定性和风险性。

4. 跨国项目的不确定性和风险性

跨国项目不确定性指的是由于项目的环境与条件的发展变化，以及人们对于跨国项目环境与条件的认识深度和广度方面存在的不足所导致的项目结果的不确定性。跨国项目的不确定性有两种不同的状态：一种是跨国项目某件事情会有两种或几种情况或结果，人们不确定哪种情况或结果会发生，但是知道每种情况或结果的发生概率（$P<1$ 的情况）；另一种是跨国项目某件事情的结果完全不确定，人们不知道会有几种情况或结果（$P=?$ 的情况）。

在跨国项目管理实践中，绝大多数的跨国项目具体事情的发生概率是小于 1 的（相对不确定性），而这正是导致跨国项目风险损失（情况变坏）或收益（情况变好）的根源所在。因此，跨国项目管理的核心任务是对于项目不确定性的管理，因为只有做好这方面的管理才能够实现变坏事为好事的结果。

跨国项目的风险性是指由于跨国项目环境或条件的发展变化所导致的项目风险损失或风险收益的特性，即会带来跨国项目花费增加或项目收益增加的特性。实际上每个跨国项目都会有风险性，这是由于跨国项目需要跨越国家、文化、语言、治理体系等一系列界面，使得跨国项目的环境和条件更加复杂和多变，从而导致的项目创新风险损失或收益。

需要特别注意的是，跨国项目的风险性并非只是会带来风险损失，跨国项目的风险性也有可能会带来项目风险收益。所以，跨国项目管理最重要内容就是"趋利避害"，即努力消减项目风险损失和增加项目风险收益。

5. 跨国项目的其他内涵和属性

除了上述特性，跨国项目还有其他一些内涵和属性。这包括：跨国项目后果的不可挽回性，跨国项目组织的临时性与开放性，跨国项目商流、物流、信息流和资金流的独特性等。这些与上述跨国项目的内涵和属性是相互关联和相互影响的，而所有的跨国项目的内涵和属性的共同作用，决定了一个跨国项目及其管理的成败。

例如，由于跨国项目的独特性和一次性导致了跨国项目后果的不可挽回性，从而使得跨国项目管理具有了"不成功便成仁"的特性。正是由于跨国项目的过程性和制约性，从而导致了跨国项目组织的临时性（一旦跨国项目完成则其项目团队就会解散）和开放性（项目团队成员需要根据项目进程的需要实时进入和退出项目团队，以节约跨国项目的成本），这就大大增加了跨国项目团队组织和资源管理方面的难度。

另外，跨国项目的商流、物流和信息流所具有的独特性是由于涉及两个或多个国家和组织等情况造成的，跨国项目必须遵守两个或多个国家的法律法规和制度与标准。跨国项目的商流和物流，以及人员流动会涉及海关、商检、签证等一系列国内项目所不涉及的事情，而跨国项目的信息流会因为跨越语言和文化等方面的问题而更为困难。

1.2 跨国项目的跨越特性

跨国项目最根本的独特性在于其跨越多种界面的特性，即跨国项目具有跨越国界、跨越组织边界、跨越不同文化、跨越不同时区、跨越不同治理体系和跨越不同语言等一系列"跨越边界或界面的特性。正是由于跨国项目的这些跨越特性，使得跨国项目的管理完全不同于国内项目的管理。有关跨国项目的跨越特性可见图 1-1 给出的示意。

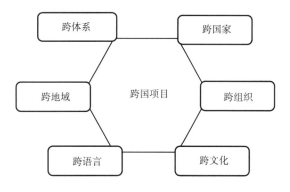

图 1-1 跨国项目独特性的构成

由图 1-1 可以看出跨国项目涉及需要跨越的内容主要有六个方面，这六个方面又组成了相互关联的三个主要的内容，这些内容的具体讨论如下。

1.2.1　跨国家和跨组织

跨国项目的首要特性就是这种项目涉及两个或多个国家，为实现两个或多个国家的经济利益所开展的项目。虽然国内项目的工作也有分布在不同地区或地点的工作，但是项目团队成员基本是同一个国家公民，项目不涉及跨越国家的问题。同时，国内项目的全体参与者虽也是来自不同的组织和群体，但是这些组织和群体所构成的项目全团队成员都是在共同熟悉和遵守的国家法律法规、文化习俗中开展工作，都是使用共同熟悉的语言和风俗惯例去开展项目工作管理。然而，跨国项目因跨越国家和不同国家中的组织而到导致管理难度大大提高。实际上跨国项目跨国家和跨组织的特性是导致其他特性的根源。

1．跨越不同国家的特性

对于跨国项目而言，跨越国家的特性使得项目团队成员必须在不同国家中开展各自负责的项目实施和管理工作，因此跨国项目管理就需要对在不同国家和地点开展项目实施和管理的项目团队成员进行沟通、协调和管理。这种处于不同国家和地理位置的项目团队成员之间的合作、沟通和管理是一种巨大的挑战，因为这不但使得大家难以开展面对面的沟通（如项目会议）与协调（如商定项目变更），而且使得项目工作的组织和管理相对困难得多。

例如，在跨国项目的沟通和协调中所使用的电话沟通就有看不到对方的肢体语言和表情，这不但会使得沟通效果不佳，甚至会导致各种各样的误会发生。即便人们通过长途旅行去开展面对面的沟通与协调，也会导致跨国项目沟通成本和时间的大幅度提升。因此跨国项目管理必须制定有效的沟通、协调、管理战略和策略，以提高跨国项目管理的成效。

2．跨越不同国家中组织的特性

同时，跨国项目还涉及不同国家的众多组织级的参与者，这些不同国家中参与项目的组织既包括企业（项目业主和承包商等）等营利性组织，也包括项目的政府主管部门的非营利性组织。因为不同国家中的组织会具有不同的组织文化、管理规章与制度，这就使得跨国项目的组织、实施和管理中具有了多元组织文化和众多组织边界。

这虽然有时会为跨国项目管理提供某种额外的创造力，但同时也会由于这些组织之间存在的文化差异而出现更多的误会和冲突。因此，跨国项目的管理者必须建立起有效的跨组织管理的规程，以解决跨国项目所面临的不同组织政策、组织流程和组织文化的分歧和冲突，从而降低跨国项目的多元组织文化和边界带来的负面效应。

1.2.2　跨文化和跨语言

由于跨国项目跨越了不同国家和组织的界限，所以就导致了跨国项目的另一个主要特性，即跨文化和跨语言的特性。在国内项目中由于不涉及跨文化和跨语言的问题，所以从项目沟通到项目决策，从项目决策到项目实施和管理的难度和挑战多相对较低。但是对于跨国项目的实施和管理而言，这种跨越文化和语言的障碍和挑战大大增加了跨国项目管理的难度，并会导致一系列国内项目所没有的困境和制约。

1.　跨越不同的文化

从跨文化的角度上说，由于具有不同民族、宗教和不同传统的国家，在社会价值、道德规范、宗教信仰、风俗习惯及饮食文化等众多方面会有很大的不同。例如，远东地区以儒家文化为主的国家和中东地区以伊斯兰文化为主的国家，在社会价值、道德规范、宗教信仰、风俗习惯及饮食文化等众多方面会有很大的不同，所以在这两种国家间开展跨国项目就会有众多的管理困难和挑战。

例如，2010 年中国铁建在沙特阿拉伯麦加的轻轨项目上中标，合同规定该项目需于 2010 年 11 月 13 日开通运营并达到 35%运能，中国铁建将其理解为这是指只需要开通四个车站就可以了，结果出现争议。再加上其他原因，最终使得中国铁建亏损了约 7 亿美元（折合人民币 40 多亿元）。由此可见，跨国项目中的跨文化问题会给跨国项目的管理带来十分严重的困难和挑战。

2.　跨越不同的语言

跨国项目的组织和管理中还存在一个跨语言所带来的问题和挑战，这不同于人们在国内项目组织和管理中使用自己母语的沟通，再加上不同的社会文化背景就会导致沟通障碍。虽然跨国项目管理者会商定一种通用语言作为项目沟通和交流通用语言，但是对于那些非母语的跨国项目团队成员而言，还是会带来众多的问题和困难。

例如，人们可以将英语作为跨国项目的通用语言，这对于母语不是英语的项目团队成员要充分表达自己的思想和意识是有困难的。最为重要的是，全世界两大语系中的汉藏语系和印欧语系在逻辑系统上有很大的差异，这就形成了使用两个不同语言的人们具有了不同的思维逻辑，而这会是"一带一路"跨国项目沟通、组织、管理与合作中重要的障碍和挑战。

1.2.3　跨地域和跨体系

跨国项目涉及的国家会处在不同的地域，这就涉及跨地域所导致的问题，包括地理方面跨越地域问题、地缘政治方面的问题、时区跨越方面的问题等一系列的问题，从而使得跨国项目不再是单纯地进行项目管理。同时，跨国项目涉及的国家会有不同的法律法规、政策制度和治理结构等，这就使得跨国项目需要在这些不同的体系中开展管理，从而大大增加管理的难度和挑战。

1．跨越不同区域

跨国项目在跨越国界而涉及不同国家的同时，因不同国家所处于世界的地区不同而增加项目管理的难度。例如，在"一带一路"建设中的跨国项目，投资可能来源于欧洲的发达国家，项目管理者可能来源于亚洲基建发达的国家，但是项目所在地可能是相对不发达的非洲国家。这样一个项目就会涉及欧洲、亚洲和非洲三个不同的大洲，其次会涉及欧盟、中国和非盟等地区组织或国家，同时还会涉及相关的地缘政治和大国博弈等方面的问题。

所以，跨国项目会涉及跨越不同地区（甚至是时区）所涉及的地理位置和地缘政治等方面的问题，这就使得跨国项目团队需要在全球中的不同地区或时区的不同时间去开展管理。这种跨国项目团队成员之间的时差和分时工作，会导致项目管理信息滞后，造成跨国项目不确定性的提高和风险性的增加。

2．跨越不同的治理体系

由于跨国项目需要跨国家去实施，而不同国家有不同的治理体系和统治机制，这就使得跨国项目的组织和管理具有了更大的挑战性。因为从社会体制上说，社会主义国家是以公有制为主、按劳分配为主和计划经济为主导的，而资本主义国家是以私有制为主、按资分配为主和市场经济为主导的，在这两种完全不同的国家体制之间开展跨国项目的组织、实施和管理会有很多矛盾和冲突。因为在跨越国家开展项目的过程中，人们会遇到很多在现行财税制度、财政金融政策、经济、产业和投资法律法规与政策等方面的差异，这些更会给跨国项目带来管理方面的困难和挑战。所以，人们要开展跨国项目就必须首先去研究和适应所跨越国家的现行治理体系、法律法规和政策等方面的差异及其协调方法。

同时，发展中国家和发达国家在治理体系方面也会存在很大差异。相对而言，发达国家的治理体系比较完善和有效，所以这些国家的各种财政、金融、经济、财税、产业和投资等方面的法律和法规会比较透明、完善和有执行力。但是，发展中国家在国家治理体系方面的建设相对滞后，所以这些国家的各种财政、金融、经济、财税、产业和投资等方面的法律和法规会比较不透明、不完善和难以执行。在这种发展中国家去开展跨国项目的组织、实施和管理就会面临无章可循的困难局面，甚至还有一些发展中国家的政府腐败等问题更会使得与这些国家开展跨国项目变得举步维艰。由此可知，在跨国项目的组织、实施和管理中最大的挑战是学习、掌握和使用外国的现行法律、法规和政策等治理体系相关要素。

综上所述，跨国项目具有自己十分独特的属性和内涵，这些独特的属性和内涵使得跨国项目的管理与国内项目管理具有了很大的不同，而且跨国项目管理所面临的困难和挑战更大一些。因此，人们就必须认真学习和研究应对这些困难和挑战的原理和方法。

1.3 跨国项目分类及其管理难度

为了更好地认识跨国项目的特性，人们还可以使用不同特性或标志对跨国项目进行分类。人们可以利用分类的方法，去更好地认识跨国项目的管理难度和挑战。因此，人们需要以跨国项目的独特性作为分类的标志，认识由此带来的管理难度和挑战。

1.3.1 跨国项目的分类

根据管理学的原理，人们可以根据事物特性去借助分类方法认识某种事物及其管理的难度。因此跨国项目可以按照上述各种特性进行分类，有关跨国项目的具体分类分述如下。

1. 跨国项目独特性的分类

按照跨国项目独特性进行分类，可以给出跨国项目在管理上面临的挑战。通常，使用定性分类的方法，人们可以按跨国项目独特性将其分成如下三个种类。

（1）高独特性的跨国项目。这是指此前人们鲜有尝试过的那种跨国项目，即那种几乎"前无古人"经验和教训可以借鉴的跨国项目。由于这种跨国项目的经验和知识都十分稀缺，人们无法使用由此及彼和借鉴前人经验的方法去找到开展这种独特性很高的跨国项目的组织、实施与管理相关的信息和常识。最终人们只能够按照"摸着石头过河"的办法，去开展这种独特性高的跨国项目的管理。

（2）中等独特性的跨国项目。这是指人们此前曾经尝试过的一种跨国项目，即具有某些前车之鉴的经验或教训可供参考或借鉴的跨国项目。由于这种跨国项目的经验和知识有限，虽然人们在某些方面可以使用由此及彼和借鉴前人经验的方法，去找到开展这种跨国项目的组织与管理的相关信息和常识，但是人们对这种中等独特性跨国项目管理的某些方面还需要按照 “吃一堑长一智”的探索办法去开展这种跨国项目的管理。

（3）低独特性的跨国项目。这是指人们曾经多次开展的那种跨国项目，即有较多历史类似项目的经验或教训可供参考或借鉴的跨国项目。由于这种跨国项目的经验和知识相对较多，所以人们基本上可以使用统计的方法去找到开展这种跨国项目管理方法和规律。因此，这种跨国项目的管理与前面讨论的高独特性和中等独特性跨国项目的管理相比，在管理难度上要低得多，可能遇到的各种挑战也会相对较低。

2. 跨国项目制约性的分类

这是指按照跨国项目在时间、资源、环境等方面存在制约的特性所做的一种分类，人们需要使用属性分类的方法去认识跨国项目制约性所带来的管理问题和挑战。通常，人们可以按跨国项目在不同方面存在的制约，将它们分成如下三个种类。

（1）具有时间制约的跨国项目。通常，多数跨国项目都具有时间的制约特性，因为对于任何人和项目而言，时间这种独特资源都是刚性的和短缺的。中国话说的“子在川上曰，逝者如斯夫，不舍昼夜”，指的就是人们一天之内只有 24 小时的时间，且不管人们努力与否时间都在流失。通常，不同的跨国项目在时间制约方面有高有低，时间制约较低的跨国项目比较容易管理，而时间制约较高的跨国项目管理难度会较高。由于时间的刚性和短缺，使得人们很难找到消除跨国项目时间制约的方法，多数只有赶工和砍项目范围等有限的管理方法。

（2）具有资源制约的跨国项目。这是指跨国项目在人力、劳力、物力和财力等方面有制约，通常是资源制约越高的跨国项目的管理会愈加困难。由于人们需要千方百计地去借助各种资源替代方案和资源合理配置的方法去解决这种项目资源的制约，结果就使得具有资源制约性的跨国项目管理难度大大提高。中国人所说的“巧媳妇难为无米之炊”，“难为”二字说的就是这个道理。实际上，跨国项目管理在很大程度上就是为解决资源的制约服务的，这通常被称为项目资源的合理配置。由此可知，跨国项目资源的制约性分类是认识跨国项目的一种重要手段。

（3）具有环境制约的跨国项目。这是指跨国项目所处微观环境和宏观环境两方面的制约，包括跨国项目在项目实施阶段和项目运营阶段在这两方面的环境制约。实际上，有些跨国项目在实施过程中还可能会受到施工现场环境条件的制约（微观环境），有些跨国项目在运行过程中会受到国家经济环境或政策方面的制约（宏观环境），还有些跨国项目会在项目实施和运营阶段都受到宏观和微观环境方面的制约。这种跨国项目环境与条件的制约是一种外部因素的制约，人们对于这种制约只有很微小的影响或改变能力，所以这方的制约性越高项目的管理难度就越大。

3．跨国项目不确定性的分类

这是指人们对跨国项目的环境与条件，以及由此导致的跨国项目及其活动结果的不确定性，这是由于人们对于跨国项目所拥有的信息不完备而造成的一种特性。人们对于跨国项目所拥有的信息会有三种情况，按照这三种情况对跨国项目的不确定性进行分类。

（1）确定性的跨国项目。这是指人们确切地知道跨国项目的环境和唯一的后果，即项目后果发生概率接近于百分之百的情况（$P \approx 1$）。这种跨国项目的管理容易，因为这种确定性的跨国项目是可以预知和预测的。但在实际中这种跨国项目是很少的，只是有些项目生命周期很短的跨国项目才会有这种情况。因为几乎没有跨国项目环境与条件是不发生变化的，不管是跨国项目实施阶段还是运营阶段的环境与条件都会发生某种发展变化。

（2）风险性的跨国项目。此时人们知道跨国项目会因环境变化情况而出现的几种后果，并且人们还知道各种情况和后果的发生概率，但不知道哪种环境变化情况和哪种后果会实际发生（$P<1$）。这是绝大多数跨国项目的真实情况，因为实际上跨国项目的微观和宏观环境与条件因涉及多个国家和组织，以及众多的项目参与者，所以一定会有很多主观和客观的环境与条件，以及要求和期望方面的发展变化，从而使得跨国项目的结果出现某种不确定性。

（3）完全不确定性的跨国项目。这是指人们既不知道跨国项目环境会如何发展变化，以及会导致几种不同的后果，而且不知道项目各种后果的发生概率（$P=?$）。这种跨国项目是完全不确定的，人们只能按照"摸着石头过河"的模式去开展管理。当然，这种跨国项目也是比较少的，因为实际上人们总会对一个具体跨国项目的环境发展变化有某种认识，否则人们不会去参与该项目。但是有些跨国项目的环境的确会出现突变的情况，如项目所在发生地震就属于此类情况。

4．跨国项目风险性的分类

任何跨国项目都是有风险的，只是风险的大小与好坏不同而已。按照传统风险管理理论，风险就是发生损失的可能性。但按照本书作者的研究结果，任何风险都包括风险损失和风险收益两个方面。因此，跨国项目可按照风险损失和收益情况进行分类。

（1）风险损失大于风险收益的情况。这是指在跨国项目风险识别与度量中，出现了项目风险损失大于项目风险收益（期望值小于零）的情况。这种跨国项目从经济性上是不可行的，因为这种项目涵盖风险的净现值（NPV）小于零。所以，这种跨国项目必须取消或终止，因为这种跨国项目的最终结果很可能是亏损或不经济的。实际上在跨国项目的评估中，最为重要的就是找到这种类型的跨国项目，以便规避或放弃这种跨国项目。

（2）**风险损失基本等于风险收益的情况**。这是指在跨国项目风险识别与度量的结果中，出现了项目风险损失大致等于项目风险收益（项目风险收益期望值等于零）的情况。这种项目由于其涵盖风险的净现值（NPV）等于零，所以它从经济性上评估是可行的（因为 NPV 所使用的行业基准利润率表明这种项目不但能收回投资并获得行业平均利润的运营收益）。在跨国项目评估中，这种项目是可以开展或实施的跨国项目。

（3）**风险损失小于风险收益的情况**。这是指跨国项目风险结果中出现项目风险收益大于风险损失（期望值是大于零）的情况。这种项目由于其涵盖风险的净现值（NPV）大于零，所以它从经济性上是完全可行的。因为即使综合考虑了项目风险收益后，这种项目仍能获得高于行业平均利润率的投资回报和运营收益。实际上多数跨国项目应该是这种情况的，因为这就是人们按照高风险高收益的投资理念所开展的跨国项目。

5. 跨国项目组织开放性的分类

这是指按照跨国项目团队在不同的项目阶段的开放情况所做的一种分类，因为跨国项目在不同阶段所开展的工作与活动的不同的而需要不同技能或专业的人员进入和退出项目团队。这种跨国项目组织开放性的分类，具体情况分别讨论如下。

（1）**基本封闭的跨国项目组织**。这种跨国项目团队成员基本上自始至终是不变的，只有很少项目团队人员会中途退出或进入项目团队。这种跨国项目的组织有两方面的特点，其一是管理难度相对较小，因为人们的合作随时间增长会变得更好；其二是因为项目团队成员相对固定，可能会因组织活性较差而影响项目团队的绩效。这类基本封闭的跨国项目组织刚性高而柔性差，且不利于按照项目需要去匹配团队成员。

（2）**半开放的跨国项目组织**。这种跨国项目基本上按项目不同阶段需要去组织安排项目团队成员的退出或进入，这包括对于项目分包商和咨询者的使用等。这种跨国项目组织的管理也有两方面的特点，其一是管理难度适中，因为人员的进出相对有限；其二是能够实现专业人员做专业的事情，因为项目团队成员根据项目任务与活动适当更换。这样会提高项目团队的绩效，但是这需要具有较高的跨国项目组织管理能力。

（3）全开放的跨国项目组织。这种跨国项目的团队成员只有少数项目管理者是自始至终不变的，多数项目团队成员会及时退出或进入项目团队。这种跨国项目的组织管理也有两个特点，其一是管理难度相对较大，因为项目团队成员频繁进出都需要管理；其二是因项目团队成员随项目任务与活动不断更换，会提高项目组织活性和项目团队的绩效。但是这种项目组织需要具有很高的组织管理能力，否则会因项目组织柔性过大而导致组织混乱。

6．跨国项目跨越度的分类

跨国项目最大的特性就是跨越性，因为跨国项目跨越的边界或界面越多，则管理的难度越大，所以跨国项目还需要按跨越度进行分类。

（1）**高跨越度的跨国项目**。这是指跨越多个国家、多个组织、多种文化、多种语言、多个时区和多种治理体系的一类跨国项目，其管理难度相对较大。因为这种项目所涉及的参与者不但数量众多，而且有语言和文化不同造成的沟通困难。最重要的是，这种跨国项目会面临多种不同的管理体制和机制，以及由此导致的不同法律法规和财税制度。例如，一个跨国项目涉及两个国家的不同财税体制就会使得项目成本或造价管理变得困难，如果项目涉及多个不同国家的不同财税体制就会使项目成本或造价管理变得更加艰难。

（2）**中等跨越度的跨国项目**。这是指跨越的国家、组织、文化、语言、时区和治理体系相对有限的一类项目，这是一种管理难度相对适中的跨国项目。由于这种项目所涉及的参与者适量，且相互之间的文化和语言障碍相对较小而使得沟通难度较低。虽然这种跨国项目也会面临不同的管理体制与机制和不同法律法规与财税制度，但是由于历史的联系和相互影响，会使得克服这些方面的不同去开展管理相对容易一些。例如，涉及东亚国家的跨国项目，如中国和柬埔寨等国家开展的两国的跨国项目，在管理难度上就相对比较低。

（3）**低跨越度的跨国项目**。这是指那些虽然跨越国家、组织、文化、语言、时区和治理体系，但是以一国的组织作为项目实施主体去开展的项目（如项目总承包、交钥匙过程或 EPC 总承包等），这是一种管理难度相对较低的跨国项目。虽然这种跨国项目所涉及的参与者也具有多国、多组织、多文化和多语言等特性，但由于这种项目的组织、实施和管理主体以某方为主，所以这种跨国项目所具有的沟通和管理障碍相对较少、难度相对较低。这种跨国项目虽面临不同的管理体制与机制和不同法律与财税制度，但是因由项目总包商负责统一组织管理而难度相对较低。

1.3.2　跨国项目管理难度系数

根据上述讨论可知，跨国项目的管理难度和挑战是很高的。所以，了解和区分跨国项目管理难度情况，可以帮助人们更好地去做好跨国项目的评估、组织与管理。

1. 跨国项目管理难度系数的内涵

由于每个跨国项目具有不同的目的性、过程性、独特性、制约性、环境不确定性、风险性、一次性和经济性等特性，所以不同跨国项目会有不同的管理难度系数。人们未来能够管理好具体的跨国项目，就需要度量和确定一个跨国项目的管理难度系数。根据此前的讨论可知，跨国项目的独特性、制约性、不确定性、风险性和组织开放性是影响跨国项目管理难度的根本所在。关于它们所构成的跨国项目管理难度系数的具体讨论如下。

（1）**跨国项目独特性的指标**。很显然，一个跨国项目的独特性越高就越难管理，因为该项目没有前人经验可供借鉴，这会使得人们对于这种跨国项目特性的认识变得困难。因为人们无法使用由此及彼和借鉴前人经验的方法去找到这种项目组织和管理相关信息，所以只能够按照"摸着石头过河"和"吃一堑长一智"的摸索方法去开展这种跨国项目的管理。因此，跨国项目的独特性越高，项目的管理难度系数就越高。

（2）**跨国项目制约性的指标**。同样，跨国项目各方面的制约性越高，人们就需要付出更多努力去克服项目的制约情况，这就增加了跨国项目组织和管理的难度。反之，如果一个跨国项目在时间、资源和环境方面的制约性越低，那么人们在项目的组织和管理中所需付出的努力就少一些，所以其管理难度系数就会低一些。很显然，如果一个跨国项目只存在时间或资源等方面的制约，那么这种跨国项目的管理难度系数就会低于具有多种制约的跨国项目。

（3）**跨国项目不确定性的指标**。这也是重要的跨国项目管理管理难度系数的影响指标，因为跨国项目的环境与条件发展变化等不确定性，人们就会因缺乏必要的信息而无法做出正确的决策和科学的管理。虽然每个跨国项目都有环境与条件等不确定的问题，但是不同跨国项目的不确定性程度是不同的。例如，有些国家政局不稳、经济失衡、社会混乱或气候恶劣，则在这种国家开展跨国项目管理就会有较高的难度系数。

（4）**跨国项目风险性的指标**。这也是跨国项目管理难度系数的影响指标，这是指因跨国项目风险损失和风险收益大小所带来的项目管理难度系数指标。如果跨国项目的风险损失高或风险收益很高，其所需采取的风险应对措施就多，所以这种跨国项目的管理难度系数就高。由于在确定跨国项目管理难度系数的时候，跨国项目风险损失（负值）和风险收益（正值）二者不能相互抵消，所以需要按消减风险损失和增加风险收益的实际值计算这一指标。

（5）跨国项目组织开放性的指标。这是指跨国项目团队组织所涉及的国家或组织的多少，以及项目团队成员进入和退出的频率所带来的项目管理难度系数的影响指标。因为跨国项目团队开放性高，那么项目的组织、沟通和管理就较难，管理任务就较多，而反之管理就比较容易。例如，由跨国项目实施者按照交钥匙工程的项目，因其组织开放性较低则管理难度系数就低，而由多个国家的不同组织共同实施的项目，其管理难度系数就高。

综上所述，每个跨国项目在管理上的管理难度系数主要取决于五个方面。在跨国项目前评估和跟踪评估中，人们应该按照这五个方面去分析和确定一个跨国项目在管理方面的管理难度系数，并据此做好项目范围、时间、成本、质量、资源和风险等方面的计划和管理安排。尤其是需要根据这些方面的度量结果去做好项目各方面的应对措施和监控方法，以及相应需要开展的各方面的工作。

2. 跨国项目内涵导致的管理难度系数的蛛网模型

由上述五种影响跨国项目管理难度的指标构成了一个度量跨国项目管理难度的指标体系，人们可以使用加权评分等方法综合这些具体指标而给出的一个具体跨国项目的管理难度系数的度量结果。在这种加权评分法中，这五个指标中对于跨国项目管理难度影响最大的指标会获得最大的权重系数，反之就会获得最小的权重系数。这种权重系数多数是使用专家法来确定的，即借助专家经验通过打分的方法确定。

五种跨国项目内涵所导致的管理难度系数指标还必须进行"正交化"的处理，即去掉它们之间的相互影响或干涉的成分。例如，跨国项目的独特性既是导致跨国项目不确定性的原因，也是导致跨国项目风险性大小的根源之一。如果人们不进行这种度量指标之间相互影响和项目关联的正交处理，那么最终得到的跨国项目内涵所导致的管理难度系数就会存在"一俊遮百丑"的关联影响，从而使得这种对于跨国项目管理难度的度量出现偏差。为综合评估跨国项目的管理难度情况，人们可使用图 1-2 给出的多坐标蛛网模型的几何描述方法。

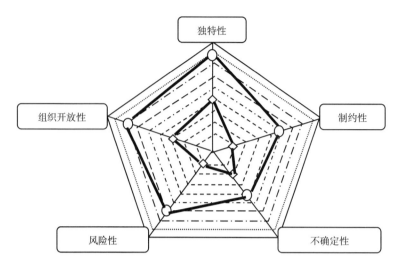

图 1-2　跨国项目内涵导致的管理难度系数的蛛网模型

由图 1-2 中可以看出，该模型中具有五个度量维度，一个具体跨国项目在哪个指标上得分高，就说明该跨国项目在那方面的管理难度高。从综合评估的项目管理难度的角度出发，一个跨国项目管理难度系数的五个指标得分值所包含的多边形范围越大，则给项目的管理难度就越高。例如，图 1-2 中由圆点连线面积所给出的就是一个管理难度系数很高的跨国项目，而由菱形点连线面积所给出的就是一个管理难度系数相对较低的跨国项目。

3. 跨国项目跨越性所导致的管理难度系数

除了上述跨国项目特性所导致的管理难度，跨国项目还具有因跨越特性而导致的管理难度问题。显然，跨国项目的跨越性越高，就会使跨国项目管理难度越大。因此人们还需要对跨越性所导致的管理难度进行度量，以认识跨国项目的管理难度。

（1）跨国项目的跨越性蛛网模型。跨国项目六个方面的跨越，由图 1-3 所示的蛛网模型描述了相应的度量指标体系。这种模型的每个维度分别代表跨国项目每种跨越所带来的难度系数，所以一个跨国项目的这种蛛网模型面积越小，则代表其管理难度相对较低，反之就表示其管理难度较高。因为一个跨国项目跨越的要素越多，则这种蛛网模型的面积就会越大，也就代表其管理难度会越高。

（2）跨国项目管理难度系数的综合度量。这种对于跨国项目跨越性的项目管理难度系数的度量同样可以采用打分法，借助专家对不同跨越性的跨国项目进行度量，以便作为管理具体的跨国项目的依据。在使用打分法的情况下，人们可以用度量所获得的蛛网模型面积来表示跨国项目的综合管理困难程度。图 1-3 中给出的两种跨国项目跨越性所导致的项目管理难度情况，其中的圆点连线面积是一个管理难度系数较高的跨国项目综合难度系数评估结果，而菱形点连线面积给出的是一个管理难度系数相对较低的跨国项目综合难度系数的评估结果。

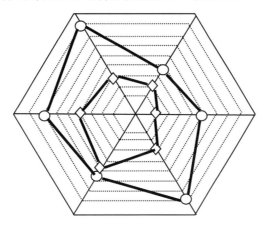

图 1-3　跨国项目的跨越特性蛛网模型

　　任何跨国项目的组织、实施和管理团队可以使用上述两个蛛网模型为自己所承担的跨国项目的困难系数（或叫复杂程度）评分，以便对自己所承担的跨国项目难度或复杂程度进行定量描述或对同一个跨国项目的不同项目方案做对比分析。由此，人们可以选用和计划安排管理具体跨国项目的方法，特别是该跨国项目的风险管理的方法与应对措施。有关跨国项目评估的具体做法将在本书后续章节中展开十分详细的讨论。

第 2 章
| 跨国项目管理的基本原理与方法

天津理工大学　孙贤伟

基于上述关于跨国项目的定义、内涵、特性等方面的讨论，人们可以看出跨国项目的管理不同于国内项目管理，最大的不同是跨国项目管理所具有的跨越性导致的管理难度大大增加。从跨国项目的组织管理到沟通管理，再到采购管理、风险管理，跨国项目管理的每个方面都具有其独特之处。本章将讨论跨国项目管理的原理与方法，这些跨国项目的具体管理技术和方法将在后续章节中做详尽的讨论。

2.1　跨国项目管理的定义与内涵

跨国项目管理是一种独特的项目管理，这是由于在跨国项目的特性及其管理特殊要求造成的，所以在现有项目管理原理和方法中是难以找到的。不管是现有的(美国)项目管理协会（PMI）的项目管理知识体系（PMBOK），还是国际项目管理协会（IPMA）的项目管理能力基准（ICB），它们基本是针对国内项目管理需要所撰写的。虽然其中的某些原理和方法可以在跨国项目管理中使用，但是缺少针对跨国项目独特性给出的管理原理和方法。所以，本章将针对跨国项目管理所需，展开对于跨国项目独特的基本原理和方法的讨论。

2.1.1　跨国项目管理的定义

根据项目管理学的原理,不同项目的管理原理和方法都必须符合所需管理项目的特征。跨国项目具有自己的独特性,所以跨国项目管理也有自己独特的原理和方法。因此,跨国项目管理的定义必须针对跨国项目的独特性去界定,包括跨国项目的目的性、营利性、过程性、制约性、一次性、独特性、不确定性、风险性等。同时,这种定义还应体现跨国项目管理对项目目标、资源、集成和风险管理的内容,因为这些构成了跨国项目管理的内涵。

因此,本书对于跨国项目管理的定义是:这是使用具体跨国项目的专业技术和项目管理等方面的相关知识、方法、工具与技能,针对跨国项目所具有的目的性、营利性、过程性、制约性、一次性、独特性、不确定性、风险性等一系列特性,为实现一个跨国项目所涉及的全体参与者的要求与期望,所开展的一种具有独特性、过程性和集成性的项目管理活动。这一跨国项目管理的定义及其内涵,具体详细讨论如下。

1. 跨国项目管理的条件和要求

这一定义中给出了跨国项目管理所需的条件和要求,即开展跨国项目管理的人们必须具备关于"具体跨国项目专业技术和项目管理方面的相关知识、方法、工具与技能"。跨国项目管理者既需要有跨国项目管理方面的知识、方法与技能,也需要有跨国项目所属专业领域(如建设项目或投资工程等方面)的知识、方法与技能。这使得跨国项目管理绝对不允许存在外行来领导内行的情况,只能由在技术和管理上都是内行的专家去开展跨国项目管理。

另外,由于跨国项目涉及众多跨越边界或界面方面的困难,所以跨国项目管理者尤其需要具备跨组织和跨国管理方面的知识和能力,以及跨文化和跨语言的沟通管理知识、方法和能力。由于跨国项目管理的要求比一般项目管理和国内项目管理要高得多,所以跨国项目管理要求管理者必须具备更多的相关管理知识、方法和技能。

2. 跨国项目管理的目的和任务

跨国项目管理的目的是"实现跨国项目所涉及的全体参与者的要求与期望"。这既包括要实现在跨国项目合同中明确说明的要求,也包括那些隐含在国际或所跨越国家的标准或规范中的规定和要求,还包括跨国项目的参与者们心中的合理期望。这既包括跨国项目参与者共同的要求与期望,也包括每个参与者各自的要求与期望,以及整个相关利益主体的要求与期望。

跨国项目管理的任务就是创造出项目的新增价值，并且实现对于项目新增价值的公平合理分配。任何一个跨国项目管理的根本任务是实现项目所涉及的个人、企业和国家的利益，因为人们聚在一起开展跨国项目及其管理的根本目的就是获得更大的利益。反之，如果跨国项目只顾某国或某方的利益、要求和期望，就会破坏跨国项目各方之间的合作而导致项目的失败。实践表明，跨国项目管理失败多是由于没有做好项目价值创造和分配。

3. 跨国项目管理的对象和特征

跨国项目管理的对象就是跨国项目的目标（包括跨国项目范围、时间、成本和质量四个方面的目标要素）、项目的资源（包括跨国项目所需的信息资源、人力资源和劳力与物力资源三个方面的资源要素）和跨国项目的风险要素与这些要素的集成。所以，跨国项目管理的对象涉及九个方面或九个项目要素。需要注意的是，由于跨国项目的特性使得跨国项目管理的对象与国内项目管理有很大不同，所以人们必须针对跨国项目管理的对象去做好管理。

跨国项目管理的特征主要包括有独特性、过程性、风险性和集成性四个方面，这是由跨国项目管理对象的独特性所导致的。其中，独特性是指跨国项目管理在组织管理方面需要使用独特的方法去开展；过程性是指在跨国项目管理需要按照划分项目阶段、工作包和项目活动的模式去开展分解段的管理；风险性是指在跨国项目需要管理项目的高不确定性和高风险性所带来的项目损失或项目收益；集成性是指在跨国项目管理必须实现项目目标、资源和风险要素的全要素集成管理，以及跨国项目全过程集成和全团队集成管理。

2.1.2 跨国项目管理的内涵

根据上述跨国项目管理的定义和跨国项目管理特性可知，跨国项目管理的内涵涉及如下几个具体方面的管理。

1. 跨国项目的过程管理

如前所述，跨国项目管理最重要的特性是它的过程性。这是一种对于跨国项目全过程中各个阶段、各个工作包，以及各项具体活动的全过程管理。这种跨国项目过程管理的内涵可以用图 2-1 给出示意。

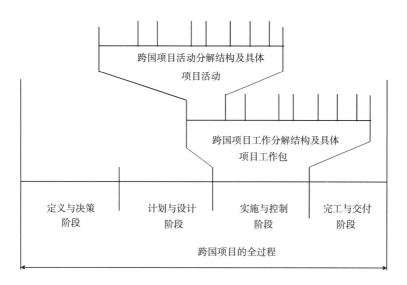

图 2-1　跨国项目过程管理内涵示意图

（1）**跨国项目的阶段管理**。首先，跨国项目过程管理是分阶段开展的，所以需要按照具体跨国项目的阶段划分去做好每个跨国项目阶段的管理工作。通常，跨国项目全过程可以划分成多个阶段，如图 2-1 中给出的项目定义与决策阶段、项目计划与设计阶段、项目实施与控制阶段和项目完工与交付阶段。但人们也可以使用其他的跨国项目阶段划分法，从而得到不同的跨国项目全过程中所包含的不同阶段。这种跨国项目阶段的计划安排管理必须按照项目过程所要求的先后顺序和有利于开展跨国项目全过程的项目实施、资源组织和项目管理。

（2）**跨国项目工作包的管理**。跨国项目过程管理的第二项任务是使用项目分解结构（WBS）方法进一步将跨国项目各阶段进行分解，得到其中所包含的所有项目工作包，然后针对跨国项目工作包的特性去开展必要的管理。这方面的管理要求人们必须按照"充分必要"的原则将跨国项目每个阶段所包含的工作包进行合理的界定、确认和管理。其中，"充分"是指凡是生成跨国项目产出物的工作包一个也不能少，"必要"是指凡不是生成项目产出物的工作包一个也不能多，从而确保项目工作包能生成项目应有的全部产出物。这方面的管理内容有：跨国项目工作分解结构的确定、跨国项目工作包充分必要性的确定、跨国项目工作包的实施和质量管理等工作。

（3）**跨国项目具体活动的管理**。跨国项目过程管理的第三项任务是使用项目活动分解方法进一步确定出每个项目工作包中所包含的具体项目活动，并且管理好所有的项目活动。所谓的跨国项目具体活动，是指生成一个独立的跨国项目可交付物

（如一份报表、一个零件或一张图纸等）所包含的所有工作步骤和内容，这是跨国项目管理中最基层的对象和单元，只有做好跨国项目每个具体活动的管理才能够实现对跨国项目全过程的管理。这方面的管理内容包括跨国项目活动的界定、项目活动清单的确认和批准、项目活动所需资源的合理配置、项目活动内容和方法的控制等管理工作。

2. 跨国项目的专项管理

跨国项目各个阶段都需要开展项目要素管理，这涉及跨国项目目标四要素、资源三要素，以及风险要素与集成要素的专项管理。跨国项目专项管理的内涵可以用图 2-2 给出示意。

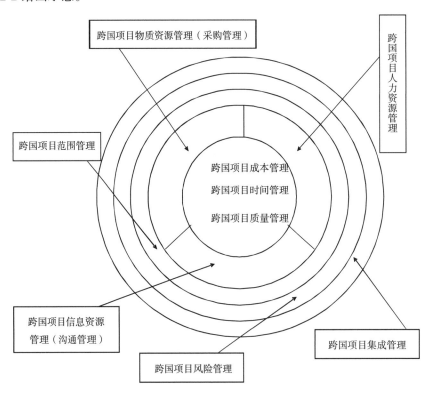

图 2-2　跨国项目专项管理内涵示意图

（1）跨国项目目标四要素的专项管理。由图 2-2 可知，跨国项目管理的核心是跨国项目目标四要素的专项管理。其一是跨国项目范围的专项管理，这包括跨国项目产出物范围和项目工作范围两个方面的管理，同时跨国项目范围也是确定项目所需资源的依据，以及确定项目时间、成本和质量的基础，所以这一专项管理是跨国项目管理中的首要任务。其二是跨国项目时间的专项管理，因为时间是刚性和稀缺的资源，所以跨国项目的起始与结束管理，以及各项活动的先后顺序管理，特别是跨国项目的关键路径管理事关项目成败，所以这也是跨国项目管理的重要专项管理。其三是跨国项目质量的专项管理，这是实现跨国项目既定功能（质量的外在表现）的管理，这方面的管理包括项目产出物质量和项目工作质量两方面的计划、保障、控制和实现等内容。其四是跨国项目的成本专项管理，这是为实现跨国项目能过创造出新增价值的专项管理工作，包括跨国项目成本和价值两个方面的管理工作，即努力以较小成本去实现较大项目价值的成本与价值管理，涉及项目成本估算、预算、结算、决算、索赔和控制等一系列的专项管理工作。

（2）**跨国项目资源三要素的专项管理**。跨国项目所需占用和消耗的资源包括有三类，所以这方面管理会有三个项目专项的管理。其一是跨国项目信息资源的专项管理（也叫跨国项目沟通管理），这是跨国项目管理中最为艰难的管理，因为这涉及不同国度、组织、语言、文化和治理体系的众多信息的收集、处理、传递和应用等方面的管理。其二是跨国项目人力资源的专项管理，这涉及跨国项目人力资源的招聘、培训、激励和跨国项目组织管理、跨国项目团队管理等一系列的专项管理工作，最重要的是跨国项目管理的人力资源十分稀缺且难以对他们实施管理（要求他们同时掌握相关国家、文化、语言、法律和制度）。其三是跨国项目物质资源的管理（也叫项目采购管理），即通过采购管理获得各种劳力和物力资源的专项管理，包括通过跨国项目分包所获得的各种劳力或服务的管理，通过各种方式的采购所获得的商品货物和服务方面的管理，这涉及跨国项目消耗资源（全部价值转移到项目中的资源）的合理配置和节约，以及跨国项目占用资源（只是暂时占用的资源）在不占用时寻找新用途以降低项目成本的管理。

（3）**跨国项目风险要素和集成要素的专项管理**。图 2-2 的模型中最外面两圈是跨国项目风险专项管理和集成专项管理。其中，跨国项目风险专项管理是针对跨国项目所处环境与条件的发展变化而导致的跨国项目风险收益和损失的管理，这是一种"趋利避害"性的跨国项目管理工作。实际上，人们开展跨国项目的根本目的就是通过趋利避害去实现新增价值，所以这方面的专项管理至关重要。图 2-2 模型中，跨国项目集成专项管理是最外面的一环，这表明跨国项目集成管理需要集成管理好跨国项目中其他的所有要素或专项，所以这是跨国项目集大成的管理工作，包括跨国项目集成计划的制订、集成计划的实施和跨国项目变更的集成控制。跨国项目集成管理首先是对于跨国项目目标四要素按照"多快好省"（项目范围多，项目时间快，项目质量好，项目成本省）原则进行集成，其次是根据既定跨国项目目标四要素去做好项目资源要素的集成，最终将跨国项目目标要素、资源要素和风险要素进行全要素的集成计划和实时控制。

3. 跨国项目的参与者管理

跨国项目管理的根本目的是满足和超越跨国项目各参与者的要求和期望，即通过跨国项目实现新增价值的管理效率目标，和做好项目新增价值合理分配的管理公平目标。由此所涉及的跨国项目参与者管理可用图 2-3 给出示意。

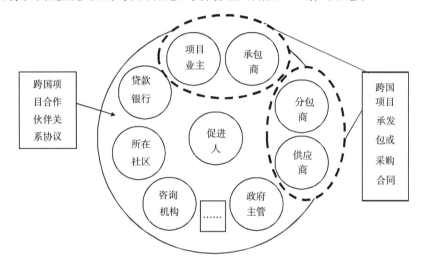

图 2-3　跨国项目参与者管理内涵示意图

（1）跨国项目参与者要求和期望的管理。 由图 2-3 可知，一个跨国项目涉及众多的参与者，所以其管理的首要任务目标就是识别和满足（甚至超越）项目参与者的要求和期望。如果不能满足任何一个跨国项目参与者的要求和期望，结果都会导致人们出现利益矛盾和冲突的问题。其中，跨国项目参与者的"要求"是指人们参与跨国项目而投入资源和努力都需要获得必要的补偿，"期望"是指人们在此基础上都希望能够获得更大的利益或回报。

例如，在跨国项目中投入的劳力要求获得工资，土地要求获得地租，资金要求获得红利，而管理努力要求获得项目所创的新增价值。在此基础上，人们都期望在项目中所获得的收益越高越好（至少高于社会平均）。因此，跨国项目管理就需要满足人们的合理要求，控制人们的过高期望，否则出现"人心不足蛇吞象"的情况就会导致跨国项目管理失败。

（2）跨国项目参与者的法律调节关系管理。 由图 2-3 虚线框出的跨国项目两个参与者给出了二者之间的合同关系，如跨国项目业主与承包商之间的承发包合同关

系和承包商与供应商之间的项目采购合同关系就是这种由法律调节的委托与受托
的关系。另外，跨国项目政府主管部门与其他参与者之间的关系也多是一种依法调
节的关系。这种法律调节的关系在出现纠纷或冲突的时候，人们可以借助法律诉讼
或仲裁予以调解和解决，这种关系要求双方必须按照法律规定去履行项目合同条款
中所规定的责任、义务和权利。

通常，这种法律调节的跨国项目合同关系由于双方受法律的约束而较少出现矛
盾和冲突，因为在跨国项目合同订立的要约与承诺过程中就明确确立了双方的责任
和义务。但当跨国项目所处的环境与条件发生变化而导致项目合同的前提条件变
化，那么就会发生项目变更和项目合同纠纷。由于跨国项目合同纠纷会导致合同双
方都有损失，所以自 20 世纪 70 年代以后人们又开展了使用道德约束和互谅互让的
合作伙伴关系的管理模式和方法。

（3）跨国项目参与者的合作伙伴关系管理。由图 2-3 可以看出，跨国项目全体
参与者都应该按照合作伙伴式关系协议去开展必要的相互关系管理。这种合作协议
调解的关系属于一种按照道德或职业道德进行调解的关系，这主要是一种减少跨国
项目利益主体之间信息不对称的沟通管理，以及如何协商解决参与者矛盾和冲突的
行为约束协议关系。

在这种管理的核心是图 2-3 中的项目"促进人"，因他是与其他的项目参与者
没有利益关系的第三方，再加上他具有项目相关专业和管理知识，所以他获得了一
种超然的地位，从而他可以主持项目参与者之间的沟通会议和矛盾与冲突的协商与
解决。所以，这种管理中最关键的是找到各方都认可的项目"促进人"，并由他主
持拟订和共同签署跨国项目沟通和协商解决冲突的协议，进而由他组织大家开展相
关的项目沟通会议和冲突解决会议。

综上所述，跨国项目管理是一种独特的项目管理，其最大的独特性在于需要跨
越多种边界或界面去开展跨国项目过程管理、专项管理和对参与者的管理。

2.2　跨国项目管理的核心内容与方法

跨国项目管理的内容与方法十分广泛，最主要的包括跨国项目定义与决策方面
的管理（这主要是跨国项目的可行性研究与风险评估）和跨国项目实施与控制方面
的管理。本节将讨论跨国项目评估管理、项目风险管理和项目集成管理的内容和基
本原理与方法。

2.2.1 跨国项目评估方面的管理

跨国项目管理始于跨国项目定义与决策阶段的项目评估管理，或者叫跨国项目可行性研究方面的管理。跨国项目评估管理是收集、处理和使用信息，为跨国项目管理与决策提供支持，所以这方面管理的好坏直接决定了跨国项目的成败。图 2-4 给出了跨国项目评估管理的过程、内容和作用的示意。

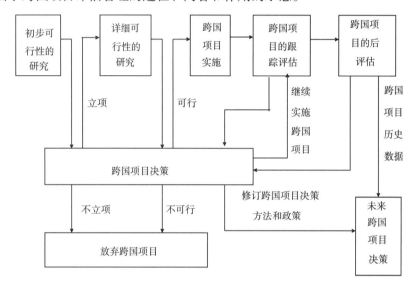

图 2-4 跨国项目评估管理的过程、内容和作用示意图

1. 跨国项目前评估、跟踪评估与后评估

由图 2-4 可知，从跨国项目全过程管理与决策的角度上说，跨国项目评估管理包括跨国项目前评估、跟踪评估和后评估三个方面的内容，具体分述如下。

（1）跨国项目前评估。这是为跨国项目是否起始的决策提供信息支持的评估工作，其评估的内容涉及跨国项目自身及其条件、微观环境和宏观环境三方面的评估工作。这种评估又有两个不同详细程度的评估，其一是针对跨国项目初步方案所进行的初始项目可行性评估，其二是对跨国项目的技术设计方案所进行的详细项目可行性评估。由于前者是针对项目初始方案所做的评估，而这种项目初始方案的设计深度有限，因此这种评估结果只能为跨国项目是否立项的决策提供支持。由图 2-4 可知，当跨国项目初始可行性评估结果为可行时，该跨国项目的初始决策就是立项，否则就不能立项而予以放弃。进一步当跨国项目设计方案深化以后，人们就可以开展跨国项目详细可行性评估了。当这种评估结果为可行时，跨国项目就会获准去实施，否则项目就需要予以放弃。由此可知，跨国项目的起始决策是根据这两种项目前评估所提供的信息做出的，因此这种跨国项目前评估对于跨国项目的成败具有决定性的影响。

（2）**跨国项目跟踪评估**。这是为跨国项目管理中的跟踪决策服务的评估，这种评估的内容主要涉及跨国项目环境与条件发展变化的评估和跨国项目变更方案可行性的评估等评估工作。跨国项目跟踪评估是在项目实施到一定时点时，为识别、度量和应对跨国项目环境与条件的发展变化，以及由此给跨国项目所带来的各种影响和人们应该实施何种项目变更方案应对这些跨国项目条件与环境的变化所开展的。所以这种评估多数是在跨国项目所处环境与条件发生较大变化的情况下开展的，此时人们不得不做出有针对性的跨国项目变更（应变措施）方案去应对项目出现的各种风险和问题，以及对跨国项目如何继续实施和如何变更去开展相应的评估工作。由此可知，这种跟踪评估是为确定是否需要变更，以及选择出合适的跨国项目变更方案等方面的决策提供支持的评估工作。由于跨国项目变更是为修正项目最初计划的设计不周或设计失误提供服务的，因此这种跟踪评估对于跨国项目适时调整和应对环境风险具有决定性的作用。

（3）**跨国项目后评估**。这种跨国项目评估可以分为三类，三者各有不同的用途。其一是为总结与归纳已完成跨国项目的经验教训，以用于修订组织的跨国项目决策大政方针，指导未来跨国项目管理的后评估。这种跨国项目后评估包括收集、加工、处理和保存已完成跨国项目的历史数据，并在此基础上总结成功和失误的经验与教训，以便能起到"吃一堑长智"的指导作用。其二是为发现跨国项目管理和决策失误或错误所开展的项目后评估。这种后评估通常是用跨国项目最终的实际结果对照项目前评估和跟踪评估的结论，从而找到二者之间的差异并借此确定跨国项目管理者的责任。其三是为跨国项目后续运营的可持续发展服务的后评估。这种后评估多是在跨国项目投入运营一段时间后，为评估跨国项目是否有机会进行升级改造以提高项目运营的效益服务的评估。

2. 跨国项目自身内容与条件的评估

从具体评估内容上说，跨国项目评估内容包括：跨国项目自身技术经济可行性的评估、跨国项目实施的各种客观条件的评估、跨国项目对于社会和自然环境的影响评估、跨国项目的不确定性和风险性评估，以及跨国项目的综合可行性评估。有关跨国项目的这些评估具体分述如下。

（1）**跨国项目的经济可行性的评估**。这种评估包括两方面的内容：其一是跨国项目的财务可行性评估，是从企业投资的角度出发，评估整个跨国项目的生命周期是否能够盈利的可行性评估；其二是跨国项目国民经济可行性的评估，是从国家角度出发，并使用影子价格等方法所开展的跨国项目对于国民经济贡献大小的可行性评估。这两方面的评估的根本目的是分析和确认跨国项目是否对企业和国家都具有经济利益或贡献，是否能够创造出新增价值而使企业和国家均获得收益。

（2）跨国项目的技术可行性的评估。这方面评估涉及三方面的内容：其一是跨国项目的生产工艺技术可行性评估，指对于跨国项目建成投产以后在运营生产阶段所使用的技术方法和手段可行性的评估；其二是跨国项目实施技术可行性的评估，指在跨国项目的建设与实施过程中所采用的技术方法和手段的可行性评估；其三是跨国项目建设与运营阶段所使用技术装备的可行性评估，是对于跨国项目建设和运营阶段所用技术方法的保障手段与途径的可行性评估。

（3）跨国项目的环境影响可行性的评估。这方面评估具有两方面的内容：其一是跨国项目对于自然环境影响的可行性评估，涉及跨国项目是否对于自然环境造成污染，以及相关污染治理措施等方面的可行性评估；其二是跨国项目对于社会环境影响的可行性评估，涉及跨国项目对于社会环境的正面影响评估和负面影响评估，以及所采取的应对跨国项目对于社会的负面影响方法与措施的可行性评估。这种评估的根本作用是保证跨国项目不会带来负面的环境影响。

（4）跨国项目的不确定性和风险性评估。这方面评估也分成了两个部分：其一是跨国项目不确定性的评估，这是为找出跨国项目环境与条件发展变化情况所导致项目结果不确定的评估；其二是跨国项目风险性的评估，这是为找出由于跨国项目不确定性可能导致的风险损失和风险收益，以及如何降低风险损失和提升风险收益的应对措施的评估。这两方面的评估是跨国项目评估的关键所在，因为跨国项目管理的成败最根本的就是如何做好跨国项目的不确定性和风险性管理。

（5）跨国项目的综合可行性的评估。这是根据上述跨国项目各方面可行性评估的结果，从整体上对跨国项目是否可行做出综合结论的一种评估。通常情况下，跨国项目各方面的评估结果在跨国项目综合评估中所占的权重是不一样的，如跨国项目对自然和社会环境影响评估结果具有一票否决权的权重，特别在当今世界开展绿色发展与可持续发展的大环境下更是如此。其他几方面的单项评估结果在跨国项目综合评估中所占的权重，需要根据具体跨国项目的独特情况进行确定。

3. 跨国项目的微观环境评估和宏观环境评估

在跨国项目评估中，人们还必须开展跨国项目的微观和宏观环境评估。因为每个跨国项目都是在一定的微观和宏观环境下开展的，如果没有微观和宏观环境提供支持，跨国项目的实施和运营都会出问题。另外，跨国项目的微观和宏观环境都是不断发展变化的，因此不管在跨国项目初始决策还是跟踪决策阶段，人们都需要做好跨国项目微观和宏观环境的评估。有关跨国项目及其微观环境和宏观环境之间的关系，可见图 2-5 给出的示意。

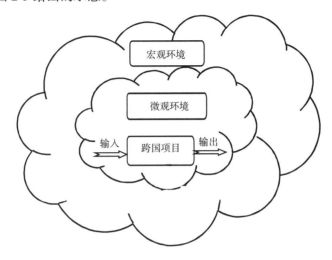

图 2-5　跨国项目及其与微观环境和宏观环境关系示意图

（1）跨国项目微观环境的评估。由图 2-5 中可以看出，每个跨国项目都会直接从项目微观环境中获得各种输入，并将跨国项目的产品或服务输出到微观环境中去。因此，必须开展微观环境的评估，以确保跨国项目具有生存与发展的微观环境与条件。这方面的主要评估内容分述如下。

1）跨国项目所处市场环境的评估。通常，这是跨国项目微观环境评估的首要内容，因为这关系到跨国项目建成并投入运营后，其所生产的产品或服务能否销售出去的项目成果的前提条件，所以这是跨国项目可行性评估中至关重要的一项评估内容。

2）跨国项目所处资源环境的评估。任何跨国项目都需要从微观环境中获得各种资源的输入，包括人力资源、物力资源、劳力资源、信息资源等。所以，这种微观环境评估第二项内容就是对于项目所处资源供给环境的评估，以便确保跨国项目建设与运营能够从微观环境获得需要的资源。

3）跨国项目所处微观社会环境的评估。每个跨国项目不但会受到项目所处市场和资源环境的直接影响，而且会受到项目所处的社会环境中人们的社会价值观、宗教信仰、文化传统等一系列的社会因素的影响。这不是评估跨国项目对于社会环境的影响而是评估社会环境对于跨国项目的影响。

4）跨国项目所处微观生态环境的评估。有些跨国项目必须依赖某种独特的自然生态环境，对于这种跨国项目必须开展项目所处微观自然和生态环境的评估。这与跨国项目对于自然环境的影响评估是不同的，因为这是对跨国项目所处微观自然生态环境对于项目成败的影响与贡献的评估，是对于项目所处微观自然和生态环境的优劣的评估。

（2）**跨国项目宏观环境的评估**。由图2-5可知，跨国项目与微观环境有输入与输出的直接关系，而跨国项目的微观环境又受宏观环境的影响。因此任何跨国项目的评估都必须开展项目宏观环境的评估，即包括投资国和东道国两个国家及国际地缘政治等方面的宏观环境评估。这方面评估的具体内容分述如下。

1）**跨国项目所处宏观政治环境的评估**。在跨国项目的宏观环境评估中必须开展项目所处宏观政治环境的评估。因为从现代政治学的观点出发，一个国家政治的集中体现是强调公平还是强调效率，会直接影响跨国项目的收益和分配。另外，跨国项目所涉及国家的政治稳定和社会安定也对项目具有举足轻重的影响。

2）**跨国项目所处宏观经济环境的评估**。人们必须开展跨国项目所处宏观经济环境的评估。因为从管理经济学的角度出发，一个国家的经济环境是否有利，直接决定了跨国项目的收益和成败。这方面的评估内容主要包括跨国项目所涉及国家的宏观财政政策、宏观货币政策和产业政策等方面的评估。

3）**跨国项目所处宏观技术环境的评估**。即需要开展跨国项目所处宏观技术环境的评估。这方面的评估内容包括跨国项目所涉及国家对于跨国项目所使用的工艺技术、实施技术和技术装备所能提供的各种支持条件与环境。同时，还需要评估宏观技术进步对跨国项目建设与运营的影响情况。

4）**跨国项目所处宏观生态环境的评估**。这方面的评估涉及跨国项目投资国和东道国在整个生态环境保护方面的各种法律法规，以及国际条约义务（如巴黎协议的义务）对于跨国项目的建设与运营造成影响的评估。特别是对于那些对于宏观生态环境有影响的跨国项目，必须开展这方面的评估。

5）**跨国项目所处宏观社会环境的评估**。这方面的评估涉及跨国项目的投资国和东道国的社会环境与条件对于跨国项目的建设与运营所造成影响的优劣等方面的评估，包括跨国项目宏观社会环境对于跨国项目有利影响和不利影响两个方面的评估，以便设法做好趋利避害的应对和控制。

6）**跨国项目所处宏观法律环境的评估**。这方面的评估涉及跨国项目投资国和东道国的法律环境与条件对于跨国项目的建设与运营所造成的影响评估，包括跨国项目所涉及的投资国和东道国立法完善情况、司法健全情况，以及人民的守法情况。跨国项目所处的宏观法律环境是项目成败的基本保障。

　　7）跨国项目所处地缘政治环境的评估。这方面的评估主要是根据跨国项目及其所处投资国和东道国的地理要素和政治格局的地域形式，分析和预测世界或地区范围的战略形势和有关国家的政治行为对于跨国项目所造成的各方面的影响，包括政治斗争、大国博弈、经济竞争，甚至可能的战争等影响要素的评估。

2.2.2　跨国项目的风险管理

　　这是跨国项目最为重要的管理内容，因为跨国项目具有高不确定性和高风险性。实际上，每个跨国项目都是有风险的，而且每个跨国项目要素或专项也都是有风险的。由图 2-6 给出的跨国项目的不确定性和风险性的示意图可知，每个跨国项目的范围、时间、质量、成本、资源等各个要素或专项都具有不确定性（只是各自的概率分布范围和置信区间不同而已），所以跨国项目的所有要素都须开展风险管理。

　　在跨国项目风险管理中又有三种不同的情况需要进行管理：其一是确定性的跨国项目要素（或专项）的管理，即图 2-6 中标注"3"的情况，即这种跨国项目要素的变化范围很小，且其发生的概率接近于 1；其二是完全不确定性的跨国项目要素的风险管理，即图 2-6 中标注"1"的情况，即该跨国项目要素有可能等于零，也有可能会变得很大，且其发生概率也不清楚；其三是风险性项目要素的风险管理，即图 2-6 中标注"2""4""5"的情况，即跨国项目要素的变化范围比较大，且其发生的概率小于 1 的情况。

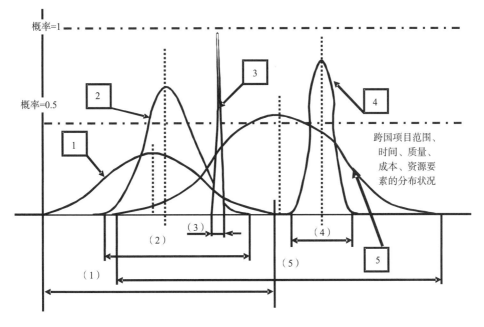

图 2-6　跨国项目要素或专项的不确定性示意图

1. 跨国项目风险性管理的原理

由图 2-6 可以看出，跨国项目各要素的风险性是由两方面因素构成的：其一是跨国项目各个要素的发生概率，由图 2-6 中项目各要素概率大小情况进行描述；其二是跨国项目各要素的波动或变化范围，由图 2-6 中的项目各要素的概率分布图像进行描述的。本书对跨国项目风险及其管理的定义和内涵就是从这两个方面给出的，具体说明如下。

（1）跨国项目风险的定义。由于跨国项目各要素的风险都是由上述两个方面予以描述的，所以本书使用式（2-1）给出对于跨国项目风险的定义。

$$R = P \times (L/B) \tag{2-1}$$

式中：R 为跨国项目的风险；P 为具体风险的发生概率；L 为风险可能带来的损失；B 为风险可能带来的收益；/ 为"或者"和"并且"。

由此可知，跨国项目各方面风险的首要成因是由 P 所描述的跨国项目要素的结果不确定性造成的，而这种跨国项目要素结果的不确定性可能给跨国项目带来由 L 和 B 所描述的项目损失和收益，所以二者就构成了跨国项目风险的定义的两个方面的变量。

需要特别指出的是：这种跨国项目风险的定义与传统西方定义的风险不同，传统西方的风险定义认为风险只会带来损失，而本定义认为跨国项目风险不仅会带来风险损失，还会带来风险收益（否则就没有人去冒险做跨国项目了）。

（2）跨国项目风险管理的定义。根据上述对于跨国项目风险的定义，本书给出了对于跨国项目风险管理的定义，具体见式（2-2）。

$$RM = P\uparrow \times (L\downarrow / B\uparrow) \tag{2-2}$$

式中：RM 为跨国项目的风险管理；$P\uparrow$ 为收集、处理和使用信息去降低跨国项目不确定性方面的管理；$L\downarrow$ 为努力降低跨国项目风险可能造成损失方面的管理；$B\uparrow$ 为努力提高跨国项目风险可能带来的收益方面的管理；/ 为"或者"和"并且"。

需要特别指出的是：这种跨国项目风险管理的定义也与传统西方定义的风险管理不同，传统西方的风险管理定义只强调规避风险和消减风险损失，而本定义认为跨国项目风险管理不仅要规避项目风险损失，还要抓住项目风险收益。这就是中国人所说的"趋利避害"两方面的管理工作。以上两种对于项目风险管理的认识也获得了国际项目管理学界的认可，所以作者在 IGI 公司出版的《在发展变化的商业环境下为获得竞争时的项目风险管理》（*Managing Project Risks for Competitive Advantage in Changing Business Environment*）一书中，受邀撰写了"中国项目风险管理的做法"（Project Risk Management：A Chinese Perspective）一章里面，向全世界阐述了中国人不同的项目风险管理的思想和方法。

由此可知，跨国项目风险管理涉及如下两方面的管理内容。

1）跨国项目不确定性的管理。 跨国项目的不确定性主要是指项目工作或活动的结果是不确定的，这种跨国项目工作或活动结果的不确定性是由环境和条件发展变化造成的。实际上，任何跨国项目的工作或活动会有三种情况：其一是人们知道某项工作或活动只有一种结果，这就是确定性的情况（$P=1$ 的情况）；其二是人们知道某种工作或活动会有多种结果，但人们只知道每种结果发生的概率（而不确定会是哪种结果），这就是所谓风险性的情况（$P<1$ 的情况）；其三是人们不知道某项工作或活动有多少种结果，也不知道该项工作或活动每种可能结果的发生概率，这就是所谓完全不确定性的情况（$P=?$的情况）。

所以在式（2-2）中由"$P\uparrow$"来表示跨国项目的风险管理的一方面内容，这是一种通过收集、处理和使用跨国项目信息方面的管理内容，人们借此努力提升跨国项目某项工作或活动后果的发生概率（P 值），从而降低跨国项目的不确定性以达到管理好跨国项目风险的目的。这是将跨国项目某项工作或活动不确定性后果的概率（P 值），从最开始 $P=?$的情况逐步提升到 $P<1$ 的情况，然后进一步提升到 $P=1$ 的情况的项目风险管理的工作或过程。

2）跨国项目风险损失和收益的管理。 这是跨国项目风险管理的第二项内容，即努力实现"趋利避害"的目的而开展的跨国项目风险管理。其中，"避害"就是指努力降低跨国项目风险损失的管理工作，而"趋利"就是指努力提升跨国项目风险收益的管理工作。通常，在跨国项目风险管理中这两方面工作是同时并举的。所以，在跨国项目风险识别和度量当中，人们须同时分析和识别出和度量跨国项目的风险损失和风险的收益。需要指出的是，人们一定不能先识别或只识别跨国项目风险收益，因为这会出现"利令智昏"的情况和后果，最终导致跨国项目风险管理者产生只见项目风险收益不见风险损失的错误。

特别需要指出的是，从"趋利避害"的角度出发，在跨国项目风险管理过程中人们必须做好三种跨国项目风险管理工作。首先是做好"两害相较取其轻"的工作，即优先进行消减跨国项目风险的损失的管理工作；其次要做好"两利相较取其重"的工作，即努力做好增加跨国项目风险的收益的管理工作；最后是"利害相较大于零"的工作，即做好确保跨国项目风险收益大于风险损失的管理工作。这三种跨国项目风险管理工作主要是分析和比较跨国项目各种风险应对方案或措施的根本，也是实现跨国项目风险管理趋利避害目标工作重点所在。

2．跨国项目风险管理的主要工作

为了做好上述跨国项目风险的管理工作，人们必须循环开展一系列的跨国项目风险管理的具体工作，包括跨国项目风险管理计划的制订、风险识别、风险度量、风险应对措施计划、风险监控和风险应对措施实施的具体工作。

（1）跨国项目风险管理计划的制订工作。这是最为关键的一项工作，它会生成一份跨国项目风险管理计划或指南，其内容包括跨国项目风险管理方法的规定、风险管理角色和责任的规定、风险管理的资源和预算安排、风险征兆或对风险采取措施的界限，以及风险跟踪管理的办法和要求。

（2）跨国项目的风险识别与度量。这包括识别并确定出跨国项目究竟有哪些风险，以及这些风险有哪些基本的特性和风险征兆。然后定性或定量地度量出跨国项目风险发生的可能性（P），项目风险后果的严重性（L/B），项目风险关联影响的范围（多米诺效应）和项目风险发生的时间进程。

（3）跨国项目风险应对措施计划。这是在跨国项目风险识别和度量的基础上，针对跨国项目每个风险可能的几种结果去制定出各自对应的应对措施，并给出当发现是何种跨国项目风险征兆的时候，如何去选择和采用哪种应对措施的计划和安排。这是人们预先对于跨国项目风险应对的预案设计和全面计划及安排。

（4）跨国项目风险监控与实施应对。其中，跨国项目风险监控是指人们根据跨国项目风险识别和度量结果（尤其是风险识别中给出的风险征兆）去监控跨国项目的实施和判定是否出现跨国项目风险发生的情况。跨国项目风险应对措施的实施则是根据监测发现的风险征兆及其会出现的哪种风险后果去选定并采取具体的跨国风险应对措施。

2.2.3 跨国项目的集成管理

这是一种找出跨国项目各方面的合理配置关系，并集成计划和控制跨国项目各个方面的管理。在跨国项目管理的内容中，这是最为重要的管理内容，因为跨国项目失败都是由项目集成管理的问题造成的。项目集成管理包括跨国项目全过程集成管理、全部要素集成管理全团队的集成管理，以及这三者的全面集成管理。同时，由于跨国项目所跨越的界面很多、风险大、信息不完备，从而使得跨国项目的集成管理变得更加重要，特别是将项目风险要素也涵盖在项目全面集成之中尤为重要。这方面管理的示意如图 2-7 所示。

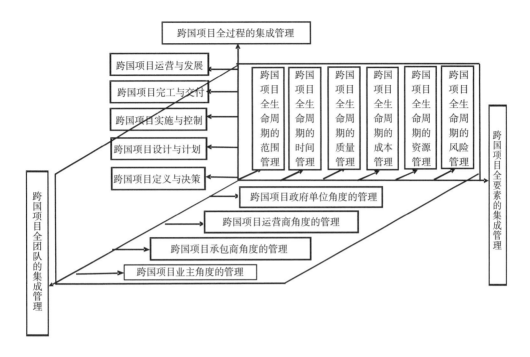

图 2-7　跨国项目全面集成管理的三维模型示意图

由图 2-7 中可以看出，跨国项目全面集成管理涉及三个维度或方面：其一是跨国项目全过程的集成管理，其二是跨国项目全要素的集成管理，其三是跨国项目全团队的集成管理。这三个维度的全面集成管理使得跨国项目集成管理构成了一个全面集成的整体。有关跨国项目集成管理的内容与原理分述如下。

1. 跨国项目全过程的集成管理

跨国项目全面集成管理的首要内容是项目全过程的集成管理，这种集成管理的核心内容是科学地集成跨国项目的目标、产出物、项目阶段、工作包和活动，从而使得跨国项目各阶段相互之间能够具有合理配置关系，以便最终能够实现在正确时间，用正确方法，做正确事情，得到正确的跨国项目管理结果。

这是一种根据跨国项目目标去分解和界定项目产出物，然后根据跨国项目产出物去分解和界定项目工作包，更进一步根据项目工作包分解和界定项目具体活动，最终将跨国项目工作包与具体活动全部合理集成为一个整体，是一种按照时间坐标轴所展开的跨国项目目标、产出物、工作和活动集成管理。

2. 跨国项目全团队的集成管理

由于跨国项目的目标和产出物生成的工作与活动都是由跨国项目参与者合作

完成的，这些跨国项目参与者构成的项目全团队也需要进行全面集成管理。这就要求人们必须做好跨国项目全团队成员的期望、要求和目标的集成管理，即按照"责权利统一"原则使跨国项目全团队（全体参与者）能够分工合作的集成管理工作。

这包括根据跨国项目全团队成员们所需付出的努力，以及他们分工合作所能创造与分配的价值，去合理配置他们的利益、责任和权利的集成管理。这是一种首先强调实现跨国项目目标所开展的分工合作（效率导向），然后强调跨国项目全团队成员的合理分配的（公平导向）的集成管理。

3. 跨国项目全要素的集成管理

这是指合理配置跨国项目目标四要素、资源三要素和风险要素的集成管理工作，即如何使得跨国项目全部要素之间能够实现合理配置的管理工作。这是根据跨国项目的目标要素之间相互匹配的要求和跨国项目资源要素合理配置的客观规律，以及跨国项目风险要素的实际情况，合理配置项目所有要素的集成管理工作。

这种跨国项目集成管理工作包括三项内容：第一项是跨国项目集成计划制订，第二项是跨国项目集成计划的实施，第三项是跨国项目变更的集成管理。其中，项目集成计划的实施包括跨国项目集成计划实施的组织管理、跨国项目实施绩效的评估和跨国项目集成计划的变更。这三方面的集成管理是实现跨国项目各要素合理配置的关键所在。

2.3 跨国项目管理的比较管理学方法

跨国项目管理中最为独特的管理方法是比较管理学的方法，即比较和研究具体跨国项目所跨越各种边界或界面的两面或多面之间在各个方面的差异，以便能够兼顾跨国项目所跨越的两面或多面的要求和期望，从而确保满足跨国项目两面或多面的利益而实现跨国项目管理成功的方法。例如，对于"一带一路"建设项目就需要研究中国和项目所在国（东道国）之间在法律、财税制度、文化、语言、组织等各个方面的差异，以便在具体的跨国项目管理和实现过程中符合两国或多国的法律和财税制度的要求，符合双方文化、语言和组织的需要和要求，从而确保跨国项目的成功。

2.3.1 比较管理学的产生与发展背景介绍

近百年来，随着企业管理理论与实践的深入发展，管理科学的理论、学派、分支学科不断涌现，比较管理学就是在此背景下于 20 世纪 60 年代出现并逐步形成的一个新兴的管理学科。比较管理学产生的历史原因主要包括以下四个方面。

1. 资本主义国家跨国公司的发展

第二次世界大战之后出现的资本主义跨国公司是一种从事国际化生产与经营的国际性垄断组织，是第二次世界大战后主要资本主义国家国际垄断的主导形式。在全球战略的管理经营思想指导下，跨国公司业务遍及全球且其子公司也随之迅速分布到世界各地。但是，由于跨国公司分布在各国的子公司的管理环境的差异制约了跨国公司的管理效绩及管理方法的有效性，所以它们迫切需要一种方法适应其在当地（东道国）发展的需要。在此情况下，一些跨国公司开始聘请学者致力于比较和研究不同情况下的管理差异问题，探讨如何提高自己的适应能力和制定在当地可行的高效管理方法，因此比较管理学应运而生。

2. 各国企业间日益加剧的竞争

进入 20 世纪 60 年代后，各资本主义国家的企业为争夺销售市场、原料产地、投资场所和获得高额垄断利润而开展了激烈与残酷的市场竞争，由此导致的竞争失败、相互吞并、破产倒闭等现象屡见不鲜。在这种情况下，各国的企业经营者逐步认识到，企业间的胜负并非全部取决于技术差距和资金力量，其关键也在于管理原理和方法方面的差距。例如，美国企业在那个时候面临着在国际竞争中被日本企业屡屡打败的局面，所以他们就积极开展美日企业管理差异的比较，美国甚至派了很多学者去日本学习，像企业文化和全面质量管理等很多日本人的管理科学与方法是由美国学者借助比较管理学的研究揭示和发表的。由于人们那个时候发现在现代工业生产中各企业所采用的设备、技术、工艺加工水平都相差甚微，先进而科学的管理方法成了企业在竞争中取胜的关键。因此，比较管理学研究就成为一种时代潮流。

3. 世界上各种管理流派的增多

20 世纪 60 年代前后，资本主义社会大生产不断发展，这从客观上要求学者们从不同的角度探索新涌现的管理理论和方法，从而使得管理科学的研究领域越来越宽，越来越细致。在此历史背景下，人们为了找到哪些管理理论和方法更为科学，从而推动了比较管理学发展。当时的管理理论和学派非常多元化，再加上新出现的决策论学派、系统论学派和权变论学派等众多新的管理学派，因此就有人试图将它们兼容并蓄，求同存异，去建立起一个更为完整、更加系统的管理理论体系。这些人开始运用比较研究的方法去系统研究各种管理的理论，在这样一种复合的历史背景下比较管理学就应运而生和发展起来了。其中，1957 年哈比森和梅耶斯根据对

12 个不同类型国家的管理考察和研究结果所完成的专著《工业世界中的管理：国际分析》奠定了比较管理学的基础，而 1965 年由理查德·N.法默等人合著的《比较管理学与经济增长》是第一部以比较管理学命名的专著。

2.3.2　比较管理学的发展历程

比较管理学的发展历程大致可以分为以下两个阶段。

1. 比较管理学的理论探索阶段

这个阶段始于 20 世纪 50 年代末终于 20 世纪 70 代中期，这一阶段研究的重点是比较管理学的理论建设，如研究的对象、范围、任务、作用、方法、体系的确立、概念的阐述、教学与研究的开展等。从 20 世纪 60 年代中期起，美国许多大学陆续开设了比较管理学的课程，此后一些大学还设立了比较管理学的硕士与博士学位教育。但是，由于这一阶段的研究过于重视纯理论的探讨，很少注重管理实务的比较研究，因而未能揭示企业管理实践中的重大课题，加之该阶段的研究主要集中在美国，其他国家的研究不够广泛，所以后期走入低潮。

2. 比较管理学的实践研究阶段

自 20 世纪 70 年代中期以来，比较管理学的研究重心由管理理论的比较转向管理实践的比较研究，参与比较研究的国家也由美国逐步扩大到日本、联邦德国、韩国和新加坡等国。因为这些国家工业的飞速发展，迫使比较管理学者们走出理论研究的圈子，回到管理实践所需的研究中去。这时，美国及西方一些国家的学者们掀起了比较研究日本及东方国家企业管理的热潮。他们的研究进一步带动了世界范围比较管理学研究的发展，使之逐步进入高潮期。时至今日，比较管理学的研究一直经久不衰。正因为如此，有些管理学者宣称：随着生产和经营国际化的到来，世界已经进入比较管理学的时代。

2.3.3　比较管理学研究方法的内涵

比较管理学是自 20 世纪 60 年代起依赖逐步发展起来的一个管理学的分支，虽然它是人们对各国企业管理的实践经验和理论模式进行比较研究的一个学科。

1. 比较管理学方法的定义

比较管理学是一门分析、比较不同经济体制（如计划经济与市场经济）之间、不同国家（如西方国家和东方国家）之间，以及不同国家的企业之间，由于政治、经济、文化、社会等方面的差异情况而导致的管理原理和方法的差异性、适用性和普遍性的科学。它通过研究许多国家及其企业在发展进程中的管理动态发展情况，借助科学的比较分析方法，探讨用于具体国家（如发达国家或发展中国家）的最佳的管理模式和方法。简而言之，比较管理学的研究内容就是跨地区、跨文化、跨组织类型、跨不同时区的组织管理方式与方法。比较管理学就是使用比较研究的方法去研究应对差异性的管理方式与方法。由此可见，比较管理学的方法正是十分适合跨国项目管理的一种正确的方法，因为跨国项目管理的确需要认识和应对跨越各种界限或界面的差异的管理。

2．比较管理学方法的内涵

这种方法用于研究不同国家（和地区）之间在管理各个方面的异同点、独特的模式及其效果，并且这种方法被用来研究文化和地域等环境因素与管理方法与实践的关系。这种方法可用于研究企业管理经验和模式的可移植性、普适性与独特性，以便具体的管理方法和实践能够因地制宜，从而更加有效。所以，比较管理学研究的对象可以是两国或多国之间在企业组织体制、管理机制、管理原理与方法，以及管理惯例、管理过程、管理哲学、管理行为和管理效率等多个方面的差异比较。需要特别指出的是，笔者的研究结果表明，比较管理学的研究方法是做好跨国项目管理的方法之一，因为这种方法是找到跨国项目管理的差异，并消除这些差异所造成的影响去开展跨国项目管理的最能够体现项目管理权变特点的有效途径。

3．比较管理学方法的特点

比较管理学的特点有很多特点或独特的方面，其最为主要的特点有四个方面：其一是这种方法打破了国家与组织的界限，以两个或多个国家的企业管理作为研究对象，这是在研究对象方面的特点；其二是这种方法把企业视为一种受环境影响的开放系统，注重于深入研究企业管理与社会环境的相互联系，这是在研究内容方面的特点；其三是这种方法充分运用管理学、经济学、社会学、心理学、史学、法学等学科的知识，借鉴各主要管理学派的研究成果，借助比较分析方法去揭示不同环境下的管理原理和方法的使用性和有效性；其四是这种方法注意横向比较研究与纵向比较研究相结合，即不仅要对不同国家或地区的企业管理进行横向静态比较，还要对不同时期不同国家或地区的企业管理的发展与演变进行纵向动态研究。

2.3.4　比较管理学的研究方法和原则

比较管理学有自己的方法体系，使用这些方法还必须坚持某些原则，具体分述如下。

1．比较管理学的研究方法

总的来说，比较管理学的研究方法就是比较研究的方法。这种比较研究的方法是许多学科研究经常运用的方法之一。它是人们在认识世界和改造世界的社会实践中，根据一定的规则，把彼此有某种内在联系的两类或两类以上的事物加以对比，以辨明其异同和特点、把握其本质和规律的一种科学方法。由于这种研究方法从跨文化、跨国度、跨时空等多种角度对企业管理进行综合比较研究以找出差异和揭示不同地区企业管理的内在规律性，再加上不同地区企业管理的差异是多种多样的，所以人们采取的比较研究方法也应该是灵活多变的方法或权变的方法。

从比较研究的方向看，可以分为横向比较、纵向比较和斜向比较；从比较研究的联系来看，可以分为平行比较和影响比较；从比较研究内容的涵盖性来看，可以分为综合比较和专题比较、管理理论比较和管理实践比较；从比较研究的范围来看，可以分为国内比较和国际比较等。当然，比较管理学绝不是仅仅使用比较的方法，而是一切有助于比较研究的方法的综合应用。比如实务研究法、案例研究法、归纳演绎法、统计研究法、历史研究法等，这些都是人们开展比较管理学研究所常用的基础方法。

2．比较管理学研究方法的应用原则

比较管理学的研究对象和目的决定了应用这些方法需要坚持以下主要原则。

其一是要坚持经实践检验和证实了的正确的比较管理学研究方法。由于比较管理学研究对象广泛而复杂，所以在比较管理学探究总需要灵活、科学地选用不同的方法。但是选用的方法必须能够全面系统地保障比较管理学研究结果的可信性和可靠性（信度和效度），这才能保证从根本上避免和克服在比较管理学研究中的偏见或盲目性。

其二是必须坚持可比性的原则。拿来进行比较研究的各个国家的历史发展时期和各个企业的情况必须具有可以互相比较的特性。这就是说比较管理学研究方法的选用要根据比较研究对象的可比性来做决定，即比较管理学的比较研究对象之间必须具有内在本质的相似性。这是比较管理学研究所必须遵守的原则。

其三是正确的比较研究方法选用不能只从管理现象出发，必须重视企业管理内在本质的区别。正确的比较管理研究方法选用均是有条件的、分层次的，按一定标准进行的，只有这样才能提高比较结果的科学性可靠性。

2.3.5　比较管理学研究方法的逻辑模型

比较管理学研究方法的逻辑模型涉及比较管理研究的基础（管理学的基本原理与方法）、比较管理学研究的基础和起点（管理假设和推断）、比较管理学研究的对象和内容（不同的经济、社会、文化体系中管理方式和方法的差异性）、比较管理研究的方法（比较的方法）和比较管理研究的结果（差异化的管理原理与方法及其绩效）等一系列相关的内容，这种逻辑模型的示意如图 2-8 所示。

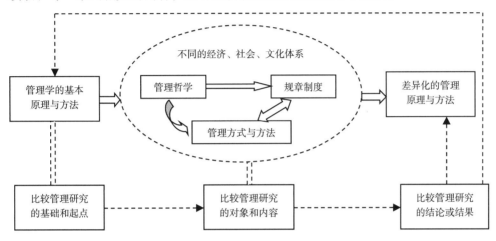

图 2-8　比较管理学研究方法的逻辑模型

由图 2-8 中可知，比较管理学的这种逻辑模型就是用来在相应理论指导下（管理学基本原理），提出相应的比较管理研究假设或者推论（基础和起点），然后确定出比较管理研究的对象和内容（相应的比较指标），进一步根据这些比较的指标去收集相应的数据和资料，最后通过比较所获数据与资料去验证相应的理论假设或推论。如果比较管理研究结果与最初的理论假设和推论一致，那么就证实了所做理论与假设是正确的，并可以使用由此得到的差异化管理原理和方法去开展具体企业或项目的管理。反之，此前的理论假设或者推论被证明是错误的，但是在这种错误的基础或起点上，人们又可以提出更为科学的新理论假设或推论，最终一定可以借助比较管理研究找到正确的差异化管理的原理和方法。

对于跨国项目管理而言，项目管理者们首先以自己现有的管理学基本原理和国内项目管理的知识和经验作为比较管理研究的基础和起点。然后，他们需要针对跨国项目所处不同的经济、社会和文化系统情况，提出具体跨国项目管理的计划和方案（假设和预案），这些就是跨国项目比较管理研究的对象和内容。更进一步，他们需要收集跨国项目具体经济、社会、文化等环境系统的数据和资料，并开展必要的国内和跨国项目管理的比较研究，以找到跨国项目管理的正确管理方式和方法（比较管理研究的结果）。如果在跨国项目实施过程中人们发现这些跨国项目管理方式和方法有问题而需要变更，则他们需要再次重复这个过程去找到合适的跨国项目差异化管理方法。由此可知，跨国项目管理必须使用比较管理的方法，才能够找到正确的跨国项目管理方式和方法。

2.3.6 比较管理学研究方法在跨国项目管理中的应用

上述关于比较管理学的讨论表明，这种方法用于发现在不同国度、不同时期、不同企业中开展管理的差异，以便根据这种比较管理学研究发现的差异去做好管理。由于跨国项目管理正是由不同的两国或多国去开展的在不同国家或地区中的项目管理，所以这种方法更为适用于研究和开展跨国管理。跨国项目管理所需的比较管理的应用如图 2-9 所示。

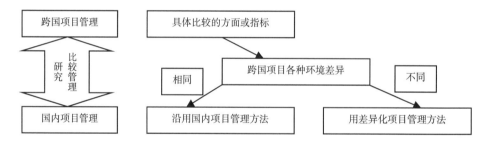

图 2-9　跨国项目管理所需的比较管理的应用模型

1. 跨国项目管理具有开展比较管理研究的需求

跨国项目管理的对象就是涉及跨国项目的目标、过程、风险和集成等方面的管理，这些方面的管理都涉及跨越不同国家、不同组织、不同文化和不同时间等存在很多差异的问题，所以跨国项目管理十分需要通过比较管理学方面的研究，去找出、界定和明确这些方面的差异，然后针对这些差异开展好跨国项目的管理。虽然，比较管理学的方法最初是用于针对不同地区的企业管理研究的，但是实际上跨国项目管理更需要使用比较管理学的方法。反过来说，如果在跨国项目管理中人们不使用比较管理研究的方法去找出项目所跨越的两个或多个国家在管理环境和所需管理方法等方面的不同，是很难使跨国项目管理成功的，因为不顾跨越国家所存在的独特需求是难以成功管理跨国项目的。跨国项目比较管理的研究需要是多方面的，但是从跨国项目目标管理、资源管理和风险管理等角度出发，跨国项目比较管理研究的具体内容如图 2-10 所示。

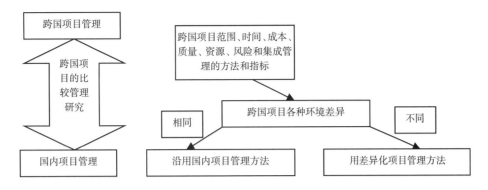

图 2-10　跨国项目管理比较管理研究的需求

2. 跨国项目管理中的比较管理研究对象和内容

这方面研究的主要对象和内容包括如下几个方面。

（1）项目所跨越国家的管理环境差异研究。 这是指项目对于所跨越两国或多国之间在微观环境、中观环境和宏观环境三个方面的差异的比较研究，以便借此在跨国项目管理中选用适合环境要求的正确项目管理方法。其中，微观环境比较研究是为找出项目实施地区（东道国）与项目投资者等所在地区（出资国）的资源供应环境和市场条件等方面的环境差异，综观环境比较研究是为找出项目实施地区与项目投资者等所在地区在行政管理、行业管理、投资优惠政策等方面的环境差异，而宏观环境比较研究是为找出项目实施地区与项目投资者等所在地区在国家政治、经济、社会、自然生态等方面的环境差异。人们只有通过这三个方面的比较研究，才能够清楚地认识项目所跨越国家或地区的管理环境的整体差异，从而才能针对这些差异去做好跨国项目管理。

（2）项目所跨越国家法规方面的差异研究。 这是指项目对于所跨越两国或多国之间在法律法规方面差异的比较研究，以便借此在跨国项目管理中选用符合法律法规要求的正确项目管理方法。这方面研究会涉及对于项目所跨越国家在合同法、价格法、财税法、招投标法等一系列的法律的比较研究，因为这些方面的差异是跨国项目管理所面临的最大难题，如果不能找到这些差异就会出现跨国项目管理违法的重大失误。同时，还需要开展对于项目所跨越国家各个主管部门的法规方面的差异，如地方或中央政府主管部门或行业协会的法规和法律实施细则等方面的差异。需要特别指出的是，这些差异会直接影响跨国项目下述方面的管理方法和效果。

1）对于跨国项目成本管理的影响。 每个国家的财税法规（包括价格法、税法和项目成本与造价的管理规章制度等）都会对跨国项目成本造成直接的影响，因为跨国项目成本中既包括项目实施所需消耗和占用资源的成本，也包括项目实施所需加纳各种税费方面的成本。同时，整个跨国项目成本管理的文件也必须符合跨国项目所跨越国家两边的法律规定，否则会导致跨国项目管理的违法行为出现。

2）对于跨国项目合同管理的影响。每个国家的合同法、价格法、招投标法，以及实施细则或行业管理规定（如 FIDIC 条款）都会对跨国项目合同管理造成直接的影响。因为跨国项目合同是否合法直接关乎跨国项目管理的成败，所以在具体跨国项目管理中必须使用比较管理研究的方法去开展这些方面的差异的研究。

3）对于跨国项目其他方面管理的影响。每个国家在项目质量、项目资源采购、项目保险和项目实施等方面都会有自己的法律法规和行业规定，这些会直接影响跨国项目的质量管理、采购管理、风险管理、项目安全与环保管理等各方面的管理。所以，人们必须比较研究跨国项目这些方面的跨国差异，从而针对这些差异去做好跨国项目管理。

（3）项目所跨越国家文化方面的差异研究。这主要涉及跨国项目团队和人力资源管理方面的问题。因为项目所跨越国家在文化方面的差异会直接影响人们的价值观和人们之间的信息沟通，而这些方面的差异会直接影响跨国项目管理的绩效和后果。例如，项目所跨越国家在文化上的不同会影响人们对于项目管理中某些行为的不同，而这种文化差异更会影响跨国项目团队之间的沟通和交流，这就会给跨国项目管理带来很多方面的困难和麻烦。所以，人们需要开展比较管理研究找出这些差异，以及找出克服和解决这些差异的跨国项目管理方法。

（4）项目所跨越国家其他方面的差异研究。除了上述三个方面的跨国项目管理中会出现的差异外，实际上还有很多方面跨国项目因跨越国家而出现差异，并且人们只有管理好这些差异才能够做好跨国项目管理。例如，在国际上对于项目合同管理方面就有：国际咨询工程师联合会编制的 FIDIC 系列合同条件（大多数人会选用这个），英国土木工程师学会编制的 ICE 系列合同条件、英国皇家建筑师学会编制的 RIBA/JCT 合同条件（英联邦国家多使用这两个），美国建筑师协会编制的 AIA 系列合同条件、美国总承包商会编制的 AGC 合同条件和美国业主合同文件联合会（EJCDC）编制的系列合同条件（美国人多使用这三个）。这就要求跨国项目管理者必须根据项目所在地区的情况，去发现究竟需要使用哪种合同条件和这些条件之间的差异。

3. 跨国项目管理中的比较管理研究方法和原则

针对跨国项目管理中的管理比较研究方法和原则与针对跨国企业或不同国家企业之间的比较管理的方法和原则有所不同，因为这不是对于不同国家的独立企业所开展的比较管理研究，而是针对同一个项目所跨越的国家在管理环境和法律法规等方面的比较研究。

（1）**跨国项目的比较管理研究方法**。跨国项目的比较管理研究方法包括：案例比较研究的方法、统计比较研究的方法、文献比较研究的方法和管理调研与比较研究的方法，以及像专家意见法等根据所跨越两个或多个国家的专家给出比较判断的方法等。跨国项目比较管理研究的根本方法就是比较研究的方法，其首先确定比较研究的目的（找出国内项目管理和跨国项目管理的差异之处），然后确定比较研究的对象（跨国项目成本管理和人力资源管理的比较研究是主要对象，因为其他像范围和时间管理各国差异不大），进一步研究得到跨国项目管理所需的差异化管理方法。

1）案例比较研究的方法。这是针对具体跨国项目所涉及的国家和组织的管理环境和管理方法等方面的差异，利用历史类似项目的案例，以及管理调查结果去找出具体跨国项目需要应对和管理那些跨国所造成的管理差异及其管理方法。

2）统计比较研究的方法。这是根据跨国项目比较管理所确定的研究对象，收集并获得相应的各种数据和资料，然后使用社会统计学的方法（绝对差异和相对差异，以及指数分析和回归分析等）去找出跨国项目管理差异性的方法。

3）其他比较研究的方法。这包括项文献比较研究的方法、管理调研方法和专家法等一系列的比较管理研究所使用的方法，这些方法多是为了挖掘和获得数据或经验，因为只有有了这些数据和资料，人们才能开展跨国项目比较管理研究。

（2）**跨国项目管理中的比较管理研究的原则**。跨国项目比较管理方法必须坚持一些基本的原则，否则会导致研究结果可靠性和有效性方面出现问题。这些具体原则分述如下。

1）可比性原则。跨国项目比较管理研究的首要原则是可比性原则，即人们选用的跨国项目比较对象必须是同类且具有可比性的。例如，人们不能拿工程建设项目同风险投资项目去做比较管理方面的研究，因为二者从本质上就没有可比性。

2）可行性原则。跨国项目比较管理研究必须具有足够的信息和数据，否则人们就无法开展跨国项目的比较研究。例如，人们对于东道国的政治、经济、社会、文化等各个方面知之甚少且没有资料可查，这就无法开展跨国项目比较管理的研究。

3）实事求是原则。这是要求人们从客观实际情况出发，去找到跨国项目管理的差异性要求。跨国项目比较管理研究必须按照实事求是的原则去开展，而不能弄虚作假或夸大与缩小，否则这种比较研究的结果是不可信且不可行的。

另外，跨国项目比较管理研究还有一些其他方面的原则和要求，如逐步递进的原则（跨国项目比较管理是一个不断证伪和证实的过程）等。

2.4　跨国项目管理与"一带一路"倡议

"一带一路"倡议是为促进相关国家经济要素的有序自由流动、资源高效配置和市场深度融合，推动沿线各国实现经济政策协调，开展更大范围、更高水平、更深层次的区域合作，共同打造开放、包容、均衡、普惠的区域经济合作架构。共建"一带一路"符合国际社会的根本利益，彰显人类社会共同理想和美好追求，是国际合作及全球治理新模式的积极探索，将为世界和平发展增添新的正能量。[①]

2.4.1　"一带一路"倡议的历程和进展

这一倡议的实质是一种利用中国与有关国家既有的双（多）边机制，借助区域合作平台去实现共同发展的一种经济合作倡议。从而去积极地发展与沿线国家的经济合作伙伴关系，共同打造政治互信、经济融合、文化包容的利益、命运和责任共同体。[②]

1. "一带一路"倡议的历程

"一带一路"倡议最初是由习近平在 2013 年 9 月和 10 月出访中亚和东南亚国家期间先后提出了共建"新丝绸之路经济带"和"21 世纪海上丝绸之路"的倡议。随后这一倡议得到国际社会高度关注，因为这符合欧亚大陆经济整合的要求。

2. "一带一路"倡议的进展

2017 年 5 月，首届"一带一路"国际合作高峰论坛在北京雁栖湖国际会议中心举行。来自 130 多个国家的约 1500 名各界贵宾作为正式代表出席论坛，来自 30 个国家的领导人和联合国、世界银行、国际货币基金组织负责人出席圆桌峰会，围绕"加强国际合作，共建'一带一路'，实现共赢发展"的主题，就对接发展战略、推动互联互通、促进人文交流等议题交换意见，达成广泛共识，并通过了联合公报。[③]

2019 年 4 月，第二届"一带一路"国际合作高峰论坛在北京成功举行。来自 38 个国家的元首和政府首脑等领导人，以及联合国秘书长和国际货币基金组织总

---

① http://www.xinhuanet.com/finance/2015-03-28/c_1114793986.htm，新华网，2015-03-28 14:00.

② 王义桅. 世界是通的——"一带一路"的逻辑[M]. 北京：商务印书馆，2016.

③ http://www.xinhuanet.com/politics/2017-05-14/c_1120969677.htm，新华社，2017-05-14 13:44.

裁共 40 位领导人出席圆桌峰会。来自 150 个国家、92 个国际组织的 6000 余名外宾参加了论坛。论坛期间，与会各方就共建"一带一路"深入交换意见，普遍认为"一带一路"是机遇之路，就高质量共建"一带一路"达成广泛共识，取得丰硕成果。[①]

由此可见，"一带一路"倡议已经成为世界多数国家的共识和我国开放发展战略的重要平台和支撑。

2.4.2 "一带一路"倡议的作用和功能

"一带一路"倡议是我国为建立一个政治互信、经济融合、文化包容的利益共同体、命运共同体和责任共同体而提出的。这一倡议表明中国作为当代世界经济增长的火车头，愿意将自身的产能优势、技术与资金优势、经验与模式优势转化为市场与合作优势，实行全方位开放。这一倡议的本意是通过"一带一路"建设共同分享中国改革发展红利。中国将着力推动沿线国家间的合作与对话，建立更加平等均衡的新型全球发展伙伴关系，夯实世界经济长期稳定发展的基础。[②]

1. "一带一路"建设对我国经济发展的推动

特别是在我国经过了 40 年改革开放的快速发展后，到 2019 年我国人均国民收入超过 10000 美元，而这正是世界银行在 2007 年提出的"中等收入陷阱国家"的收入标准（8000~10000 美元）的阶段。根据笔者多年研究的成果发现，我国已经历了"低等收入陷阱"，现在正在应对"中等收入陷阱"，而未来还会面临"高等收入陷阱"的困境。在这些不同"陷阱"中的国家一旦应对失当，经济就会出现长时间停滞甚至倒退。图 2-11 是笔者研究得出的发展中国家在经济发展过程中所面临不同收入陷阱的模型。

由图 2-11 可以看出，所有欠发达国家在人们温饱没有解决的情况下，经济发展会存在掉入"低等收入陷阱"的困境。此时，由于人民温饱尚未解决，而根本没有剩余资金去投资发展经济，所以国家会因为严重的投资短缺问题而陷入困境。此时国家只能依靠引进外资去开展经济建设、扩大生产规模、解决就业问题和提高国民收入，从而走出低等收入陷阱的困境。我国当初就是通过引进外资（尤其是华人华侨的投资）去弥补这种投资缺口，最终走出了这一陷阱或困境，从而解决了全中国人民的温饱问题。

---

① http://www.gov.cn/xinwen/2019-04-29/content_5387629.htm，央视网，2019-04-29 19:41.

② http://www.gov.cn/xinwen/2015-03-28/content_2839660.htm，中央政府门户网站，2015-03-28 07:48.

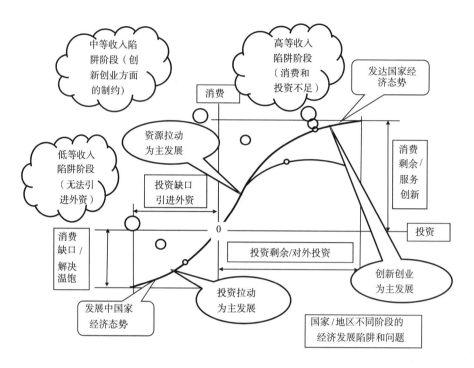

图 2-11　国家经济发展中的三种经济发展陷阱模型

由图 2-11 还可以看出，在摆脱了"低等收入陷阱"之后，发展中国家就会进入依靠各种资源的投入扩大生产规模和经济总量的发展之路。此时，国家利用人力资源、自然资源、矿产资源、环境资源、财务资源等，借助发展中国家各种资源的低价优势，以及由此形成的出口产品价格优势实现国民经济的发展，这是一种充当"世界工厂"的发展模式。由于工厂只是成本中心（而非盈利中心），所以这种发展模式是一种以廉价出售国家各种资源去获得发展的模式。最终这种模式会导致国家资源大量消耗，环境遭受污染，且随着人均收入增加而丧失廉价劳动力的优势地位，最终走入无以为继的中等收入陷阱阶段。

由图 2-11 可以进一步看出，当一国经济逐步成为高收入国家或者发达国家时，国民经济发展会出现严重的投资剩余和消费剩余问题，进而出现行业或产业的剩余产能（因投资剩余而导致的投资过度造成的）问题和供给侧失衡（人们的高收入与市场仍然供给传统的低端产品与服务而导致的消费剩余）的问题等，这就是发达国家所面临的"高等收入陷阱"。这种"高等收入陷阱"的出路主要有两个方面，其一是借助对外投资解决投资剩余的问题，其二是依靠各种创新（供给侧改革）解决消费剩余的问题。实际上欧美发达国家在 20 世纪 80 年代前后，相继开展创新型国家建设和海外投资建设都是为了解决他们国内的投资剩余和消费剩余，从而摆脱

"高等收入陷阱"所采取的发展战略。

由此可知，当前我国经济发展的"双创"战略和"一带一路"倡议，首先是为国家更进一步的发展所采取的应对措施，也都是我们国家未来经济发展的必由之路。

2."一带一路"建设对全球共同发展的推动

当然，我国的"一带一路"倡议并不只是为我们一个国家经济发展服务的，更多的是中国经济发展之后而对于世界的一种担当。因为"一带一路"倡议是以政策沟通、设施联通、贸易畅通、资金融通、民心相通的"五通"所代表的世界互联互通，是我国提出的塑造"人类命运共同体"的根本途径和手段，也是推动和实现联合国提出的全球包容性和可持续性发展的伟大倡议。因为"一带一路"倡议所提倡的是促进各国共同发展，实现各国共同繁荣，各国合作共赢的道路；是通过互联互通增进各国理解和信任、加强各国全方位交流与融合，从而确保世界走在和平发展的道路上（而不走相互争夺的战争道路）。①

中国政府提出的"一带一路"倡议所秉持的是各国和平合作、开放包容、互学互鉴、互利共赢的公共发展的理念，所以整个倡议是为推进各国全方位务实合作，打造区域政治互信、建设经济融合和文化包容的利益共同体、命运共同体和责任共同体服务的。因为"一带一路"贯穿亚欧非三个大陆，连接着快速发展的东亚经济圈和相对发达的欧洲经济圈，中间所包含的众多发展中国家的经济发展潜力巨大。同时，"一带一路"倡议在陆地上依托由铁路和公路所组成的国际大通道，以沿线中心城市为支撑，建设国际经济合作的道路；在海上以重点港口为节点，以海上航道为连线，各国共同建设通畅、安全、高效的海洋运输大通道，推进沿岸国家在经济建设和发展方面的合作，从而使得"一带一路"倡议涉及的全部国家获得更好的经济发展条件，使得各国人民分享这种经济共同发展带来的收益和福利。

正如国家发展改革委、外交部、商务部于 2015 年 3 月 28 日联合发布的《推动共建丝绸之路经济带和 21 世纪海上丝绸之路的愿景与行动》中所说的那样："2000多年前，亚欧大陆上勤劳勇敢的人民，探索出多条连接亚欧非几大文明的贸易和人文交流通路，后人将其统称为'丝绸之路'。千百年来，'和平合作、开放包容、互学互鉴、互利共赢'的丝绸之路精神薪火相传，推进了人类文明进步，是促进沿线各国繁荣发展的重要纽带，是东西方交流合作的象征，是世界各国共有的历史文化遗产。""共建'一带一路'致力于亚欧非大陆及附近海洋的互联互通，建立和加强

---

① http://www.xinhuanet.com/finance/2015-03-28/c_1114793986.htm，新华网，2015-03-28 14:41.

沿线各国互联互通伙伴关系，构建全方位、多层次、复合型的互联互通网络，实现沿线各国多元、自主、平衡、可持续的发展。'一带一路'的互联互通项目将推动沿线各国发展战略的对接与耦合，发掘区域内市场的潜力，促进投资和消费，创造需求和就业，增进沿线各国人民的人文交流与文明互鉴，让各国人民相逢相知、互信互敬，共享和谐、安宁、富裕的生活。"[①]

2.4.3 "一带一路"建设需要跨国项目管理人才

综上所述，我国的"一带一路"倡议不但是我国经济发展的需要和出路之一，也是我国在经济全球化中的伟大担当，更是全球各国经济发展的需要和出路。未来会有大量的跨国项目需要去管理和实施，因此我国未来会需要大量的跨国项目管理的人才。

1."一带一路"建设所需要跨国项目管理人才的素质要求

为了满足我国"一带一路"建设所需的跨国项目管理人才的需要，笔者们才专门撰写并出版了这本关于跨国项目管理的书。因为跨国项目管理所需要的人才必须具备很多独特的素质和能力，有关跨国项目管理人才（主要是跨国项目经理人）所需的素质要求分述如下。

（1）跨国管理的经验。 跨国项目管理人才的首个素质要求就是必须具备跨国管理的经验，即他们需要在不同国家（最好是在跨国项目的东道国）或者某个跨国项目中工作过。这种经验可以使得跨国项目管理者能够与跨国项目团队成员和组织有过开展相互沟通、协调与合作的工作经历，从而大大减少他们在开展跨国项目管理中出现难以跨越国界和组织界限去开展管理的困境，从而使得他们能够设法做好并改进跨国项目的沟通与合作。

（2）跨国管理的视角。 从事跨国项目管理的人才必须具有跨国管理或全球管理的视角，即他们需要从具体项目所跨越的国家甚至全球的角度去看待跨国项目中所出现的问题及其解决方案。这种跨国管理的视角可以使他们更好地去识别、度量和管理跨国项目的风险，更好地处理跨国项目设计、计划、实施和交付过程中所涉及的不同治理体系、不同语言和文化差异因素，更好地处理不同国家和组织的参与者在思维与行为方式上存在的差异。

（3）自我管理和自我激励。 跨国项目管理者必须具有自我管理和自我激励的基

[①] http://www.mofcom.gov.cn/article/resume/n/201504/20150400929655.shtml，新华社，2015-04-01 10:57.

本素质，因为他们有时需要孤悬海外，做好跨国项目的现场管理。特别是由于跨国项目管理需要项目经理人能够针对项目出现的各种意外情况去做好应急处置和项目变更（负责会造成项目损失的扩大或收益的流失），所以他们特别需要具有自我管理和自我激励的素质，他们不应该需要上级为他们提供额外的激励和管理工作指导，那样会出现错失良机的情况。

（4）**实事求是和严格自律**。跨国项目管理者还必须具备实事求是和严格自律的基本素质，因为他们有时需要根据跨国项目所遇到的全新问题和环境（实事）去找出其中的客观规律（求是），从而制定出符合项目需要的解决方案。同时，跨国项目经理人还需要在各种困难和复杂的项目意外情况中做好自律和律人的工作，因为对于那些独立在外的跨国项目经理人而言，他们需要在跨国项目管理工作上具备较强的自律能力，以便借此为跨国项目团队成员树立榜样。

（5）**容忍分歧和化解冲突**。跨国项目管理者还必须具备容忍分歧和化解冲突的基本素质，因为在跨国项目管理中由于跨越众多界面，从而会导致在许多地方容易产生分歧，而如果分歧管理不当就会导致跨国项目团队或参与者之间产生冲突，这些都需要跨国项目管理者们具备应对这方面情况的基本素质。实际上，如果跨国项目管理者具有较高的容忍分歧的能力，多数情况下就可以将冲突化解在孕育的过程之中，就不至于发生冲突，从而给项目造成损失。

（6）**善于评估和勇于决策**。跨国项目管理者进一步还必须具备善于评估和勇于决策方面的基本素质。因为在跨国项目管理中由于存在各种各样的环境与条件的发展变化，由此带来的项目变更和应对措施等都需要开展必要的评估，所以跨国项目管理者必须具有较高的评估能力。更为重要的是，跨国项目管理者必须具有勇于决策的素质，因为跨国项目管理中的各种环境与条件的发展变化的风险情况如果不能够实时应对反而请示上级做决策，就会错失良机，从而造成损失。

2.“一带一路”建设所需要跨国项目管理人才的技能要求

跨国项目管理所需要的人才不但需要必须具备上述的素质要求，还必须具备开展跨国项目管理所需的各方面的能力。有关跨国项目管理人才（主要是跨国项目经理人）所需的基本能力具体分述如下。

（1）**管理的概念性能力**。这是指跨国项目管理者所应该具备急中生智的能力，即在跨国项目管理出现困境的时候能够找出应对方案和解决办法的能力。按照认识论的观点，概念是介于理性和感性之间的一种人们认识的阶段，它既不是理性分析研究，也不是感性冲动反应，而是人们根据自身的管理知识、能力、观念和常识，在很短的时间内（急中）找到解决方案（生智）的能力，这是跨国项目经理首要的管理能力，因为他们有许多情况需要急中生智。

（2）**专业的技术性能力**。这是指跨国项目管理者所应该具备的具体跨国项目所涉及的专业技术能力，即应对和解决跨国项目中的技术问题的能力。按照领导学的观点，项目经理必须具备必要的项目所需的技术能力，因此在项目管理中绝对不允许出现外行领导内行的情况发生。对于跨国项目经理而言，他们必须具备项目所属专业方面的技术能力，虽然有些问题可以由技术专家提出建议或方案，但跨国项目经理是最终的决策者，所以他就必须具备相应的专业技术能力。

（3）**人际关系方面的能力**。这包括跨国沟通管理、跨国团队管理、跨国团队成员激励和跨国冲突管理等方面的能力，即应对和解决跨国项目中各种人际关系问题的能力。因为跨国项目经理必须按照管人成事的方法去使项目获得成功，所以他更需要借助各种激励手段去改变跨国项目团队成员的行为，为实现跨国项目的既定目标服务。因此，跨国项目管理者的人际关系方面的能力，在很多时候甚至比上述管理和技术能力更为重要。

总而言之，随着我国"一带一路"倡议被全球各国越来越广泛地接受，我国将需要大量的跨国项目管理人才，这些人才必须具备上述这些素质和能力才能做好跨国项目的管理。

第 3 章
| 跨国项目管理的主要特性

南开大学　杨玉武

跨国项目管理不同于国内项目的管理，这不仅涉及不同的政治、经济和人文地理环境的国家，还要跨越不同的时区、文化与不同的项目实施与运营组织。

3.1　跨国项目中的跨国家管理特性

从广义的角度看，国家是指拥有共同的语言、文化、种族、血统、领土、政府或者历史的社会群体。从狭义的角度看，国家是一定范围内的人群所形成的共同体形式。在社会科学和人文地理范畴，国家是指被人民、文化、语言、地理区别出来的领土；被政治自治权区别出来的一块领地；一个领地或者邦国的人民；跟特定的人有关联的地区。

与一般的跨国经营相同，跨国项目不但涉及对消费者消费环境、教育水平、收入水平等因素的分析。同时，由于每个国家在政治环境、经济环境和人文地理环境、社会环境等方面均存在一定的差异，在不同的国家开展跨国项目，不可避免地会受到这些因素的影响和制约。

3.1.1　不同国家的不同政治环境影响

投资国和东道国的政治环境对跨国项目的顺利实施和各参与主体的利益保障都有着至关重要的影响，所以处理好投资国与东道国政府的关系是创造跨国项目的利益和提高项目成功率的重要基础。投资国和东道国的政治环境主要包括政治制度、政治体制、方针政策、法律法规等方面。显然，如果政局稳定，人民安居乐业，就会给项目的实施营造良好的环境。相反，如果政局不稳，社会矛盾尖锐，社会秩序混乱，就会影响项目的正常实施。例如，我国某企业在埃及承建水泥厂的 EPC 项目期间，由于埃及当地政治环境突变，穆巴拉克政府突然倒台，不仅严重影响了身处当地的设计与施工管理人员的人身安全，还严重影响了大量的设备无法按照预定方案运输，现场采购工作也难以按照合同约定完成。而且，大量的外部协作单位人员直接撤离埃及，欧洲的设备也停止向埃及发运。

1. 政治制度对跨国项目的影响

投资国和东道国的政治制度是开展跨国项目必须关注的重要因素，因为政治稳定性、政府腐败管控和政府治理能力等因素对跨国项目的成败有着决定性作用。

在政治稳定性方面，投资国和东道国的政治局势越稳定，越有助于跨国项目的成功，这还有助于提高项目各参与方的信心，改善他们资源配置过程中的风险储备水平，从整体上降低项目的成本。

在对于政府腐败的管控方面，如果投资国和东道国政府腐败管控不足，就会造成跨国项目具有较高的不确定性。因为，政府的腐败行为会给跨国项目实施造成障碍，跨国项目需要投入更大的资源去满足官员们的腐败需求。同时，腐败的政府会使得跨国项目面临更加复杂和多变的要求（腐败官员被撤换或查处等）。因此，跨国项目决策必须考虑投资国和东道国的政府腐败程度并做好前期安排避免损失。

在政府治理能力方面，投资国和东道国政府部门的治理水平越高，越有助于跨国项目的顺利实施。首先，跨国项目从前期立项的各种手续审批等的效率都会因此而提高。例如，上述埃及水泥厂 EPC 项目就是因为当地供电局和其他部门的协调效率低下，导致项目大量设备无法顺利安装，从而严重影响了项目的施工进度，增加了项目成本，并导致该跨国项目未来的运行面临更大的技术上的不确定性。

另外，跨国项目可能会同时跨越多个国家，而不同国家在政治制度、腐败程度和政府部门质量等方面存在差异。项目实施主体必须对相关国家的政治制度进行充分的评估，规避潜在的风险；同时，充分利用其中的有利因素，或者积极调整潜在的合作主体，规避或利用各国政治制度的影响。

2. 国家方针政策对跨国项目的影响

投资国和东道国的各项方针政策也都会对跨国项目的顺利实施和取得预期效果有着深刻和直接的影响，这些方针政策包括但不限于进口限制政策、出口管制政策、价格管制政策、外汇管制政策、税收政策等。

其中，国家的进口限制政策主要是关税和非关税壁垒。这会限制部分跨国项目所需商品或劳务的进口，从而可能导致跨国项目所需的资源或劳务无法获得而延误了项目工期、增加了项目的成本。这还会引发跨国项目相关方的矛盾，降低跨国项目实施主体的信誉。关税壁垒中的高额进口税也会增加跨国项目的成本，降低跨国项目的盈利水平，加剧各方的竞争。

国家的出口管制政策是一国政府通过建立一系列审查、限制和控制机制，以直接或间接的方式防止本国限定的商品或技术通过各种途径流通或扩散至目标国家，从而实现本国的安全、外交和经济利益的行为。这种政策会严重影响跨国项目所需资源的充分供给，影响资源的价格，进而影响跨国项目的盈利水平。

国家的价格管制政策是国家为达到一定的宏观目标，在商品价格上所采取的一系列方针、措施的总称。价格管制阻止价格体系分配供给，必然要有其他的分配机制来代替。在这样扭曲的价格机制下，跨国项目将难以通过公开市场按照公允的价格获得所需要的资源，需要被迫承受其他方面的成本和压力。

国家的外汇管制政策是指一国政府为平衡国际收支和维持本国货币汇率而对外汇进出实行的限制性措施，一国政府通过法令对国际结算和外汇买卖进行限制的一种限制进口的国际贸易政策，分为数量管制和成本管制。无论哪一种管制都会影响跨国项目的成本，影响跨国项目的资金充裕性，进而对跨国项目的工期和利润造成实质性的影响。

国家的税收政策是政府为了实现一定时期的社会或经济目标，通过一定的税收政策的手段，调整市场经济主体的利益分配格局，从而刺激经济部门或行业发展的措施。这在一定程度上是干预市场机制运行的一种手段或措施，所以会直接影响到跨国项目的实施和新增价值。这是充分利用跨国项目的投资国和东道国的税收政策去降低税赋负担和提高项目盈利。

国家的方针政策往往具有一定的灵活性，所涉及的领域比较繁杂，跨国项目实施企业需要充分了解并利用政策（如行业优惠政策和税收优惠政策等）以确保跨国项目的成功。

3. 国家法律法规对跨国项目的影响

不同国家在法律环境上存在较多差异，由于法律法规是跨国项目实施主体必须遵守的，所以跨国项目的实施会受到这些法律法规的影响。跨国项目在实施过程中会涉及的法律法规包括（但不限于）环境保护法、劳动法、招投标法、合同法、价格法、财务会计法规、合同争端仲裁与解决法规等。

法律是一种国家确认的人们（法人和自然人）权利和义务的行为规范，所以跨国项目实施主体必须遵守法律法规。由于国家法律法规具有强制性，所以跨国项目管理必须充分了解、遵守并利用相关国家的法律法规。因此，在跨国项目前期，人们需要尽可能通过多种途径了解投资国和东道国及相关合作国家的法律法规，聘请熟悉法律和经济的专家帮助自己适应和满足当地法律法规的要求。

3.1.2 不同国家的不同经济环境影响

国家的社会经济状况直接影响着跨国项目实施过程中所需资源的可得性、质量，以及成本和效率等，这也是跨国项目管理中需要关注的重要方面。国家的社会经济状况包括经济要素性质、水平、结构、变动趋势等方面，涉及国家、社会、市场及自然等多个领域。

1. 国家社会经济结构对跨国项目的影响

国家社会经济结构是指国民经济中不同的经济成分、不同的产业部门，以及社会再生产各个方面在组成国民经济整体中的相互适应性等方面的状况。这主要包括五方面的内容，即产业结构、分配结构、交换结构、消费结构、技术结构。其中，最重要的是产业结构，这体现了国家各产业之间的关系及其发展水平和某特定产业的地位，以及配套和完善程度。当跨国项目的相关产业在该国经济中发展不足时，跨国项目所需要的某些资源就得依赖外部进口而增加项目成本。另外，产业结构也在一定程度上反映了该国经济相关领域的人才素质和储备，这对跨国项目运行的影响是复杂而深远的。

2. 国家经济发展水平对跨国项目的影响

国家经济发展水平是指一个国家经济发展的规模、速度和所达到的水准，这方面的常用指标有国民生产总值、国民收入、人均国民收入、经济发展速度，经济增长速度等。健康发展的经济体会给各类资本更加充足的信心，使人们愿意承受短期的损失来追求长期收益，因此跨国项目合作各方都将展示出更大的责任心和参与意愿，从而为跨国项目合作带来便利。同时，经济发展水平较高的国家或经济体，将可以为项目提供更加便利、低成本和丰富资源的配套选择，从而提高跨国项目的效率，降低跨国项目成本。

3. 国家经济体制对跨国项目的影响

国家经济体制是指国家经济组织的形式，它规定了国家与企业、企业与企业、企业与各经济部门的关系，并通过一定的管理手段和方法，调控或影响社会经济发展和流动的范围、内容和方式等。同时，国家经济体制确定了经济行为主体的权利范围、确定了经济主体共同遵守的行为规范、确定了利益风险规则和信息交流结构，以及确定了经济体内部的资源占有安排，并且还会影响着项目各项资源的可得性及安全性等。在跨国项目实施过程中，国家经济体制在很大程度上决定了项目实施组织在与当地企业或组织合作中的地位，明确了跨国项目实施组织的行为准则，也决定了跨国项目实施组织为了提高项目效率和效果应该努力的方向。

4. 国家经济政策对跨国项目的影响

国家经济政策是国家履行经济管理职能，调控国家宏观经济水平与结构，实施国家经济发展战略的大政方针，它包括综合性的全国经济发展战略和产业政策、国民收入分配政策、价格政策、物资流通政策、金融货币政策、劳动工资政策、对外贸易政策等。在跨国项目实施过程中，经济政策的影响是非常显著的，而且经济政策的灵活性和弹性会给东道国的跨国项目带来更大的优势，跨国项目实施组织必须充分接近政策的制定和解释的权力机构，充分把握东道国政策及其走势，避免受到政策的不利影响。

5. 国家经济制度的完善程度对跨国项目的影响

国家经济制度因素包括货币政策有效程度、市场化程度、金融管制程度、对外资的态度等。自由开放的市场经济体制和鼓励外资的政策最为重要，并且金融管制程度越低、市场发育程度越高，越有助于跨国项目取得预期成果。由于国家经济环境对跨国项目的顺利实施有着至关重要的影响，因此跨国项目管理者需要充分了解投资国和东道国的经济制度和环境，通过多种途径了解与跨国项目相关的政策的制定、解释和实施等规定，充分利用政策优势、规避政策的限制，实现跨国项目的成功。

3.1.3　不同国家的不同社会环境影响

一个国家的社会环境是指由社会结构、社会风俗和习惯、信仰和价值观念、行为规范、生活方式、文化传统、人口规模与地理分布等因素构成的人文环境总和。

一个国家社会环境对跨国项目的影响是深刻而微妙的，它不像政治环境和经济环境那样会给项目带来直接的影响，但却会影响跨国项目生命周期中的每一项工作。

1．国家人民受教育程度对跨国项目的影响

国家人民受教育程度的高低会影响到跨国项目相关社区民众对待项目的态度和看法，当国家人民受教育程度较高时，社区民众会对跨国项目的环保、技术、安全等方面提出更高的要求。人们还会对跨国项目的实施给予更加理性的对待，这从根本上有助于提高跨国项目实施。但是如果反之，那么社区民众对跨国项目可能会不理解或会提出许多无理要求，甚至违背科学规律的事情。国家人民受教育程度低还会导致跨国项目难以在当地找到合适的合作伙伴或劳力与人力资源，这就不得不从其他国家招聘所需员工，增加了跨国项目的成本和工期。

2．国家的宗教信仰及其对跨国项目的影响

宗教信仰的影响是深刻的，不同信仰的人群的合作关系往往十分微妙，对跨国项目管理人员来说，这是一种巨大的挑战。他们如果不能很好地处理好宗教信仰方面的问题，可能会给跨国项目造成严重的影响。另外，不同宗教信仰也会左右人员的行为选择，甚至某些人可能会遵从宗教信仰而违背跨国项目实施的行为规范，或者在跨国项目实施工作期间进行宗教活动，等等。这些都将严重影响跨国项目的进度和质量。

3．国家的价值观念及其对跨国项目的影响

价值观是人们认定事物、辩定是非的一种思维或取向，具有稳定性、持久性、历史性，以及选择性、主观性的特点。一个国家的社会价值观是人际关系的基石，也是指导人们行为的指针。在跨国项目实施过程中，管理者必须充分掌握社会价值观所影响的方方面面，必须掌握人们的行为规范的影响及相关方的合作准则等。另外，他们还必须了解东道国工作人员的职业价值观状况，从而更好地判断他们的工作效率与质量，为跨国项目进展预测提供更坚实的基础。

4．国家的社会阶层及其对跨国项目的影响

国家的社会阶层代表了一国所存在的社会等级，在一个社会阶层分化明显的国家开展跨国项目会面临复杂多样的挑战，这主要是因为不同社会阶层的行为规范和利益诉求有所差异。在跨国项目实施中所涉及的社会阶层越多，跨国项目所面临的利益协调的要求就越高，如果处理不好各个社会层次的利益诉求，跨国项目将受到来自各方面的影响。

3.1.4 不同国家的不同技术环境评估

任何跨国项目都会受到国家技术环境的影响,因为跨国项目都是在特定技术环境下开展的。跨国项目的时间、成本、质量、范围等受特定技术环境的影响,如果忽略国家技术环境的差异去进行跨国项目的评估、计划和实施,那么跨国项目就难以获得成功。

1. 技术需求及其对跨国项目的影响

对于任何一个跨国项目而言,合作各方对技术有不同的需求。其中,跨国项目业主需要跨国项目技术更符合行业发展趋势、符合东道国技术经济要求、符合跨国项目管理水平要求等。当跨国项目各方的技术需求有较大差异时,跨国项目的评估、设计和实施就会出现困难。此时,跨国项目相关各方必须在针对不同的技术需求进行协商,并对相关人员进行培训,以确保跨国项目达到技术要求。

2. 技术市场状况对跨国项目的影响

国家的技术市场发展水平也非常关键,在一个国家的技术市场充分发展时,跨国项目各方容易通过技术市场获得他们所需要的技术,以保证满足跨国项目的需求。反之,跨国项目各方就难以获得所需的技术,只好花费更大的成本去通过其他途径获得所需的技术。另外,充分竞争的市场有助于提高项目技术水平,降低跨国项目成本。跨国项目管理者应该积极了解当地的技术市场发育状况,以保证跨国项目实施能够得到技术支持,从而得以顺利开展。

3.2 跨国项目的跨组织管理特性

在跨国项目的生命周期中必然会涉及不同组织的合作,跨国项目的成败在很大程度上取决于这种不同组织的合作。由于跨国项目会涉及跨越不同国家中的组织合作问题,这些组织在公司内部制度和行为规范等方面会有不同国度级别的差异,这些是由各个合作组织所在国家的文化、制度、行为规范等方面的差异造成的。

3.2.1 跨国项目的跨组织工作流程整合

跨国项目管理的推进离不开对跨国项目各相关组织的工作流程整合,只有跨国项目各组织的工作流程能够合理衔接,跨国项目效率和成功才会有保障。然而,多数跨国项目的跨组织工作流程整合都有问题,这些问题是多种原因共同作用的结果,既有跨国项目不同组织内部工作流程效率的差异,也有某些组织内部的人为障碍,还有某些组织的成员缺乏大局观或合作意愿。跨国项目中的跨组织工作流程整合包括如下几方面的工作。

1. 识别跨国项目流程的关键节点

跨国项目的跨组织工作流程整合首先需要对跨国项目流程本身有充分理解和认识，因为这种项目流程整合是技术系统和社会系统充分结合的工作。实际上跨国项目工作有其自身的特点和规律，各项工作之间也存在着清晰的逻辑关系，只有厘清它们之间的工作衔接机制和逻辑流程关系，才能够实现跨国项目各项工作的流程整合。但是因跨国项目工作流程的复杂性，导致人们很难充分地理解每项工作之间的关联逻辑，所以要求跨国项目管理者准确地将项目工作的输入、输出和逻辑关系弄清楚，从而能够准确把握跨国项目流程的关键节点，为跨国项目流程整合奠定技术基础。

2. 建立合理的跨国项目组织架构

任何跨国项目的流程都与跨国项目组织的构成和架构相关，所以合理的跨国项目组织架构是实现跨组织流程整合的基本保障。跨国项目的组织是一种跨组织的多主体合作，只有建立各方可接受并且能够高效沟通信息和有效控制跨国项目流程的跨国项目组织结构才能够保障跨国项目的顺利实施。跨国项目的组织架构涉及整个跨国项目层级的组织架构的整合或集成，同时还需要在组织层次上给出恰当的架构安排（层次结构情况）。这既可使各方清楚理解自己在跨国项目中的地位和角色，也能够使各方更多地开展合作。

3. 建立跨国项目伙伴关系管理模式

跨国项目涉及多个不同组织主体的合作，这些组织主体之间存在一定的利益冲突。例如，跨国项目业主希望实施者多干活少拿钱，而跨国项目实施者希望自己少干活多拿钱。但本质上说，跨国项目所跨越的各个组织之间是一种合作伙伴关系，它们不仅需要有合理分工，更需要建立一种跨组织的合作伙伴关系。跨国项目不同组织主体在合作伙伴关系中的地位和作用是平等的，它们需要明确跨国项目合作伙伴的原则、标准、行为准则和评估与激励机制。这种 合作伙伴关系必须充分考虑到跨国项目的各参与主体在国别上的差异，明确各自的利益、规定出沟通和决策程序与原则等，借此促进各方的有效合作，推动跨组织工作流程的整合。

4. 强化合同约束机制

跨国项目的合同体现了跨组织工作流程衔接与整合的法律要求，跨国项目管理者需要通过恰当的跨国项目合同约束机制，有效地实现跨国项目的跨组织工作流程的整合。跨国项目管理者应充分利用跨国项目合同来约束各方的行为，确保跨国项目各工作合同之间在时间和技术上的有效衔接。通过强化跨国项目合同订立、合同执行与监督、合同激励与处罚条款、声誉机制等方面的设计与管理，提高合同管理的科学性、合理性和跨国项目合同履约率。

3.2.2 跨组织信任的建立与维系

跨国项目面临复杂的内外部环境，需要跨国项目所涉及的各个组织彼此间有充分的信任、信息沟通和协同合作。这些组织之间的相互信任水平有助于提高信息沟通的质量和协调效率，所以跨国项目的跨组织管理需要从建立和维系组织间的信任开始来开展工作。

1. 推动不同组织的个体间互动

跨国项目组织间的信任可以通过各直接参与的项目组织和管理的个体之间的信任来建立和推动，因为跨国项目不同组织的重要成员之间的互动既可增进他们个体间的信任水平，同时也可借此实现这些人所在组织之间的相互了解和信任，因为这种个体之间互动过程中建立起来的私人信任关系有助于增进个体对对方所在组织的信任。所以，为了增强跨国项目参与组织的成员之间的信任，有必要保持这些个体在跨国项目组织中的稳定性，以便借助个体互动去建立和维系跨国项目跨组织之间的信任。

2. 熟悉彼此的组织要求和期望

跨国项目组织间的信任并不是建立在简单的情感联结上的，更多的是基于对利益的追求和分工合作。当跨国项目所跨越的组织之间彼此不了解对方的组织要求和期望时，人们就无法了解和接受各自应尽的责任或义务，组织间的信任就难以建立和维持。因此，跨国项目参与组织之间需要不断明确对方的要求和期望，这应该是跨国项目各方都要获取和给予的重要信息。跨国项目实施组织需要根据各自的组织要求和期望，以及责任和义务等，开展合作伙伴关系的建设，积极实现彼此的信任与合作。另外，熟悉彼此的组织要求和期望也有助于人们建立合理的期望，避免因自己过高的期望产生不满意的情绪，最终导致削弱彼此间的信任而影响跨国项目实施或运行的后果。

3. 强化组织高层间的互动

跨国项目所跨越组织间的高层互动是建立和发展组织间信任的重要手段。在跨国项目实施过程中，各参与组织受到所在国家政策法规的约束，以及组织制度、文化和传统等的局限，会有自身独特的要求或行为方式等。具体合作很容易受到这些因素的限制，而跨国项目工作的具体执行人员往往不具有做出相应调整的权限，从而造成项目合作难以展开，削弱了彼此间的信任。通过高层之间的互动，可以更好地熟悉彼此的顶层需求，且高层有相应权限做出有助于跨国项目顺利开展的决策，增进组织间的信任，促进具体工作执行者之间的良性互动。

4．在解决冲突和问题中塑造信任

跨国项目相关组织间的信任会因某些利益冲突而被削弱，如当跨国项目出现项目变更而涉及项目成本（造价）和工期（时间）的改变时就会出现某种利益冲突。跨国项目管理者应该通过不断地解决这类利益冲突问题，去强化这些组织间的信任和提高跨国项目实施的效率。所以，在跨国项目相关组织的合作伙伴关系中应该明确规定这种利益冲突的解决办法和程序，借此确保和不断加强彼此所建立和维系的信任关系。

5．强化共同目标和弱化分歧

跨国项目相关组织间的分歧会削弱相互信任，所以跨国项目管理者应该努力是人们弱化分歧而强化各方合作的共同目标，这样会促使会各方更注重积极的共同合作的目标和行动。因为当人们将注意力更多地集中于彼此的共同目标而非分歧时，他们之间更容易建立和强化彼此的信任。实际上跨国项目实施组织之间的冲突和差异是破坏信任的根源，再加上这些组织成员缺乏在多元化环境中工作的经验或处理多元化问题的能力，冲突或分歧就会造成彼此之间的隔阂。因此，跨国项目相关组织需要强化在多元化环境下的工作方法和心理培养，注重共同目标和促进彼此合作。

3.2.3　跨组织冲突的解决和管理

跨国项目中的参与组织众多，不同组织之间既有共同的利益和目标，也有彼此独立甚至相互排斥的利益和目标，所以它们不可避免地会带来冲突。同时，组织间的冲突会降低组织间信息传递的速度和质量，降低彼此合作的意愿，破坏双方合作的有效性。这种跨国项目的组织间冲突是当一方感觉对方对自己关心的事情产生或将要产生不利影响时随之产生的一种应急过程，这种跨国项目组织冲突的有效管理应从如下几方面入手。

1．允许和维持适度的组织冲突水平

实际上跨国项目的参与组织都必须认识到有些冲突是有害的，但是有些建设性冲突是有利的，所以允许和保持适度的冲突水平对改善跨国项目管理和决策有着重

要的意义。适度的冲突不仅有助于在各方之间保持一定的竞争性以提高跨国项目的效率，还可以保持和提高各参与组织成员的组织认同感和凝聚力。跨国项目管理要维持适度的冲突水平，就需要各参与组织以积极的态度对待冲突，建立适当的冲突释放机制，甚至建立冲突释放或意见表达的规范，从而使各参与组织能够更理性地去理解和对待各种冲突及其表达方式。

2．了解各参与方的不同行为倾向

跨国项目涉及众多的参与组织主体，不同参与组织主体对待自己人和他人的态度是有差异的，这种差异决定了跨国项目各参与方对待和解决冲突的策略与行为倾向。通过了解跨国项目各参与方的行为倾向，有助于采取必要恰当的策略来有效管理冲突，改善跨国项目的利益。在此基础上，跨国项目管理需要按照基于关心他人和自己两个维度去建立冲突解决和管理模式，并将冲突管理的策略分为竞争、合作、妥协、回避和迁就五类进行管理。

3．注重从环境中探寻冲突的原因

环境发展变化的影响是造成跨国项目各参与组织之间出现冲突的主要原因，也是影响这种冲突的应对和处理策略的主要因素。这包括社会经济环境、各组织在行业中所处地位、各组织所处文化环境特征，以及跨国项目的微观环境等方面及其发展变化。这些环境因素的变化都会在对各参与方造成冲突，造成影响。另外，不同地位和文化环境中的组织会倾向于对组织间的冲突采取不同的策略，如在某些文化中人们可能会更激进地对待冲突，而有些人可能更喜欢激化矛盾和冲突。

4．针对不同冲突采取不同的策略

跨国项目组织间的冲突可能是积极的和建设性的，也可能是消极的和破坏性的。跨国项目管理应努力推动积极和建设性的冲突，避免或抑制消极和破坏性的冲突。这就需要在他们在考虑各参与方行为倾向特点、所处环境特征的基础上，选取恰当的冲突处理方式。例如，对于建设性的冲突处理方式是努力获得建设性冲突导致的跨国项目改善结果，组织间的妥协也有助于建设性冲突取得改善性的效果。由于消极和破坏性冲突的负面后果，所以规避和消减负面后果是主要处理方式。

5．注重组织角色的建设与维护

跨国项目参与组织的角色模糊或不恰当的角色期望是造成组织间冲突的重要原因，通过恰当的角色建设或维护，有助于明细各参与方的职责和定位，促进彼此接受各自的角色期望，从而降低冲突的强度。在跨国项目实施过程中，既要注重基于合同的参与组织的角色确认，也要注重基于能力和期望的参与组织角色设计，使各方能够围绕着远期或者共同跨国项目目标确定自己的角色和定位，从而改善冲突水平，促进冲突的积极效果。

3.2.4 跨组织的协同决策

跨国项目具有较高的复杂性，因为这种项目需要面对大量不确定的挑战。这些复杂特性再加上跨国项目多元化的组织参与，这就要求跨国项目开展跨组织的协同决策。为了提高跨国项目的跨组织协同决策能力，人们应注重开展如下几个方面的工作。

1. 跨组织的信息共享机制建设

在跨国项目全过程中，各参与方都拥有自己的信息优势，同时也有自己的信息盲点。这就存在导致各方决策可能存在偏差，并在各方之间造成困惑、利益冲突等。因此，就需要跨国项目各参与方建立起有效的信息互通机制，以便能够及时将各自所获取的信息进行共享。这可以充分利用信息技术和信息系统等手段，实现对关键信息的收集、整理、传递与保护，促使各方有共同的决策信息基础，促进彼此合作。

2. 跨组织的决策征询机制建设

跨国项目决策往往具有广泛的相互关联和彼此影响的特征，即使相对独立的决策也可能会在未来对跨国项目其他方面产生影响。这就要求跨国项目各参与方在项目决策过程中充分征询其他各方的意见和建议，以便在协调各方要求和期望的基础上，制定对整个跨国项目更有利的决策。因此跨国项目的组织之间要做好协调工作，特别是在跨国项目前期阶段应该建立起有效的决策征询机制，激励和监督各方充分尊重其他各方的要求和期望。

3. 联合现场决策机制建设

由于跨国项目的决策直接关系到参与项目的多方利益，或者会直接影响到参与项目多方的工作，所以就有必要通过联合现场决策的方式进行集中协同决策。跨国项目决策者需要对所面临的问题，以及相关信息有充分的掌握，并要由具有决策权限和相关技术能力的人参与具体决策。因此，跨国项目需要针对决策达成必要的联合现场决策机制，建设规范标准，以改善现场决策质量。

4. 跨组织的知识地图建设

跨国项目决策既需要信息，也需要决策所需的知识，特别是跨国项目过程中的知识。所以，充分了解跨国项目各个组织彼此的知识可减少不必要的知识搜寻和创造的成本，并能提高决策的质量和效率。这就需要在跨国项目各参与组织之间做好知识地图的建设，提高各方对彼此知识和能力的了解。由于跨国项目各参与方之间的合作多数是一次性的，这就需要各方在跨国项目前期达成对知识地图的建设的共识，并在合作过程中逐步摸索与完善。

3.3　跨国项目中的跨文化管理特性

任何国家和组织都有其独特的文化，这就是一个国家和组织能够将本组织与其他组织区分开来的一种文化体系。这种文化体系是一种由观念、信仰、行为规范，以及团队成员共同持有的价值体系构成的混合体，所以一个国家或组织中的文化直接影响着每个人的行为，同时决定着人们如何理解和诠释他人行为。跨国项目中的跨文化特征的影响主要体现在如下两个方面。

1. 跨国项目团队成员文化多样性的影响

跨国项目管理者必须对来自不同国家和组织团队成员的跨文化背景有充分的了解，并在跨国项目团队中建立起尊重文化多样性的氛围。跨国项目团队成员必须认识到不同的观念、信仰、行为规范及价值观念可能对他们彼此间的合作产生的影响，并在此基础上适当调整自己的管理方式和方法，以便有效地应对跨国项目中存在的文化差异和文化多样性。

2. 跨国项目团队文化对组织合作的影响

由于跨国项目不可避免地会涉及不同国度的不同组织的合作，而且每个组织都会有区别于其他组织的文化特征，特别是跨国项目所涉及的不同国度的组织更会具有独特的文化背景，这就使得跨国项目团队的合作面临着文化差异的挑战。跨国项目团队的文化多样性既有助于提高跨国项目及其管理的创新性，又会给跨国项目团队成员的沟通和决策带来负面影响。

3.3.1　文化多样性对跨国项目的影响

跨国项目文化多样性的构成和内涵非常丰富，既包括相对清晰和可视化的部分，也包括难以观察和表述的非可视化部分。其中，可视的部分如文字、行为举止、图片或实物、人物形象、各种仪式、艺术作品等，这些会对跨国项目管理造成影响。但对于跨国项目影响更为深远的则是那些难以观察、难以短期学会和运用得更加丰富的非可视化的部分。这两个部分都会对跨国项目及其管理产生深远的影响，其影响的对象可以归纳为如下几个方面。

1. 文化多样性对跨国项目人际关系的影响

这是指跨国项目的文化多样性会对跨文化人群的相互信任的建立和维持产生影响，从而对跨国项目的绩效产生影响。因为不同文化背景的个体在对事物的理解、表达方式、沟通与谈判方式等方面均都会存在较大差异，如果不同文化背景的人们之间缺乏对于对方文化的了解就可能会导致不必要的冲突，或者阻碍人们彼此信任度的发展，不利于开展跨国项目合作。

2. 文化多样性对跨国项目工作环境的影响

同时，跨国项目的文化多样性会使不同文化背景的成员在非观念上产生差异的，即人们对什么是合理的、什么是不当的行为会有不同的判断。如果不能很好地处理跨国项目的这种文化差异，就可能会造成对跨国项目其他群体成员的歧视，从而破坏跨国项目的合作氛围和工作环境。文化的差异性还体现为对各种仪式或环境理解的不同，这也会对跨国项目工作环境产生不利影响。

3. 文化多样性对跨国项目合作效率的影响

由于文化多样性还会影响跨国项目团队成员个体的行为，所以这在很大程度也会影响个体和群体合作的效率。例如，不同国家文化对待时间和承诺的态度是不同的，不同文化对于强调遵守时间的重要性是不同的，不同文化对待自己承诺的重要性也是不同的。如果跨国项目团队成员不能对影响项目效率的文化差异达成共识，那么跨国项目的效率将会被削弱。

4. 文化多样性对跨国项目管理效果的影响

不同文化背景的人对待管理、权力和领导的态度是不同的，如果跨国项目管理者未能充分考虑跨国项目成员的文化背景和特点，那么他们此前成功的管理和领导方式就无法运用到跨国项目管理中（甚至可能会带来负面效果）。例如，不同文化背景的人对职权和专长权的态度方面的差异，将在很大程度上决定跨国项目管理者所需采用的管理方式和方法。

3.3.2 跨国项目的文化维度与项目管理

由于跨国项目团队中的成员具有不同的文化背景，所以跨国项目管理者在分配工作角色与责任，以及组建跨国项目团队过程中，就需要充分考虑这些文化差异可能带来的影响。在这方面，霍夫斯泰德文化要素模型为正确理解不同类型文化之间存在的差异、管理组织中的多元文化提供了有效的评估框架，这方面评估的主要指标如下。

1．管理者的权力距离

在各种文化中的管理者的权力距离这一维度主要是用来反映不同文化背景下的个体对于组织成员间的权力倾斜情况的态度，反映出跨国项目不同参与者积极参与决策制定过程的意愿和主动完成跨国项目工作的可能性大小。来自权力距离短的国家那些团队成员可能会公开反对管理者的命令和计划安排，而来自权力距离长的国家的那些跨国项目团队成员很少会公开反对管理者的命令和计划与安排，即使他们认为管理者的命令或计划是错误的，人们也往往会选择服从。很显然，这种选择有助于提高跨国项目团队的执行力，但却难以充分发挥跨国项目团队成员的创造力，所以不利于在复杂和不确定环境中开展跨国项目。

2．个人主义与集体主义

个人主义与集体主义这个维度主要体现了不同文化中个人与社会的关系，组成包括团队的凝聚力，人们重视参与社会组织的程度，与工作环境和工作愿望相关的价值体系等。通常，个人主义倾向高的人们对自主权的需求会更高，更喜欢独立自主和相对宽松的工作环境与氛围，而不愿意按照别人的命令去行事，更愿意以自己喜欢的方式去完成管理者交办的跨国项目任务。集体主义文化倾向高的人们则更喜欢遵从组织的命令和要求，更在意参与跨国项目团队成员的合作。对于个体主义倾向高的跨国项目团队成员而言，他们更喜欢任务导向的工作环境，而集体主义倾向高的跨国项目团队成员更在意团队的绩效，以及团队中其他人对其的评估。

3．男性化与女性化文化

通常，男性化程度高的文化认为男性与女性之间存在着巨大的差异，人们倾向于将男性与控制、权力及物质欲望联系在一起，而将女性认定为谦虚、温柔及不断追求较高生活质量的群体。女性化程度较高的文化中，性别歧视和性别差异会较低，人们更注重生活的质量，人与人之间的交往也更频繁，也更愿意为他人提供更多的帮助和关怀。跨国项目管理者需要充分了解跨国项目团队成员所处的男性化或女性化倾向的文化，以便按照团队成员的期许去开展管理，这有助于赢得团队成员的信任、尊重和激发团队成员的参与度和创造力。

4．对于各种风险的态度

对于各种风险的态度这一文化维度主要用来评估不同文化背景下的人们在承担风险等方面所存在的差异。由于跨国项目的内外部环境比较复杂多变而导致的风险性相对较大，因此在跨国项目管理中就必须充分考虑不同文化背景下的人们在这一维度上的差异，全面评估跨国项目团队成员的风险承担意愿和对待挑战的态度。

抗风险意愿低的人们更喜欢严格的管控，而且特别不喜欢甚至会抵制跨国项目中出现的变更或改进。抗风险意愿高的人们更喜欢创新和挑战，而且特别喜欢在开放式的学习环境中工作，他们善于应对各种压力，但对工作的严谨性要求相对较低。因此，跨国项目管理者要根据团队成员对风险的态度有针对性地安排工作。

5．长期倾向和短期倾向

具有长期倾向文化背景的人们体即使在事情结果不甚明朗时，他们仍旧能够表现出足够的忍耐，他们节俭、注重储蓄、具有廉耻心。具有短期倾向文化背景的人们更关注如何以最快的速度获得他们所期望的收益，更注重个人的利益，极力维护自己的声誉。具有长期倾向的人们更有韧性，也更愿意给他人时间去改变，他们能够忍受较长时间后获得回报。具有短期倾向的人们会更喜欢听取经常性的跨国项目进度报告，并注重跨国项目短期目标的实现程度。所以，跨国项目管理者应该根据跨国项目团队在这方面的不同文化背景的人群的这些倾向去安排好人们的工作和报酬，以及相应的激励措施和奖惩办法。

3.3.3　有效管理跨国项目中的文化差异

文化多样性对于跨国项目管理而言，既有积极作用也有消极的作用。作为跨国项目的管理者应该有效利用和管理文化多样性，并努力做好如下工作，发挥文化多样性的优势。

1．充分熟悉相关国家的文化类型

不同国家之间会存在有文化差异，这些差异所带来的影响关乎跨国项目的成败。这些影响既有国家层面的普遍文化特征，也有具体组织文化的个性特征。跨国项目管理者需要了解这些特征，找出跨国项目合作有重要影响的文化特征，以便做好跨国项目管理。

2．充分理解相关国家的文化差异

跨国项目管理者在充分学习和了解跨国项目相关国家和组织的文化类型的基础上，还要充分理解相关国家的文化差异，以便他们能够使用跨文化管理的相关理论与方法，管理好跨越不同文化可能产生的跨国项目团队的矛盾和冲突，促进人们的合作。

3．充分尊重相关国家的文化差异

跨国项目管理者要将相关国家的文化特征和差异牢记于心，在与跨国项目团队成员的合作中，充分尊重不同团队成员的文化禁忌和风俗习惯。跨国项目管理者要尽量识别项目团队成员矛盾与冲突中的文化诱因,真诚地接受并尊重那些来自不同立场的不同观点。

4. 塑造尊重多元文化的跨国项目氛围

跨国项目管理者要在项目参与者之间建立起充分享受多元文化的氛围,塑造关注和尊重文化多样性的跨国项目工作环境。他们要鼓励并说服相关各方始终牢记跨国项目多元文化团队的优势和必要性,特别要注重在跨国项目遇到的困难和挑战,来塑造大家同心协力的氛围。

3.4　跨国项目中的跨时区管理特性

跨国项目的另一项特性是跨时区的特性,因为跨国项目团队中会有不同时区的团队成员在不同的时间开展工作。这就出现了不同时区的跨国项目团队成员如何进行有效沟通、如何充分发挥跨时区的优势来开展工作的问题,这些就成为跨国项目管理的重要特性之一。

3.4.1　跨时区的管理

如何管理跨时区的项目团队,这是所有跨国项目管理者必须面对的一项挑战。因为在同一时区的项目管理中,项目管理者可以面对面指导团队成员的工作,及时处理项目团队所面临的挑战。但是,当跨国项目团队成员处在不同时区开展工作时,跨国项目管理者就难以及时给予管理和指导,同时也难以及时地发现跨国项目团队及其工作中潜在的问题。

因此,这就要求跨国项目管理者对项目各项任务给出清晰、明确且严格的要求和绩效评估标准与具体目标。跨国项目管理者需要通过前期沟通,使处在不同时区的跨国项目团队成员能够明确对于工作的原则规定和具体要求。同时,跨国项目管理者还必须建立清晰的组织架构,以及明确、严格的信息报告和审批制度,确保信息传递的及时性和准确性。

3.4.2　跨时区的决策

跨国项目不但需要有初始决策,而且需要有不断地跟踪决策,而这种跟踪决策的实时性使得跨时区的决策更为困难。因为这种决策既要注重及时和效率,又要注重符合跨国项目一线的实际情况。在单一时区的跨国项目管理过程中,跟踪决策可以通过面对面互动的方式做出。但是,在跨时区的项目决策中由于人们难以面对面互动和沟通，结果由于信息的滞后性和各方参与度不够，就会导致跨国项目跟踪决策不当或失误。

因此，在跨时区的项目跟踪决策过程中要求跨国项目管理者充分利用先进的信息技术降低信息的滞后性（现在的 5G 通信就是要尽量缩短信息的滞后性），充分尊重跨国项目一线人员的意见和建议，并建立起严格的决策信息分享和互动机制，确保决策效率和决策质量。跨时区决策还必须注重对不同文化的理解，避免文化冲突带来的低效率和低质量决策。

3.4.3 跨时区的互信

跨国项目团队成员之间的互信是提高跨国项目团队效率和项目绩效的关键，但是跨时区团队成员之间的信任因为时差等原因就很难建立和维持。因为当人们频繁互动和近距离交流时，建立互信是相对容易的。但是跨时区的项目团队成员之间并不具备这些条件，这就要求跨国项目管理者根据项目的情况和需要，建立严格的工作与信息共享流程，促使不同时区的跨国项目团队成员进行沟通和互动，以增进跨时区项目团队成员之间的互信。

跨国项目管理者还应该采用让每个不同时区的团队成员建立互信的具体方法，包括不同时区团队成员个人之间建立互信的方法、不同时区团队小组之间建立互信的方法，然后通过加强这些个体和小组之间的互动来提升不同时区团队成员之间的互信水平。最为重要的是应该使用现有网络手段做好跨时区项目团队成员建立互信的手段，如使用微信或脸书等多媒体实时交互沟通手段去建立跨国项目团队成员间的互信。

3.4.4 跨时区的协调

跨时区的项目工作在计划、安排和控制等方面总是充满挑战，如何在不同时区的团队之间进行有效协调整个跨国项目团队的工作就是所有跨国项目团队管理者们必须面对的艰难挑战。对于单一时区内项目团队的工作协调，人们可以通过面对面的沟通、谈判等方式去解决，甚至还可以通过增加团队娱乐等方式促进人们相互协调。

然而，跨时区的项目团队难以使用这些跨国项目工作协调的手段和方法，这就要求跨国项目管理者充分理解和认识跨不同时区团队之间的合作与协调的关系。首先，跨国项目管理者需要善于运用信息化手段做好会议协调，如在大家共同合适的时间召开虚拟会议进行协调。其次，跨时区的跨国项目管理者必须更多地使用领导协调的方法，在充分调查研究的基础上亲自做出必要的协调决策，从而去避免不必要的冲突和提高跨国项目协调的效率，并借此克服困难，改善跨国项目的跨时区协调效果。

3.4.5　跨时区的沟通

上述跨时区的管理、决策、互信和协调都依赖于跨时区的沟通，这就要求跨国项目管理者和团队成员都能够对时差所带来的沟通有一个清晰的认识，以便安排好沟通的时间和内容，从而使得沟通双方都可接受和都相对比较方便。最为重要的是，在当今全球互联的环境下，跨国项目团队成员要善于运用多媒体的信息技术手段，将跨时区的不利影响转变为可以 24 小时开展沟通和项目工作的积极效果。

同时，跨国项目管理者还必须不断地向项目团队成员灌输沟通观念和传授沟通方法，不但要让所有跨时区的团队成员都能够认识到及时沟通的重要性，而且人们都能够正确地使用现代通信和多媒体手段去开展及时的沟通。因为使用现代多媒体手段（如虚拟会议）可以寻找一切可能的机会，促进虚拟的面对面的互动，借此增进彼此了解和改善管理与决策效果。

3.5　跨国项目中的跨治理体系管理特性

跨国项目管理的基本环境之一是要面对不同国家的法律法规和各种规章制度，这就是跨国项目中的跨治理体系管理特性。虽然在跨国项目管理领域中有像 FIDIC 条款和 WTO 等国际性组织提供的一些跨国项目管理基本合同要求和管理条款，但任何具体跨国项目都会面临跨越投资国和东道国之间不同治理体系所带来的挑战。

因此，跨国项目管理者还需要具备丰富的跨治理体系开展管理所需要的知识和能力。跨国项目从初始决策到项目运营，一直到最终结束的每一个环节都与跨越的治理体系息息相关。特别是随着经济全球化的日益加深，世界各国都非常注重通过法律法规和治理体系等手段来维护本方的利益，这对跨国项目管理的要求就变得越来越高。因此，跨国项目团队必须不断提高自身的跨治理体系开展跨国项目管理工作的能力。

3.5.1　建立健全跨治理体系的管理机制

这种管理机制的建立是有效应对跨治理体系挑战的基础保障，跨国项目各参与组织既要在人员层面上做好相应的准备，也要在跨国项目实施组织和项目团队层面做出相应的安排。

1. 建立专业化的法律人才队伍

跨国项目各参与者必须要建立具有投资国和东道国治理体系知识和应对能力的人才队伍，这需要配备充足的法律方面的人才，也需要积极借助外部资源提升跨国项目团队的跨治理体系的管控能力。例如，招募或借用关于国际贸易、国际环境保护、国际保险、国际公私法、国际诉讼与仲裁等方面的人才，就是开展跨治理体系的人才队伍需要具备和提升的方面。

2. 跨国项目高层管理充分重视

随着跨国项目的发展，高层管理者必须建立起对于跨治理体系开展管理和决策的充分重视的思想和意识，他们在跨国项目决策过程中必须摒弃传统的决策模式，充分吸收法律部门的意见和建议，各个相关组织都需要建立清晰的跨治理体系的决策机制，在这些高层领导中树立跨治理体系管理的意识，将法律作为跨国项目决策的重要依据。

3. 在团队成员层次开展相关培训

跨国项目团队成员是直接在投资国和东道国的跨治理体系内开展工作，他们必须对所跨治理体系的法律法规有充分的了解和认识，这样才能认真遵守所跨越治理体系的法律法规，进而为跨国项目的利益最大化服务。因此必须建立起必要的跨治理体系方面的相关培训制度，提高跨国项目团队成员的法律意识，指导他们的具体行为（如对于不同国家法律、法规和标准的认识和贯彻等）。

3.5.2 跨法律体系风险评估与管控机制

跨治理体系管理的最大风险是违反所跨越国家法律法规的风险，这是跨国项目所要面对的最大的挑战，所以跨国项目管理者必须注重跨治理体系的风险评估与管控。

1. 跨国项目法律风险防范机制

跨治理体系管理的法律风险防范机制包括风险评估、控制、监控和处理等工作，这些工作的效率直接决定着跨国项目法律风险的应对效果。跨国项目各方必须建立法律风险事前评估、事中处置与过程监控，以及风险应急的程序，并提供必要的资源、知识与方法。

2. 建立有效的法律风险预警机制

跨国项目各方要增强法律风险管理的主动性、前瞻性和计划性，要通过建立健全法律风险预警机制将这一工作制度化和常态化。要从人员配备、信息收集、风险报警、应对措施计划等多方面进行持续的风险识别和度量，确保风险预警系统的高效运作。

3．跨法律体系风险的积极应对

跨国项目涉及法律的复杂性和多样性导致法律风险不可能完全避免，一旦法律风险后果发生就需要高效的应对和处理措施。因此，跨国项目各方需要建立起清晰的法律风险应对预案的开发、风险监控与风险应对体系。这包括跨国项目风险容忍、规避、分担和救援等应对措施。

4．法律风险信息的收集与文档化

跨国项目各方要注重对项目风险信息的收集、整理和保存，既要在员工意识培养方面做出努力，也要在跨国项目参与公司或跨国项目团队制度上做出规定。对于已发生的跨国项目法律风险需要通过经验的总结和文档化管理，提高组织对跨治理体系的法律风险的应对能力。

3.5.3　跨治理体系利益保障的政治与外交手段

政治和外交手段是开展跨国治理体系的跨国项目的法律风险的重要手段，善用政治和外交资源解决跨国项目所面临的法律风险问题是十分必要的。在法律制度建设落后、腐败现象严重、执法不公的国家开展跨国项目，管理者们必须充分重视通过这些途径来保护跨国项目的利益。

1．在当地寻求法律帮助

在跨国项目利益无法通过合法途径得到保证的情况下，跨国项目管理者要积极寻求东道国方面的法律协助，如聘请当地法律人士提供法律援助，或者通过寻求当地有影响力的人士的帮助等。最为重要的是求助于投资国在东道国的大使馆和领事馆的商务参赞和工作人员，他们就是为投资方在东道国开展各种商务活动提供服务的公务员，他们必须并且可以为投资方提供帮助。

2．运用政治和外交手段

在某些极端的法律制度建设和治理体系都相对落后的国家开展跨国项目，跨国项目的利益往往容易受到各种不法的侵害。此时，跨国项目管理者应积极通过外交途径解决问题，甚至借助国家的政治力量为跨国项目的顺利实施和运营创造良好的当地环境。特别是在一些合法政府力所不能及的地区开展跨国项目，更合需要运用政治和外交手段保护跨国项目的合法权益。

第二篇

跨国项目的评估

第4章
| 跨国项目技术经济可行性评估

内蒙古财经大学　陈丽兰

跨国项目的技术经济可行性评估是跨国项目管理中的一项重要内容,这包括跨国项目财务可行性评估、国民经济可行性评估和技术可行性评估三个方面。其中,跨国项目财务可行性评估和国民经济可行性评估都属于跨国项目经济可行性评估的范畴,只是跨国项目财务可行性评估是从企业角度出发,按照所跨越国家现行的财税制度规定,对于跨国项目财务(成本与收益)可行性的评估;而跨国项目国民经济可行性评估是从国家和社会的角度,评估和计算跨国项目对所跨越国家的国民经济的贡献和效益及其可行性情况。跨国项目技术可行性评估包括对跨国项目的工艺技术、实施技术和技术装备三个方面的可行性评估。

跨国项目技术经济可行性评估与国内项目技术经济可行性评估的不同,主要在跨国项目的财务和国民经济可行性评估方面。这涉及两个方面的不同:其一是跨国项目财务可行性评估必须考虑项目所跨越两个或多个国家的现行不同财税制度,并且必须满足跨国项目各方所在国家的现行财税制度要求;其二是跨国项目国民经济可行性评估必须考虑跨国项目对所跨越两个或多个国家与社会的贡献情况,并且也必须满足跨国项目各方所在国家的国民经济可行性评估的规定和要求。

4.1　跨国项目的财务可行性评估

这是跨国项目可行性评估中的最重要的内容,因为本书讨论跨国项目都是以获得投资回报为根本目标的,所以跨国目财务可行性评估需要从项目投资人的角度去考虑跨国项目的财务可行性。无论对一般跨国项目还是对重大跨国项目,项目的财务可行性评估是跨国项目决策的最根本依据之一。

4.1.1　跨国项目财务可行性评估的概念

跨国项目实施和运营过程是一种物流、信息流和资金流的运动和转化过程。从物流角度,主要表现为各种要素(如原材料、机器设备及产成品等)的投入和产品或服务的产出;从资金流的角度,这是从资金的垫付到回收和增值的过程。跨国项目财务可行性评估的出发点就是对跨国项目运行中资金流动的成本和收益情况的评估,以及评估跨国项目各阶段的资金投入和回收过程中的成本和收益情况,即跨国项目是否能够创造新增价值的情况。

跨国项目财务可行性评估需要计算跨国项目直接发生的成本和效益,考察项目的盈利能力和清偿能力等财务指标,并最终给出项目的财务可行性结论。跨国项目财务可行性评估需要考虑的主要问题有四个方面:其一是这种评估必须同时考虑跨国项目投资国和东道国两方面的现行财税制度和要求,其二是应该对跨国项目整个生命周期的财务情况进行评估,其三是需要使用考虑资金时间价值的动态方法进行评估,其四是必须要开展跨国项目风险评估(如敏感性分析等)。

4.1.2　跨国项目财务可行性评估的作用

跨国项目财务可行性评估是跨国项目可行性研究的核心内容之一,其评估结论是跨国项目决策的最重要的依据。跨国项目业主或发起人是项目财务后果的直接承担者,因此这种评估主要从跨国项目投资者角度去评估项目的盈利能力,为跨国项目投资者的决策提供支持。

跨国项目财务可行性评估的作用主要是三个方面:其一是反映具体跨国项目盈利能力和清偿能力,即评估投资者获得收益的情况和投资的安全性,为投资者的跨国项目决策提供支持;其二是为跨国项目的成本管理提供信息和数据,包括具体跨国项目所需投资规模、用款计划安排与筹款方案等;其三是评估和确定跨国项目投资的风险性及其应对费用,任何跨国项目都会有一定的财务风险,包括跨国项目风险成本(或损失)和项目风险收益。

跨国项目总投资的来源多会包括自有投资和投资贷款两种,其中自有投资是投资者自己的资金，投资贷款是投资人通过借贷等方式取得的资金。在跨国项目评估中，必须评估合理的资金结构安排，因为不同的资金结构所形成的资金成本不同。人们总是愿意选择资金成本低的投资结构，所以跨国项目财务可行性评估还应该评估和确定恰当的跨国项目投资结构和贷款计划。

4.1.3　跨国项目财务可行性评估的程序

跨国项目财务可行性评估是一个定性评估和定量评估相结合的评估过程，其主要内容首先是对于跨国项目财务费用和效益的识别，其次是对跨国项目财务费用和效益的预测，然后是进行跨国项目财务可行性评估指标的计算和评估，最后是评估确定跨国项目的财务可行性。这一过程具体包括以下步骤，具体分述如下。

1. 跨国项目财务数据收集

根据跨国项目财务可行性评估的需要，收集相关的各种项目数据和参数，包括所跨越国家的有关财务和税收法律和规定，以及跨国项目的造价和运营与维护成本等方面的数据。

2. 跨国项目财务数据预测

跨国项目财务可行性评估必须通过预测给出跨国项目收益与成本方面的预测数据，包括资产投资估算、项目收益的预测、项目建设成本预测，以及项目各种费用和税金的预测等。

3. 跨国项目财务报表编制

跨国项目财务报表是这种评估的基本手段和方法，其最基本的报表包括跨国项目现金流量表、项目损益表、项目资产负债表等。它们使跨国项目财务数据形成了内在联系。

4. 跨国项目财务可行性评估

这是运用跨国项目财务报表和相关数据，分析和计算各种项目财务可行性评估指标，从而评估项目财务可行性的工作。这包括编制和计算动态和静态跨国项目财务可行性评估指标两个方面的工作。

5. 跨国项目财务可行性评估报告

这是根据人们的评估的结果，编写和给出有关跨国项目财务可行性的报告文件。这一报告实际上是跨国项目可行性的结论。一般只有财务可行人们才会去开展一个跨国项目。

4.1.4　跨国项目现金流量的内容

对一个跨国项目而言，项目的投资、经营成本、销售收入、税金、利润等变量构成了跨国项目财务系统的现金流量。现将它们分述如下。

1. 跨国项目的总投资

这是指为使跨国项目达到预定设计生产能力而需预先垫付的资金总额，包括固定资产投资、流动资金投资和建设期资本化利息之和。其具体构成如图 4-1 所示。

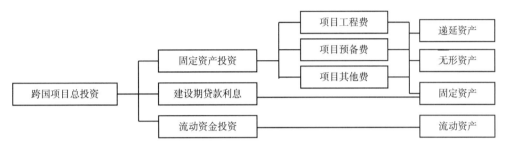

图 4-1　跨国项目投资构成

图 4-1 中所包括的跨国项目总投资中的各项具体投资的内容分述如下。

（1）固定资产投资。根据资本保全的原则，当跨国项目建成并投入运营时，其固定资产投资与建设期资本化利息共同形成跨国项目固定资产、无形资产和递延资产。其中，固定资产是指使用期限超过一年并且单位价值在规定数额以上的房屋、建筑屋、机器、设备、器具、工具等跨国项目资产。在跨国项目决算时，跨国项目的工程费、预备费、其他费用和建设期资本化利息的总和形成了跨国项目固定资产的原值。无形资产是指跨国项目长期使用但没有实物形态的资产，主要是指跨国项目的土地使用权、技术转让费、专利和商标使用费等。无形资产是在跨国项目规定受益期内分期摊销的。递延资产是指应该在跨国项目运营期内逐年摊销的一种跨国项目资产或费用，包括开办费和通过经营租赁纷纷租入的固定资产支出等。

（2）建设期货款利息。跨国项目总投资中贷款资金必须计算其在项目建设期所形成的借款利息，因为按照多数国家规定在跨国项目建设期的贷款利息应该按照资本化的原则汇总进入固定资产原值，以便在固定资产的折旧期限内通过折旧予以回收。同时，根据商业贷款的复利计算原则，跨国项目建设所使用的长期贷款利息按照复利（利滚利）计算原则，在跨国项目决算时所有的项目建设期的长期借款本金及其利息都构成跨国项目的固定资产。

（3）流动资产投资。跨国项目的流动资产投资是指用于跨国项目实施和运营的资产投入，它形成了跨国项目运营中的流动资产。跨国项目流动资产是指在一年的跨国项目营运周期内可变换形态的资产，包括现金、储备资金、生产资金、成品资金和在途资金。对于生产经营性的跨国项目而言，项目流动资金包括铺底流动资金和项目运营期追加补足的流动资金两部分。这种跨国项目流动资金一经投入，便会在项目运营中不断地周转和流动使用，所以一般不会在跨国项目运营期中发生流动资金提前回收的情况，只会在跨国项目运营期终止时一次性回收。

（4）**固定资产残值和流动资金回收**。对跨国项目投资者来说，在跨国项目计算期末可以收回固定资产残值和全部流动资金。跨国项目固定资产的残值可用项目固定资产原值乘以国家法定净残值率来计算，如我国规定的固定资产残值率为10%，其他国家也有类似的法律规定。跨国项目流动资金在跨国项目运营终止时全部回收，所以需要按照其全额计算这部分资金的回收。虽然这两种资金回收的计算方式有所不同，但它们都是在跨国项目期末收回的。

2. 跨国项目经营成本

跨国项目财务可行性评估中有关项目运营期的现金流出的科目主要是跨国项目经营成本，这种项目经营成本所涉及的内容包括如下几个方面。

（1）**总成本**。总成本是指跨国项目在一定时间内（多指一年）发生的全部成本总合。它有两种计算方法，第一种是按成本科目进行汇总计算：

$$总成本=生产成本+销售费用+管理费用+财务费用 \qquad (4\text{-}1)$$

式中的跨国项目生产成本由直接材料、直接人工、其他直接支出和制造费用构成，其间费用包括销售费用、财务费用和管理费用。这种计算方法适用于制造业跨国项目成本核算的方法，先计算各种产品的成本，然后把所有的产品成本相加，再加上其间费用就得到跨国项目经营总成本。

总成本第二种计算方法为：

$$总成本=原材料、燃料及动力费+工资及福利费+修理费+折旧费$$
$$+摊销费+利息支出+其他费用 \qquad (4\text{-}2)$$

这种方法中跨国项目总成本费用的构成是按跨国项目成本要素列出的。跨国项目成本要素由具体的费用构成，如原材料、折旧、摊销等费用。

上述两种方法可以按照国家或地区的规定去选用，因为两种跨国项目总成本核算方法本质是一样的，只不过表现形式不同，它们之间的关系如图4-2所示。

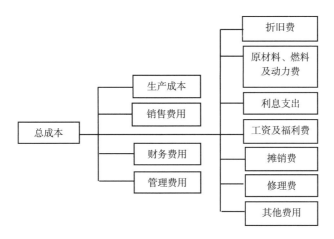

图 4-2　跨国项目总成本科目关系图

（2）经营成本。这是指在跨国项目经营期发生的，为满足项目正常经营而支付的成本，它是跨国项目经营阶段最主要的现金流出。这种经营成本是上述总成本中的付现部分，因而要把总成本中非付现费用部分去掉。因为非付现的费用属于长期资产的转移价值（如折旧费、摊销费等），虽然它们也是公司财务会计成本的构成内容，但从跨国项目投资周期看这些是已经付现的固定资产和无形资产等的分摊，因此在计算跨国项目现金流量时不能再把它们看成费用支出，否则就会发生重复计算。另外，利息支出虽然是一项实际支出，但从投资的角度看它是跨国项目投资收益的一个组成部分，它只能作为一个单独科目来考察，因此经营成本中不包括利息支出。

由此可见经营成本和总成本的关系是：

$$经营成本=总成本-折旧费-摊销费-利息支出 \qquad （4-3）$$

根据上式可以得出经营成本的计算公式为：

$$经营成本=原材料、燃料及动力费+工资及福利费+修理费+其他 \qquad （4-4）$$

（3）跨国项目收益。跨国项目收益是从销售收入获得的，跨国项目总收益就等于项目销售收入的总和。下面给出了有关跨国项目销售收入、税金和利润之间关系的说明和计算。

1）销售收入。这是跨国项目运营期主要的现金流入科目，它是跨国项目销售产品或劳务取得的收入。在跨国项目评估中由于无法具体估算这种项目的营业外收支情况，所以跨国项目每期（年或月）的总收入就是指项目的销售收入。跨国项目销售收入与其他变量的关系如图 4-3 所示。它又是跨国项目利润、总成本和税金及附加费的总和。

图 4-3　跨国项目销售收入中的变量关系图

2）税金及附加费。在跨国项目销售收入中包含各种税金，其中的销售税金及附加费主要是指消费税、营业税、城乡维护建设税及教育费附加费等科目，企业税金则主要包括企业所得税和增值税等税收科目。由于增值税是价外税（它不进入成本），只是其数额会影响到城建税和教育税附加费的数额大小，因此在计算税金及附加时要仔细考虑和核算。具体需要交纳哪些税费，人们需要仔细查阅跨国项目投资国和东道国在这方面的具体规定。

3）跨国项目利润。利润是一个纯收益的概念，它又分为税前利润和税后利润，所以它需要仔细调整后才能成为跨国项目现金流量的科目。税前利润是销售收入与成本费用相抵后的余额，因而它包含在销售收入中。从税前利润中减去企业所得税既为税后利润。跨国项目税后利润有如下几种计算方法：

$$税后利润＝销售收入－总成本－销售税金及附加费－企业所得税 \qquad （4-5）$$

$$税后利润＝销售收入－经营成本－折旧－摊销－利息$$
$$－销售税金及附加费－企业所得税 \qquad （4-6）$$

同样，对于利润的计算也需要根据跨国项目运营所在国的具体情况确定，因为每个国家的增值税和企业所得税等方面的税收比例和法律规定不同的。

4.1.5　跨国项目财务可行性评估指标的计算

跨国项目财务可行性评估主要是考察跨国项目的财务可行性情况，为此就要计算跨国项目财务内部收益率、财务净现值等主要评估指标，同时也可根据跨国项目的实际需要计算跨国项目的投资利润率、资本金利润率、静态回收期等静态指标。在这些指标中一般以动态指标评估结果为准，以下把跨国项目财务可行性评估指标分为静态和动态两类去讨论其计算问题。

1. 跨国项目财务可行性评估的静态指标

跨国项目财务可行性的评估静态主要包括静态投资回收期、全部投资利润率、资本金利润率、自有资金收益率、全部投资收益率等，另外还有反映偿债能力的指标，主要有借款偿还期、资产负债率、流动比率、速动比率等。这些指标的具体计算方法如下。

（1）**跨国项目静态投资回收期**。这是指以跨国项目净收益去收回全部投资（固定资产和流动资金）所需时间的指标。由于它不考虑资金的时间价值，因此只是把各时点的资金直接相加即可。跨国项目投资回收期以年表示，其指标的描述公式为：

$$\sum_{t=0}^{P_t}(CI\text{-}CO)_t = 0 \qquad (4\text{-}7)$$

式中：CI 为跨国项目现金流入量；CO 为跨国项目现金流出量；$(CI\text{-}CO)_t$ 为跨国项目第 t 年的净现金流量；P_t 为跨国项目静态回收期。

这种跨国项目静态投资回收期的具体计算公式又可分为以下两种。

1）**跨国项目投产后每年的净收益都相等时的静态回收期**。其公式为：

$$P_t = \frac{P}{A} \qquad (4\text{-}8)$$

式中：P 为期初投资额的总数；A 为每年的净收益。

2）**跨国项目投产后每年的净收益都不相等时的静态回收期**。其公式为：

$$P_t = （累计净现金流量开始出现正值年份数 -1)+$$
$$\frac{上年累计净现金流量的绝对值}{当年净现金流量} \qquad (4\text{-}9)$$

由此求出的跨国项目投资回收期要与其所属行业的基准投资回收期（P_c）相比。当 $P_t \leqslant P_c$ 时才表明跨国项目是可行的，因为这表明跨国项目可在规定时间内收回投资。

（2）**全部投资利润率**。这是跨国项目的年利润总额与总投资之比，是考察跨国项目单位投资盈利能力的静态指标。对计算期内利润变化不大的跨国项目，其计算公式如下：

$$投资利润率 = \frac{年利润总额}{总投资} \times 100\% \qquad (4\text{-}10)$$

在跨国项目财务可行性评估中将这种投资利润率与项目所属行业的平均投资利润率相比以确定跨国项目的可行性，当跨国项目的全部投资利润率不小于行业平均投资利润率时，跨国项目就是可行的。

（3）**资本金利润率**。这是跨国项目的自有资金利润率，它等于年利润总额与跨国项目资本金之比，它反映投资者投入跨国项目的资本金的盈利能力。其计算公式为：

$$资本金利润率 = \frac{年利润总额}{资本金} \times 100\% \qquad (4\text{-}11)$$

式（4-11）计算出的资本金利润率要与跨国项目所属行业的平均资本金利润率或投资者的目标资本金利润率进行比较，若其大于或等于后者，则可认为跨国项目是可行的。

（4）**自有资金收益率**。这是从现金角度考虑跨国项目自有资金的收益情况，它等于跨国项目利润加折旧与自有资金的比值，其计算公式为：

$$自有资金收益率 = \frac{利润 + 折旧}{自有资金} \qquad （4-12）$$

使用上式计算出的跨国项目资金收益率要与投资者期望的或者是同行业的平均资金收益率相比，若其大于或等于后者则跨国项目是可行的。

（5）**全部投资收益率**。与上面的跨国项目自有资金收益相比，跨国项目全部投资收益增加了利息收益，其计算公式为：

$$全部投资收益率 = \frac{利润 + 折旧 + 利息}{全部资金} \qquad （4-13）$$

使用式（4-13）计算出的跨国项目全部资金收益率要与投资者期望的或者跨国项目所属行业的基准收益率相比较，若其大于或等于后者则项目为可行的。

（6）**借款偿还期**。这是指根据跨国项目投资国和东道国的国家财政税规定及跨国项目的具体贷款条件，按照以跨国项目投产后偿还项目贷款本息所需要的时间，其计算公式为：

$$\sum_{t=1}^{P_d} R_t = I_d \qquad （4-14）$$

式中：I_d 为跨国项目固定资产投资借款本金和建设期利息之和；P_d 为跨国项目固定资产投资借款偿还期（从借款开始年计算，若从投产年算起，应予以说明）；R_t 为跨国项目第 t 年可用于还款的资金，包括利润、折旧、摊销及其他还款资金。

由此计算出的跨国项目借款偿还期若符合贷款机构的要求即可认为跨国项目是有清偿能力的，所以跨国项目在这方面是可行的。

（7）**资产负债率**。这是跨国项目负债与资产之比，它反映了跨国项目各年所面临的财务风险程度及清偿能力。它的计算公式为：

$$资产负债率 = \frac{负债合计}{资产合计} \times 100\% \qquad （4-15）$$

根据跨国项目的实际情况，资产负债率会有所不同，所以并没有统一的标准，但一般认为不应超过 100%。但是这一指标大到一定程度时，跨国项目要增加贷款就是不可行的了，但资产负债率太低也会丧失利用财务杠杆的好处，导致某种机会成本损失。

（8）**流动比率**。这是反映跨国项目各年用流动资产偿付流动负债能力的指标，其计算公式为：

$$流动比率 = \frac{流动资产总额}{流动负债总额} \times 100\% \qquad （4\text{-}16）$$

该指标会因跨国项目所处行业不同而不同，但必须保证跨国项目能够按期偿还短期债务。

（9）**速动比率**。它反映跨国项目各年流动资产偿付流动负债能力的快速程度，其计算公式为：

$$速动比率 = \frac{流动资产总额 - 存货}{流动负债总额} \times 100\% \qquad （4\text{-}17）$$

该指标也会因跨国项目所处行业不同而不同，但是同样必须以保证跨国项目短期偿债能力为根本目标。上述二者相比，资产负债率更为重要一些。

显然，上述跨国项目财务可行性评估的静态指标优点是计算简便且经济意义明确，缺点是没有考虑资金时间价值而无法从动态的角度对跨国项目情况进行评估。因此，静态指标只能是作为项目财务可行性评估的辅助性指标，不能作为跨国项目财务可行性评估的决定性指标。

2. 跨国项目财务可行性评估的动态指标

这方面的指标主要包括反映跨国项目盈利能力的财务净现值指标和财务内部收益率指标，它反映了跨国项目盈利的绝对和相对水平，它们各自的计算和含义说明如下。

（1）**财务净现值（FNPV）**。这是指在跨国项目计算期内，按设定的折现率将跨国项目各年的净现金流量折算成现值后求出的项目现金流入与流出之和，其计算公式为：

$$FNPV = \sum_{t=1}^{n}(CI-CO)_t(1+i_c)^{-t} \qquad （4\text{-}18）$$

式中：CI 为跨国项目现金流入量；CO 为跨国项目现金流出量；$(CI-CO)_t$ 为跨国项目第 t 年的净现金流量；n 为跨国项目计算期；i_c 为跨国项目所属行业基准收益率。

这个指标反映了跨国项目盈利或收益的绝对情况，该指标会有 FNPV > 0、FNPV0 和 FNPV=0 三种情况。只有 FNPV≥0 时跨国项目才是可行的。这种跨国项目财务指标可行性的优点是其计算简便，且考虑了跨国项目计算期内全部现金流量的资金时间价值，而其缺点是计算比较复杂和困难。其中，对于跨国项目折现率的确定需要按照东道国和投资国主要行业（多以房地产业）为中间变量去相互换算，所以跨国项目的这种折现率的确定较难，其下限是跨国项目资金的综合成本或平均利息率。

（2）跨国项目财务内部收益率（FIRR）。 这是指跨国项目计算期内各年净现金流量现值之和为零时的折现率，它的经济含义是投资方案占用资金的补偿与回收能力，所以它反映了跨国项目本身的盈利能力的相对水平。所以，它的值越高则跨国项目方案的财务特性就越好。这一财务可行性评估指标的计算公式为：

$$\sum_{t=1}^{n}(CI-CO)_t(1+FIRR)^{-t}=0 \qquad (4-19)$$

这一评估指标是采用逐次逼近法（或叫插补法）求得的，即通过设定不同的 r 值，然后代入跨国项目净现值计算公式中进行计算，直到找到两个折现率 r_1 和 r_2，而且它们具有：当 $r=r_1$ 时有 $FNPVr_1>0$；当 $r=r_2$ 时有 $FNPVr_2<0$；并且 $r_2-r_1\leqslant5\%$。然后即可按式（4-20）计算 FIRR。

$$FIRR=r_1+\frac{FNPVr_1}{FNPVr_1-FNPVr_2}(r_2-r_1) \qquad (4-20)$$

人们在得到 FIRR 后可将它与跨国项目所属行业的基准收益率（i_c）进行比较。如果 $FIRR\geqslant i_c$ 则可认为该跨国项目是可行的，因为这表明跨国项目应该能够实现行业平均收益率，甚至会有更大的收益水平。其中，跨国全部投资的财务内部收益率反映了跨国项目在设定计算期内全部投资的收益能力指标，而跨国自有资金的财务内部收益率反映了自有资金盈利能力的指标。

4.2 跨国项目的国民经济可行性评估

这是跨国项目评估的另一个重要组成部分，但并非所有跨国项目都需要进行国民经济可行性评估，只有关系到国计民生的跨国项目才需要开展这种项目评估。从经济学角度来看，资源都是有价值的、稀缺的和不可再生的，所以应该尽可能最大限度地利用各种资源为国民经济的发展服务。因此，这种评估涉及对投资国和东道国两方面的跨国项目国民经济贡献的评估，这是跨国项目国民经济可行性评估最独特的地方，有关这一评估的内容和方法将分别讨论如下。

4.2.1 跨国项目国民经济可行性评估的概念

这种评估是按照国家或地区资源合理配置的原则，从跨国项目所跨越的国家或地区（两个或多个）经济利益的角度去考察一个跨国项目的国民经济可行性。这种评估中有关跨国项目的效益和费用都是采用影子价格、影子工资、影子汇率和社会折现率等参数去计算，并用它们评估跨国项目对于东道国和投资国两方面的国民经济可行性。

4.2.2　跨国项目国民经济可行性评估的作用

跨国项目国民经济可行性评估的作用主要体现在以下三个方面。

1. 从宏观经济上去合理配置国家有限资源

任何国家的资源（包括资金、外汇、土地、劳动力，以及其他自然和社会资源）总是有限的，人们必须为合理配置这些资源做出必要的选择。这种选择必须借助跨国项目国民经济可行性评估来实现，即从跨国项目所跨越多国的经济整体利益的角度来评估具体跨国项目的投资和建设。因为任何跨国项目都会从国民经济系统中汲取必要的投入物（资金、劳力、物资、土地等资源），同时也向国民经济系统提供一定数量的产出物（产品、服务等），所以跨国项目国民经济可行性评估就是评估跨国项目从其所跨越的投资国和东道国的国民经济中所汲取的投入物与向国民经济提供的产出物对整个国民经济系统的影响和贡献，以确定跨国项目国民经济可行有否。

2. 真实反映跨国项目对国民经济的贡献和损失

如果东道国是发展中国家，由于该国存在进出口、资本、市场等多方面的管制或信息不对称等情况，从而使得很多商品资源的市场价格并不能真实地反映其国民经济价值，所以人们有必要使用能够反映商品资源真实价值的影子价格等计算一个跨国项目的国民经济的费用与效益，然后通过跨国项目的国民经济可行性评估指标的计算和评估，得出一个跨国项目对整个发展中国家的东道国的国民经济是否有益的结论。

3. 借助国民经济可行性评估为跨国项目正确决策服务

跨国项目国民经济可行性评估可从三个方面为项目决策提供支持和服务：其一是它有利于引导国民经济的投资方向，因为这种评估使用跨国项目国民经济净现值和国民经济内部收益率等指标，这就可以从国家经济资源配置合理角度给出评估结果；其二是它有利于控制国家或地方的整体投资规模，以更好地调节国家和社会总投资的水平和方向；其三是它有利于提高跨国项目投资管理，从而减少国内外企业过度竞争所造成的资源浪费和投资过渡等方面的问题。

4.2.3　跨国项目国民经济可行性评估的程序

由于这种评估内容和范围广泛，分析计算方法较复杂，使得这种评估需要按如下程序进行，其具体步骤分述如下（包括对于东道国和投资国两方面的国民经济可行性评估）。

1. 对跨国项目的国民经济效益和费用进行划分

跨国项目的国民经济可行性评估首先是应从整个国民经济的发展目标出发，考察跨国项目对国民经济发展和资源合理利用的影响，并对跨国项目的国民经济效果进行重点分析和评估。

2. 分析和确定跨国项目国民经济可行性评估的影子价格

为确定跨国项目国民经济可行性评估中项目产出物和投入物的国民经济价格，就需要确定反映各种资源国民经济价值的影子价格，然后计算出跨国项目的国民经济效益和费用。

3. 调整计算跨国项目国民经济效益和费用

需要按照既定国民经济价格去调整和计算跨国项目国民经济的销售收入、投资和生产成本等的国民经济效益和费用，这些调整和计算指标和方法必须符合跨国项目的规定。

4. 计算跨国项目国民经济效益的评估指标

这是从国民经济角度评估一个跨国项目给东道国和投资国的国民经济所带来的效益，主要指标是对跨国项目国民经济盈利能力和外汇平衡效果的评估等。

5. 跨国项目国民经济可行性综合评估与结论

在对于跨国项目国民经济可行性的评估指标综合并得出这种评估结论后，人们需要给出跨国项目国民经济可行性评估的结论报告，以明确阐述跨国项目在这方面的可行性。

4.2.4　跨国项目的国民经济费用与效益

跨国项目的国民经济评估首先需要确定跨国项目对于东道国和投资国两个国家的跨国项目国民经济直接费用与效益、间接费用与效益、国民经济中的转移支付三部分内容。

1. 跨国项目国民经济直接费用与效益

跨国项目国民经济直接费用与效益是由跨国项目本身产生的，其内容和确定方法如下。

（1）**跨国项目的国民经济直接效益**。这是由跨国项目的产出物所提供，并使用影子价格计算的跨国项目产出物的国民经济价值。确定跨国项目直接效益有四种情况：其一，若跨国项目的产出物用于增加东道国的国内市场供应量，其直接经济效益就是其所满足的国内需求；其二，若扩跨国项目东道国的国内市场供应量不变而项目产出物增加了东道国的出口量，此时其国民经济效益即为所获得的外汇；其三，若跨国项目产出物减少了东道国的总进口量，即替代了进口货物，其效益即为节约的外汇；其四，若跨国项目产出物顶替了东道国已有的产品并致使其减产或停产的，其效益为减产或停产向社会所释放出来的资源价值。

（2）**跨国项目的国民经济直接费用**。这主要是指东道国和投资国为满足跨国项目投入而需要付出的代价，这是使用影子价格计算出的跨国项目投入物的国民经济价值，包括跨国项目本身的一次性投资、项目的经常性投入，以及项目的其他直接支出。跨国项目直接费用的确定有四种情况：其一，若跨国项目的投入物来自国内生产量的增加，这种跨国项目国民经济直接费用就按照增加国内生产所消耗的资源价值计算；其二，若跨国项目投入物来自国外进口，则这种直接费用就按照所花费的外汇计算；其三，若跨国项目的投入物本来为出口物，而为满足跨国项目减少了出口量，这种按照减少的外汇收入计算跨国项目直接费用；其四，若跨国项目的投入物本来用于其他项目，现改用于跨国项目，这种直接费用按其他项目因此减少的效益计算。

2. 跨国项目国民经济间接费用与效益

跨国项目的国民经济间接费用与效益也被称为跨国项目的外部效果，是指通过跨国项目而间接产生的对于国民经济的影响效果，即那些与跨国项目本身有联系但不是直接联系的经济间接费用和效益。跨国项目的这种外部效果的范围十分广泛，因此它的辨识和度量极其困难，并容易造成遗漏和重复计算，所以在实际中对这些外部效果的处理应遵循以下原则。

（1）**主要相关效果原则**。在理论上跨国项目外部效果应在全社会范围内全面地辨识，但实际上不可能也没必要这样做，因此应当选择主要相关部分进行跨国项目外部效果的辨识。

（2）**范围一致性的原则**。跨国项目外部效果的考察范围应当一致，防止过高估计跨国项目间接费用或过低估计跨国项目间接效益，或者出现相反的情况。

（3）**价格性外部效果的不计原则**。跨国项目的价格性外部效果的作用异常复杂，往往会出现正负共存而互相抵消的情况，因而对于这种跨国项目的间接成本和效益一般不予计算。

（4）技术性外部效果的双重原则。有形的跨国项目技术性外部效果要以货币度量计算，而无形的跨国项目技术性外部效果一般只做定性度量的说明即可。

（5）乘数外部效果的时移量摊原则。跨国项目的外部效果乘数计算要考虑时间因素和其他的因素，因为随时间的推移它们会发生变化，因此应随时间变化进行分摊辨识与度量。

（6）外部效果的内部化原则。相互关联的多个跨国项目会互有外部效果，如果将这些跨国项目作为一个综合项目来考虑，就可消除许多跨国项目外部效果的间接费用和效益。

3. 国民经济可行性评估中的转移支付理论

在跨国项目国民经济评估中，跨国项目的某些货币收支科目并不能真正反映资源投入产出的变化，而只是从某个经济主体转移到另一个经济主体手中，因而并不会引起社会最终产品的增减和国民收入的变化。这种转移被称为国民经济中的转移支付，而与跨国项目有关的转移支付主要有税金、工资、利息、土地费用和补贴等。由于在跨国项目国民经济可行性评估中，这种转移支付并未形成国民收入的增减，因而它们在跨国项目国民经济可行性评估中不属于跨国项目费用和效益的范畴。这种跨国项目在国民经济可行性评估中的转移支付科目主要包括下述几个方面。

（1）税金。跨国项目在建设和经营过程中需缴纳一系列的税金，包括增值税、关税、消费税、资源税、城市维护税、教育费附加费、公司所得税等。这些只是将资源支配权由企业转移给了国家，因此在跨国项目国民经济可行性评估中，它们都不按跨国项目的经济费用计算。

（2）工资。这是跨国项目将一定资源的支配权转移给了跨国项目职工，所以也属于转移支付的范畴，在跨国项目国民经济可行性评估中，这些不应列入跨国项目经济费用中。但是国家的劳动力机会成本，以及为安排劳动力而使国家付出的其他代价（影子工资和实际工资差异）应列入跨国项目经济费用中。

（3）利息。跨国项目在国内的贷款利息只是项目将这部分资金的支配权转移给了金融机构，所以属于转移支付的范畴而不应列为费用。但是跨国项目的国外借贷利息支付，由于它使得东道国的国民收入减少了，所以就应列为跨国项目经济费用中。

（4）土地费用。跨国项目建设征购土地的实际资金支付，只是跨国项目将这部分资源的支配权转移给土地所有者，故在它们也不被列为跨国项目经济费用。只有跨国项目土地的机会成本和新增资源消耗（土地的影子价格和实际价格差异）应该列为跨国项目经济费用。

（5）补贴。跨国项目所获得的补贴是与跨国项目所缴税金流向相反的一种转移支付，它是跨国项目东道国和投资国将资源支配权转给跨国项目组织的一种转移支付，所以在跨国项目的国民经济可行性评估中，这种补贴不应列为跨国项目的经济效益。

4.2.5　跨国项目国民经济可行性评估指标的计算和判别

跨国项目国民经济可行性评估指标的计算结果是跨国项目经济可行性评估的判据，它们构成了跨国项目经济可行性评估的方法论的核心和关键，这主要有下述几个方面的指标。

1. 跨国项目国民经济可行性评估动态指标

这是考虑了跨国项目所有资金的价值以后的跨国项目国民经济可行性评估指标。

（1）**跨国项目经济净现值（ENPV）**。这是使用社会折现率将跨国项目计算期内各年的经济净现金流量折算到基准期的现值之和，其具体计算公式为：

$$\text{ENPV} = \sum_{t=1}^{n} (\text{CI}-\text{CO})_t (1+i_s)^{-t} \tag{4-21}$$

式中：CI 为跨国项目效益流量；CO 为跨国项目费用流量；$(\text{CI}-\text{CO})_t$ 为跨国项目第 t 年的净效益流量；i_s 为跨国项目社会折现率；n 为跨国项目计算期。

这是反映跨国项目对国民经济净贡献的绝对数指标，如果跨国项目经济净现值大于或等于零，则表示该跨国项目不但能够补偿国民经济投入还能有超额盈余，所以该跨国项目在国民经济上是可行的，反之就是不可行的。

（2）**跨国项目经济净现值率**。这是跨国项目国民经济净现值与其全部投资按社会折现率折算的现值之和的一种相对指标。在跨国项目方案选择时可以采用跨国项目经济净现值指标进行比较选择，这种跨国项目国民经济可行性评估指标的计算公式为：

$$\text{ENPVR} = \frac{\text{ENPV}}{\text{EI}_p} \tag{4-22}$$

式中：EI_p 为跨国项目全部投资按社会折现率折算的现值之和。

跨国项目经济净现值率可行性要求其经济净现值大于或等于零，而在进行跨国项目方案比较选择时应选择该比率大的跨国项目或项目方案，这有利于实现有限资金的最优利用。

（3）跨国项目经济内部收益率。这是使跨国项目在计算期内的国民经济净现值等于零时的折现率，计算出来的一个跨国项目国民经济可行性评估的相对评估，其公式表达为：

$$\sum_{t=1}^{n}(\text{CI-CO})_t(1+\text{EIRR})^{-t}=0 \tag{4-23}$$

式中：$(\text{CI-CO})_t$ 为第 t 年的经济净效益流量。

跨国项目经济内部收益率的计算方法也需要使用插补法（或逐步逼近法）试算，其计算公式为：

$$\text{EIRR}=I_1+(I_2-I_1)\frac{|\text{ENPV}_1|}{|\text{ENPV}_1|+|\text{ENPV}_2|} \tag{4-24}$$

式中：I_1 为跨国项目试算的低折现率；I_2 为试算的跨国项目高折现率；ENPV_1 为低折现率的跨国项目经济净现值（正值）；ENPV_2 为高折现率的跨国项目经济净现值（负值）。

跨国项目经济内部收益率是反映跨国项目对国民经济贡献大小的一项相对指标，所以如果其大于或等于社会折现率，则跨国项目在国民经济上是可行的，反之则是不可行的。

（4）跨国项目经济外汇净现值。这是指跨国项目在计算期内各年的外汇流入和外汇流出的差额（经济净外汇流量），它可用来分析评估跨国项目实施后对东道国的国家外汇净贡献程度，一般该指标可通过跨国项目的外汇流量表直接求得，具体计算公式为：

$$\text{ENPV}_F=\sum_{t=1}^{n}(\text{FI-Fl})_t(1+i_s)^{-t} \tag{4-25}$$

式中：$(\text{FI-FO})_t$ 为该项目第 t 年的经济净外汇流量；i_s 为跨国项目社会折现率；n 为跨国项目计算期。

显然，从东道国的国家外汇收支平衡角度看，这个指标值应大于等于零则可行，否则不可行。

（5）跨国项目经济换汇成本。这是分析评估跨国项目运营中所生产的出口产品在国际上的竞争能力的一项指标，它主要适用于生产出口产品的跨国项目，其计算公式为：

$$\mathrm{CF}_E = \frac{\sum_{t=1}^{n} \mathrm{DR}_t'(1+i_s)^{-t}（人民币元）}{\sum_{t=1}^{n}(\mathrm{FI}-\mathrm{FO}')_t(1+i_s)^{-t}（美元）} \qquad （4\text{-}26）$$

式中：DR_t' 为第 t 年跨国项目为生产出口产品投入的国内资源量（用影子价格，以本币计）；FI' 为跨国项目生产出口产品的外汇流入（以外币衡量）；FO' 为跨国项目生产出口产品的外汇流出（主要是运营费用，以外币衡量）。

这个指标应该以低于或等于影子汇率为跨国项目可行，大于则为跨国项目不可行。

（6）跨国项目经济节汇成本。 这是指跨国项目在计算期内替代进口的净外汇效果现值的比率（均需按影子价格等参数调整并用社会折现率折现），其计算公式为：

$$经济节汇成本 = \frac{\sum_{t-1}^{n} DR_t'(1+i_s)^{-t}}{\sum_{t-1}^{n}(\mathrm{FI}'-\mathrm{FO}')_t(1+i_s)^{-t}} \leqslant 影子汇率 \qquad （4\text{-}27）$$

式中：DR_t' 为第 t 年跨国项目为生产替代进口产品投入的国内资源（用影子价格，以本币计）；$(\mathrm{FI}'-\mathrm{FO}')_t$ 为第 t 年跨国项目生产进口替代产品的净外汇效果。

这一指标应小于或等于影子汇率跨国项目为可行，大于则为不可行。

2．跨国项目国民经济可行性评估静态指标

这是没有考虑跨国项目所有资金的价值以后的跨国项目国民经济可行性评估指标。

（1）跨国项目投资净效益率。 这是指跨国项目在正常生产年份的经济净效益流量与跨国项目全部投资之比，其计算公式为：

$$\mathrm{NBR} = \frac{\mathrm{CI}-\mathrm{CO}}{I} \qquad （4\text{-}28）$$

式中：$(\mathrm{CI}-\mathrm{CO})$ 为跨国项目正常生产年份的经济净效益流量；I 为跨国项目的全部投资（包括跨国项目建设投资和流动资金）。

这是一项比例性指标，是考察跨国项目在正常年份的经济盈利水平和盈利能力的指标。

（2）跨国项目投资净增值率。 这是指跨国项目达到正常生产能力规模年份所带来的国民收入净增值与跨国项目的总投资额之比，它是衡量跨国项目单位投资所能获取的国民收入净增值的静态效益评估指标，其计算公式为：

$$投资净增值率 = \frac{国民收入的净增量}{项目的经济总投资额} \tag{4-29}$$

一般按式（4-29）计算出的指标值应高于东道国的国家规定标准，且越大越好。

4.3 跨国项目的技术可行性评估

跨国项目的建设和运行都需要一定的技术，跨国项目所采用的技术是否先进与可行对于跨国项目能否达到预期的目标和实现项目各参与者的利益起着至关重要的作用。因此，跨国项目必须进行技术可行性评估，包括对跨国项目工艺技术、实施技术和技术装备三方面的可行性评估，以及对跨国项目技术可行性的全面综合评估。

4.3.1 跨国项目技术可行性评估的含义

实际上，跨国项目的经济效益和社会效益都由跨国项目工艺技术、实施技术与技术装备的帮助下取得的，所以只有跨国项目的技术可行才会取得项目的经济价值。因此这方面的评估是跨国项目的财务可行性评估和国民经济可行性评估的保障和前提条件。

1. 跨国项目工艺技术评估及其必要性

这方面评估包括对跨国项目工艺技术方案（跨国项目运营过程中所使用的技术）的经济合理性、技术先进性、技术适用性和安全性，以及它与跨国项目运行环境的各种条件匹配程度等诸多方面的评估。通过这种评估人们能够更好地做出跨国项目工艺技术方案的选择，从而能够更有效地保证跨国项目的正常运营和实现降低运营成本和保护运行环境条件等方面的目标。从理论上说，任何跨国项目工艺技术方案包括项目运营的技术方法、技术装备要求，以及运营的技术规范。由于任何跨国项目运行都需要采用某种工艺技术及其装备，所以都必须通过评估确定出科学可行的跨国项目工艺技术方案。

在跨国项目实施过程中会出现因无法预测的原因而需要对项目工艺技术方案进行变更，而此时就需要对跨国项目工艺技术变更方案进行可行性评估。因此，跨国项目工艺技术方案的评估包括跨国项目前评估和跟踪评估两方面的工作。由于这种评估不仅会涉及跨国项目的运行效益和质量，还会涉及国民经济效益和社会效益，而且会直接影响跨国项目投资的数额和项目工期的长短等，所以做好这方面评估对跨国项目的决策有重要的意义。

2．跨国项目工艺技术装备评估及其必要性

根据跨国项目工艺技术需要和装备的作用，跨国项目工艺技术装备一般可分为生产装备、辅助装备和服务装备三大类。其中，生产装备是指跨国项目开展运营生成使用的技术装备，辅助装备是指辅助跨国项目运营生产的运输、动力、维修等技术装备，服务装备主要是指间接为跨国项目运营生产服务的办公装备、安全装备、生活服务装备等技术装备。

这方面的评估就是要对跨国项目运行所需选用的三类技术装备的能力特性进行全面的评估，这是根据跨国项目运营的工艺技术方案所需的技术装备的特性、数量和能力等方面的要求开展的评估。所以跨国项目工艺技术装备评估的主要内容是评估跨国项目工艺技术装备时是否符合跨国项目工艺技术方案要求的选型、规格和数量，以及这些跨国项目工艺技术装备的先进性和经济性等功能和特定要求方面的特性。

3．跨国项目实施技术评估及其必要性

这是指主跨国项目实施过程中所采用的各种技术方法、技术措施和技术装备的评估，这是对于为满足和保障跨国项目工艺技术方案和技术装备要求所做项目实施技术和技术装备的评估。从根本上说，这种评估就是为了确保跨国项目实施的技术可行性和先进性所做的一种技术评估。这是按照东道国和投资国对于跨国投资的实施要求和根据跨国项目工艺技术方案与装备的特定需要，科学地评估跨国项目实施技术方案及其装备要求的工作。

这种评估还包括对于跨国项目实施所选用的实施组织方案的评估，即根据跨国项目所在位置及其自然和地理条件、输供电和给水条件，以及通信等条件与环境，对跨国项目实施组织方案等方面的评估。通过这一评估保证跨国项目实施技术方案能够满足项目环境与条件的要求，从而实现跨国项目实施技术方案和装备的技术可行性与经济的合理性。对于这些方面的评估还关系到跨国项目实施速度、质量、成本和环境保护等诸多方面的要求，因此跨国项目实施技术方案和装备的评估是为确保跨国项目实施成功而开展的评估工作。

4.3.2　跨国项目技术评估的程序

在跨国项目前评估中，跨国项目技术评估要经过初步可行性评估和详细可行性评估两个阶段的评估；而在跨国项目跟踪评估中，跨国项目技术评估要开展项目技术方案变更方面的跟踪评估；而当跨国项目在投入运行一定时期后还需要对跨国项

目技术方案进行可持续发展的评估和后评估。这些跨国项目技术评估在评估程序上虽各有各的独特性，但一般这方面的评估主要包括下述步骤。

1．收集和整理跨国项目技术资料

根据跨国项目技术评估的要求去收集相关技术资料，然后进行归纳、加工和整理，使之系统化、条理化和科学化。在这一步骤要注意各种技术资料的来源和可靠性，分析和研究跨国项目技术资料的真实性和准确性。对所收集的技术资料中存在的问题和缺乏的数据必须做进一步的调查与核实，同时做好历史类似跨国项目技术资料收集和比较。所需收集的资料如下。

（1）**跨国项目技术方案的基本资料**。这包括跨国项目工艺技术方案的资料、跨国项目工艺技术装备的资料和跨国项目实施技术方案的资料。

（2）**跨国项目技术评估方面的资料**。这包括跨国项目工艺技术先进性和经济性要求的资料、跨国项目所选技术和装备的先进程度的资料及有关技术发展趋势的资料。

（3）**其他跨国项目技术评估相关的资料**。这主要包括与跨国项目工艺和实施技术方案相关联的技术、经济、环境、社会和运行等条件与环境方面的资料，以及其他的相关资料。

2．确定跨国项目技术评估的主要内容

一个跨国项目所涉及的技术包括很多方面和要素，人们不可能也没必要对跨国项目的全部技术问题都进行评估。因此，跨国项目技术评估的第二步是确定跨国项目技术评估的内容和范畴，这主要是跨国项目工艺技术的评估、项目实施技术的评估和项目技术装备的评估。这方面的评估所涉及的内容又分三个层次：其一是跨国项目技术对所跨越国家、地区、行业和组织的影响问题，其二是跨国项目技术对于跨国项目实施和运行的影响问题，其三是跨国项目本身的技术可行性问题。

3．确定跨国项目技术评估指标和标准

这方面的第三项工作是根据既定的跨国项目技术评估内容确定评估所需使用的评估指标和标准。其中，指标包括跨国项目技术专项评估指标和综合评估的指标及其由此构成的指标体系，标准则是在确定了评估指标体系后根据跨国项目技术要求所确定的各个指标的标准值。任何跨国项目的技术评估都是先确定评估指标，后确定评估指标的标准值，再使用这些指标和标准去分析判断跨国项目技术可行性和科学性与经济性等。

4．开展跨国项目技术的专项评估

在有了评估指标和标准后，就可以对跨国项目技术开展专项技术评估了。跨国项目专项技术评估有很多分类，最主要的有两种分类。其一是按照评估对象可以将这种评估分为跨国项目工艺技术的评估、项目实施技术的评估和项目技术装备的评估。其二是按照评估指标可将跨国项目技术评估分为跨国项目技术可行性评估、先进性评估、实用性评估和经济性评估等。实际上需要先按照对象分类，再按照指标分类来全面评估跨国项目技术可行性。

5．开展跨国项目技术的综合评估

在完成了专项评估以后，人们就可以根据专项技术评估的结果去开展跨国项目技术方案的综合评估了，这是将跨国项目技术专项评估的结果使用选定的方法进行全面综合并最终给出跨国项目技术可行性的全面评估工作。这方面的方法有很多种，既有传统的打分法然后连加或连乘进行综合评估的方法，也有采用层次分析法等定性与定量相结合的方法。不管采用哪种方法，最重要的是要求选定的方法能够保证跨国项目综合评估结果的有效性和可靠性。

4.3.3　跨国项目技术评估的内容

虽然根据具体跨国项目特点不同跨国项目的技术评估内容会有所不同，但是跨国项目技术评估的主要内容基本是一致的，都包括以下三个方面的内容。

1．跨国项目工艺技术的评估

跨国项目工艺技术是指跨国项目运行中拟采用的工艺流程和工艺技术方法，它必须能确保先进、适用和经济等特性，所以对跨国项目工艺技术评估时应注意以下问题。

（1）工艺技术必须满足跨国项目运行需要。随着科学技术的发展和人们的不断创新，跨国项目运行对于工艺技术的要求也不断提高，所以在选择跨国项目工艺技术时一定要全面满足生产运行的要求，并且跨国项目技术选用应该有更高的先进性的要求。

（2）工艺技术要适应原材料和环境与条件的实际情况。跨国项目的运营是在东道国的实际环境和条件下开展的，所以跨国项目工艺技术评估就需考虑跨国项目技术对项目运行的组织、生产和销售等方面的适应性，包括当地基础设施、人员技术和管理水平等。

（3）工艺技术的先进性和经济性等方面的特性要求。跨国项目选用的工艺技术

应该具有先进性，并且跨国项目工艺技术的选用还应兼顾未来的技术进步和升级。同时，跨国项目工艺技术的选用还应考虑经济性，以便东道国能够通过运行跨国项目获利。

2. 跨国项目实施技术的评估

由于跨国项目实施场所和环境都是处于东道国（相对于投资国会有某种技术和基础设施的差距），所以跨国项目实施技术方案的评估必须包括如下几方面的内容。

（1）**跨国项目实施技术与工艺技术的协调性**。实际上跨国项目的实施技术是为实现其工艺技术服务的，因为只有通过跨国项目运行环境与设施的建设，人们才能使用跨国项目工艺技术方案，所以二者之间必须协调一致。

（2）**跨国项目实施技术和技术装备的协调性**。跨国项目工艺技术装备是在跨国项目实施中建立条件并安装完成后才能投入运行的，因此跨国项目实施技术还必须同跨国项目技术装备具有协调一致的特性，使跨国项目技术装备能发挥出良好的效能。

（3）**跨国项目实施技术方案的经济性和安全性要协调**。跨国项目实施都是在东道国的经济和技术环境下实施的，所以跨国项目实施技术还要符合跨国项目所处东道国环境中的物流、操作、维修等方面的要求，以及健康、环保和环境安全等方面的要求。

3. 跨国项目技术装备的评估

这方面的评估有其自己独特的内容，跨国项目技术装备评估的基本内容如下。

（1）**跨国项目技术装备的来源评估**。这是指跨国项目所采用技术装备是东道国采购的，还是由投资国或国际市场上进口的，因为不同来源会有不同的技术装备标准和要求，人们需要通过评估去权衡利弊最终做出跨国项目技术装备的来源决策。

（2）**跨国项目技术装备的配套性评估**。无论来源如何，跨国项目技术装备还要考虑装备配套性问题，这包括跨国项目技术装备自身和它与其他技术装备的配套性两个方面，跨国项目工艺和实施技术装备多应按国际惯例采取 EPC 总承包去解决这些配套方面的问题。

（3）**跨国项目技术装备与环境和条件的配套性评估**。对于大型跨国项目技术装备来讲，还有一个能否与跨国项目建设和运行条件全面配套的问题。因此在进行跨国项目技术装备评估时，还应全面进行跨国项目技术装备与项目建设和运行条件的配套评估。

（4）**跨国项目技术装备支持软件方面的评估**。这是指使用跨国项目技术装备所需的各种人员支持、技术支持和环境与条件支持等，以及相关专有技术或专利许可证和其他技术资料方面的开放情况，以保证跨国项目技术装备能够正确地安装、调试、操作和维修。

4.4　跨国项目技术经济的综合可行性评估

在完成了跨国项目财务可行性评估、国民经济可行性评估、技术评估后，跨国项目技术经济可行性评估还必须开展三个方面综合可行性的评估。这是包括综合跨国项目财务、国民经济和技术方案三个方面专项评估的全面综合。根据跨国项目技术经济可行性评估的原则，跨国项目技术经济可行性的综合评估主要涉及两个方面的工作：其一是跨国项目技术经济专项评估信息的集成，其二是跨国项目技术经济的综合评估结果的给出。

4.4.1　跨国项目技术经济专项评估信息的集成

这是指对跨国项目技术经济可行性专项评估信息的全面汇总和集成，这项工作又分成两个部分：其一是各专项评估信息的收集和整理，其二是各专项评估信息的匹配与集成。

1. 跨国项目技术经济专项评估信息的收集和整理

其中，跨国项目专项评估信息收集和汇总工作是将各个专项评估的信息汇集起来，并根据综合评估要求进行必要的分类，使那些分散和无序的数据变成一个有机的整体；而其中的专项评估信息加工和整理工作是将汇总好的信息做进一步的加工处理（如统计分析计算等），从而使收集到的信息和数据转变成在跨国项目综合评估中可用的信息。

2. 跨国项目技术经济专项评估信息的匹配与集成

这是指对于跨国项目技术经济可行性专项评估信息，进行相互匹配和集成的工作，从而使得那些具有配置关系的各专项评估信息之间能够合理配置，并且形成很好的合理配置关系，以便在跨国项目技术经济方案的综合评估中使用这些信息得到正确的评估结果。

4.4.2　跨国项目技术经济可行性综合评估的步骤和内容

要科学评估一个跨国项目的技术经济方案就必须从整体综合出发，研究和给出跨国项目技术经济可行性的综合评估，这种综合评估包括以下几方面的步骤和内容。

1. 跨国项目技术经济可行性综合评估指标的选用

这是跨国项目技术经济可行性综合评估的首要任务，这方面评估的指标通常应该根据跨国项目所属专业技术领域和跨国项目本身的独特性等来确定，一般包括对于跨国项目技术经济可行性评估中的技术先进性和经济效益性两方面的指标。

2. 跨国项目技术经济可行性综合评估方法的选用

随后，人们要进一步选用综合评估所需的评估方法，这也需要根据跨国项目所属专业技术领域和跨国项目本身的独特性等来选用。通常，可以选用专家打分法然后连加或连乘的综合评估方法，也可以采用层次分析法等定性、定量评估相结合的综合评估方法。

3. 跨国项目技术经济可行性综合评估的实施过程

这种综合评估过程有许多环节。其中，首要的是打分和确定权重（编制层次分析法的两两比较矩阵等），然后综合分析给出各方面的评估指标值，最后使用综合评估方法或模型给出跨国项目技术经济可行性综合评估结果。

4. 跨国项目技术经济可行性综合评估结果的输出

这主要包括对于跨国项目技术经济方案的综合评估结果的分析说明，以及跨国项目技术经济可行性的限定条件和环境等方面的说明。跨国项目技术经济方案综合评估结果的输出要求必须实事求是，并且这种评估结果的输出工作还必须进行严格的文档化管理。

综上所述，跨国项目技术经济可行性的评估都是为保证跨国项目的成功服务的，即为保证跨国项目技术经济的科学性、可靠性和经济性，以及符合跨国项目跨越国家和组织等方面的要求服务的，所以这种评估要求具有很高的可靠性和有效性。

第 5 章
| 跨国项目的微观环境评估

南京审计大学　熊琴琴

微观环境是跨国项目赖以生存的基础,跨国项目的微观环境涉及跨国项目建设和运行的资源条件、市场条件、竞争条件,以及跨国项目所在的行业产业环境等。由于跨国项目跨组织、跨文化、跨语言、跨时区、跨法律体系等多方面的跨越特性,使得跨国项目微观环境评估相对要复杂得多。由于跨国项目实施和运行多数是在东道国的环境中实现的,所以若跨国项目的这种环境与条件存在问题,无论如何都无法很好地实现跨国项目的预期效果。因此,必须对跨国项目的微观环境进行评估,这包括跨国项目的市场环境、运行条件、竞争环境、行业与产业环境等几个方面的跨国项目微观环境评估。

5.1　跨国项目的市场环境评估

本书所讨论的跨国项目是为实现盈利所开展的跨国经济建设项目,这种盈利项目主要是通过跨国项目的产品或服务得以实现的。任何跨国项目运行所生成的产品或服务都需要销售或经营,因此跨国项目的市场环境(项目产品或服务输出的环境)是跨国项目成败的一个重要条件,需要进行评估。跨国项目的市场环境评估包括项目市场调查、市场预测及市场环境综合评估等方面的内容。

5.1.1 跨国项目的市场调查

跨国项目的市场调查就是对跨国项目运行所生成的产品或服务的市场环境、供求情况所进行的数据收集、分析和处理，以全面了解跨国项目的产品或服务现实市场和潜在市场情况。这种调查主要是对跨国项目产品或服务的市场基本情况的评估，其主要内容如下。

1. 跨国项目产品或服务的市场准入调查

涉及跨越国界的跨国项目由于所处国家和社会文化不同，对同一项目产品或服务进入市场的要求和标准可能存在较大差异，这就需要跨国项目的所有者对不同国家的相关产品或服务要求进行详细的调查，对于可能涉及的相关政策、主管部门和规定条款进行深入分析，并提前进行相关文件和资质的准备工作。

2. 跨国项目产品或服务的市场需求调查

这包括跨国项目产品或服务的需求者调查、需求种类、市场需求量、产品或服务质量与价格等方面。这种调查需要根据跨国项目的产品或服务所涉及的各个国家市场的消费者、他们的支付意愿和支付能力、他们需求的具体品种、实在和潜在需求量、质量需求要素、市场价格高低情况，以及市场价格弹性等诸多方面进行调查和研究。

3. 跨国项目产品或服务的市场监管调查

跨国项目产品或服务若涉及不同国家，需要对不同国家的市场监督和管理情况进行比较评估。不同国家对跨国项目产品或服务的要求和强制性规定有差异，在项目产品生活或服务提供之初就应严格遵照当地的相关规定和制度。这需要管理者收集各项规章条款、实施流程、主管部门、联络方式等信息，确保跨国项目产品或服务在市场的顺利流通和转化。

5.1.2 跨国项目的市场预测

这是在跨国项目市场调查基础上，应用科学方法和手段对跨国项目未来市场需求和发展趋势所做的预测和评估。跨国项目的市场预测会涉及不同国家的市场的预测（至少包括东道国和投资国），这种预测可根据各国的国民经济的发展趋势和人们收入增长变化及其技术经济和社会发展计划等参数和跨国项目的消费量等资料，预测出今后一段时期内的各国市场需求发展与变化的趋势和总量，以及价格和国际竞争力等情况。

这种市场预测主要有三个方面：一是依据跨国项目产品或服务满足市场的程度和细分的目标市场对跨国项目产品或服务的需求量进行估计和测算；二是跨国项目产品或服务的市场供给情况的预测（在目标市场上有多少同类产品或服务的供应商）和市场的占有程度的预测；三是评估跨国项目产品或服务的市场供给缺口或潜在需求的预测。由于跨国项目的市场预测涉及他国的信息获得有的困难和他国政治经济文化对于市场都会产生影响，所以这种预测相对较难。

另外，由于各种市场预测的数据和参数的限制，人们不可能（也没必要）使用每一种预测方法去进行跨国项目的市场预测，一般需选择一种或几种方法去预测即可。在实际工作中，主要是根据市场预测的情况和实际占有数据资料情况选择具体的市场预测方法。

5.1.3　跨国项目市场环境综合评估

这是评估跨国项目的市场结构和发展趋势、市场的需求和供给情况，以及未来可能实现的销售量和利润等方面的综合评估。由于跨国项目其所处的市场环境是复杂动态发展的，所以这种评估也应该是持续动态进行的。因为跨国项目投资方向、产品规模和服务方式应始终与其市场发展变化情况相匹配，所以这种评估至关重要。

在这种评估中尤其要关注市场环境的各种影响因素，以及各影响因素之间往往相互关联，需要充分识别出各影响因素并分别进行评估。另外，跨国项目跨越各种边界的特征使得市场环境的变化和发展更为复杂，这就要求在进行市场环境论证和评估时要有这方面的风险管理意识，对跨国项目的市场环境进行全生命周期的风险评估。所以，在跨国项目投资立项之前进行市场环境的前评估，在项目进行过程中要对市场环境进行跟踪评估以便及时调整项目运行方案，在项目完成后进行后评估以总结经验教训。

5.2　跨国项目的运行条件评估

这是指跨国项目运行所需的资源条件（也叫跨国项目输入的条件），即保证跨国项目顺利运行的基本条件的评估。这是跨国项目微观环境评估的重要组成部分，这包括对跨国项目运行所需自然资源条件、资金条件、原材料、能源、动力供应条件、外部协作和配套条件、人力资源条件等方面的供应情况的评估。

5.2.1 跨国项目运行所需物资条件的评估

这是指对于跨国项目运行所需的各种物资的供应情况的评估，这包括跨国项目运行所需原材料供应条件和能够为项目运行产生经济价值或提高项目运行价值的自然资源条件所进行的评估。跨国项目涉及不同国家和地区，各地所能获取的物资要分别进行评估。

1. 跨国项目所需原材料供应条件的评估

跨国项目运行所需原材料在品种和规格上有很多，而且每个跨国项目的运行对原材料的要求又各有不同，如果这方面出现任何供应问题都会直接影响到跨国项目运行的结果。通常，这方面评估要根据跨国项目运行所需原材料的来源、数量、价格、质量、物流条件甚至存储设施等方面都给出评估。这方面评估的具体内容如下。

（1）分析和评估跨国项目运行所需原材料品种和数量能否满足需要。这应根据跨国项目选用的工艺技术和设备性能，以及项目运行所需的基本原料和各种材料投入数量和相应的供应情况预测对跨国项目运行所需原材料的供应来源的有无、可靠性和保证程度进行评估。

（2）分析和评估跨国项目运行所需原材料质量和性能能否满足要求。这需要分析跨国项目运行对各种原材料在质量和性能上的特殊要求，因为它们直接影响到跨国项目生产工艺、设备选用、产品质量和原材料利用程度，所以这方面必须满足跨国项目工艺技术设计的要求。

（3）分析和评估跨国项目运行所需原材料的价格及其变动的影响。跨国项目运行所需原材料的价格对于项目的可行性和合理性具有制约和决定作用，因此在这种项目评估中应根据原材料供应的发展变化情况预测其未来变化趋势，以确保跨国项目的运行可行性。

（4）分析和评估跨国项目运行所需原材料的物流距离和费用影响。跨国项目运行所需原材料的物流方式、物流距离和物流费用对跨国项目的可行性和项目成本效益有很大的影响，所以在这种评估中还必须评估这方面的情况。

（5）分析和评估跨国项目运行所需原材料的存储及其费用的影响。跨国项目运行所需原材料的合理储备量及其相应的存储设施条件也是跨国项目可行性的保证，特别是在原材料来源和物流具有一定的不确定性时，全面评估跨国项目原材料储备量和存储设施等。

（6）分析和评估跨国项目运行所需原材料的国内和国际来源情况。跨国项目运行所需原材料的供应首先要立足东道国内，如果必须从国外进口则应对进口原材料的情况、进口原材料供应来源及其稳定性和安全性进行评估，这对跨越国家的项目可行性同样十分重要。

2. 跨国项目所需自然资源条件的评估

这是指跨国项目需要直接从自然界获得的资源情况的评估，不同国家具有不同的自然资源，所以在跨国项目运行环境评估中还要分别考虑在不同国家（东道国和投资国）的自然资源可获得性，要结合自然资源供给实际情况做出评估。

（1）**分析和评估跨国项目运行所需资源是否充分具备**。例如，以矿产资源为开发对象的采掘业跨国项目必须具备东道国的国家矿产储备委员会批准的关于资源储量、品位、开采价值及物流条件等资源报告，以确定这类自然资源是否符合项目的基本要求。

（2）**分析和评估跨国项目运行所需资源的种类和性质**。例如，对于开发矿产资源的跨国项目，人们还必须分析和评估跨国项目的东道国国家矿产储备管理者批准的所占有矿产资源的矿床规模、类型、特征，矿体形态极其大小，矿产品位和结构，等等。

（3）**分析和评估跨国项目运行所需自然资源可供数量、质量和年限**。例如，对于矿产资源开发项目还必须评估跨国项目的东道国国家矿产储备管理者批准的矿产储量和可供开采量，以及开采方式等，同时还要评估矿产资源的性质以拟定资源的综合利用方案等。

（4）**分析和评估跨国项目运行所需自然资源的可深加工程度**。一般情况下，跨国项目所需自然资源都需要进行必要的加工，而加工的程度越高越可以充分发挥和利用资源的优势和使用价值，所以还需要评估项目所需自然资源的可深加工程度。

（5）**分析和评估跨国项目运行所需自然资源的稀缺程度**。由于不同国家的不同自然资源的稀缺程度不同，所以还必须对项目所需自然资源的稀缺程度进行评估，甚至还要对可能的替代资源和开辟新资源的可能性和前景进行必要的预测和评估研究。

（6）**分析和评估跨国项目运行所需自然资源供应的分散性和不稳定性**。对于利用自然资源的跨国项目，人们还必须评估影响该项目所需自然资源的分散性和不稳定性等因素，并寻求适当的解决方法和途径以保证资源供应具有可靠的来源。

5.2.2　跨国项目运行所需资金和人力的评估

跨国项目运行还需要大量的资金和人力资源，所以也必须对这两个方面进行评估。

1. 跨国项目所需资金的评估

跨国项目运行所需资金的供应条件是否可行，相关国家的有关政策法规是否有利于跨国项目筹资等，这些对跨国项目运行资金供应条件都需要评估，主要需要从以下几个方面进行评估。

（1）**分析评估跨国项目运行所需资金是否落实。**认真仔细地估算跨国项目运行所需的流动资金的供给情况，尤其是跨国项目运行所需流动借贷资金的情况，以及跨国项目运行后续流动资金是否有缺口等，一般跨国项目运行必须使用一定的自有资金。

（2）**分析和评估跨国项目运行所需资金来源的种类和性质。**分析和评估跨国项目运行资金来源的正当性和可靠性，包括跨国项目运行的借贷资金的来源是否符合相关各个国家有关财税规定和法规等。对于跨国项目运行所需资金的各种来源渠道都应进行可靠性评估和论证。

（3）**分析评估跨国项目运行贷款资金的使用条件。**每个使用流动资金贷款的跨国项目都必须评估跨国项目运行的贷款资金使用条件和要求，并且要注意评估国际市场价格和汇率的变化趋势，以保证跨国项目运行具有足够的流动资金。

2. 跨国项目所需人力资源的评估

这是指对于跨国项目运行需要各种人力资源供应情况与条件的全面评估，包括对于跨国项目运行所需人力资源和所需熟练劳动力的评估。这方面的评估主要包括以下几点。

（1）**分析评估跨国项目运行的人力资源和劳力资源的供给情况。**跨国项目所需的各种人力资源和劳力资源的供应情况都应进行评估，尤其要关注对于涉及不同国家的跨国项目人力资源和劳力资源的市场供给是否充足、不同国家的这方面供给的可行性等评估。

（2）**分析评估能够供应的人力资源水平和培训条件。**跨国项目所需人力资源多数情况需要根据跨国项目的需要做专门的培训，所以要评估跨国项目所在国家当地人力资源水平和培训条件的全面的评估，并根据评估结果制订相应的培训计划。

（3）**分析各种高级管理和技术人员的供给情况和条件。**这包括全面评估跨国项目运行所需高级管理人员、工程技术人员等高层次人才的供应情况，因为跨国项目需要精通项目所跨越国家环境与条件的当地专家和高管，需要对这些人才获取的可行性情况进行评估。

5.2.3　跨国项目运行所需各种服务的评估

跨国项目运行所需服务包括能源和动力服务、物流和通信服务、外协和配套服务等。

1. 跨国项目能源和动力服务条件的评估

这主要包括如下几个方面的评估。

（1）分析和评估跨国项目运行所需能源的供求量及服务方式。跨国项目运行所需各种能源和动力的服务或供应条件都需要进行评估，对项目所需能源对和动力的服务或供应政策、供应数量、供应方式、物流及存储设施要求等进行全面的评估。

（2）分析和评估跨国项目运行所需水资源的服务或供应条件。这应根据跨国项目对水资源的基本要求进行全面的分析与评估，包括供水量、供水价格、供水水源、供水设施、供水方式等方面的评估，尤其是项目所在国家水资源的可获得性和便利性等方面的评估。

（3）分析评估跨国项目运行所需电力资源的服务或供应条件。这方面要估算跨国项目运行最大用电量、用电高峰负荷、耗电量、供电政策、供电设施、供电方式和供电成本等，并根据跨国项目运行情况评估这些方面的可行性。

（4）分析评估跨国项目运行所需其他能源动力服务和供应条件。如果跨国项目运行还有其他的动力和能源的需求，那么也要评估和计算它们的需求量、供应方式、供应价格、供应政策和供应成本等，甚至还需要分析和评估需要自备的设施和架设管网等问题。

2. 跨国项目所需物流和通信服务评估

跨国项目由于其跨越多个界面，在具体的项目建设、生产及提供服务的过程中需要多方充分沟通与协作，其交通物流和通信服务保障尤为重要。所以，对项目运行这两项服务也必须做全面评估，包括以下几个方面的评估。

（1）分析评估跨国项目运行所需的物流服务和设备条件。要分析和评估跨国项目运行全过程所需物流服务方式和物流设备条件，包括项目运行组织内部和外部的物流服务的方式与设备的技术经济可行性评估，以保证项目运行的供应畅通。

（2）分析跨国项目运行所需物流服务系统的服务能力。这包括分析和评估项目运行所需的装卸、物流、储存等方面物流服务的供应条件与能力，以及物流服务组织管理方面的能力等，以确保能够提供在项目运行中所需的物流服务。

（3）分析评估跨国项目运行相关物流服务的配套性。例如，项目运行若采用铁路物流方式就应评估专用铁路配套情况，包括专用铁路、编组设施、仓储设施等相关投资建设问题，以保证项目运行能够有相应的配套条件。

（4）分析评估跨国项目运行所需的通信服务和设备条件。由于跨国项目跨越不同国家、文化和时区而必然要使用信息通信服务，这些服务是否能够可靠地获得需要进行详细评估。如果跨国项目所跨国家通信服务条件有问题，还需要评估解决这些问题的方案和做法。

（5）分析评估跨国项目运行的相关通信条件配套性。例如，跨国项目运行若采用光纤通信和互联网服务就应评估跨国项目运行所需光纤和互联网络的配套情况和相关的这类专用条件的投资建设问题，以保证跨国项目运行能够有相应的通信配套条件。

3．跨国项目所需外部协作和配套服务的评估

这是指为跨国项目运行提供零部件、半成品或其他协作的服务供给条件的评估，这方面条件同样是项目运行非常重要的环境条件，这方面的评估主要包括如下两个方面。

（1）分析和评估跨国项目前序协作配套条件。这是指对于跨国项目运行所需零部件、半成品或包装品等外部协作配套能力的评估，包括跨国项目运行的协作者能力、交货期、协作厂技术力量、协作保证程度和质量、价格等方面的全面评估。

（2）分析评估跨国项目后序协作配套条件。这是指对于跨国项目产品出厂后的一些协作与配套服务条件的评估，包括跨国项目组织自己提供的和委托服务上完成的售后技术服务、销售服务和其他一些跨国项目的后序协作配套条件的全面评估。

5.3　跨国项目的竞争环境评估

关于跨国项目竞争环境评估主要涉及竞争条件或竞争情况的评估，当前国际竞争格局瞬息万变，这种变化的态势也会影响到跨国项目的竞争环境。

5.3.1　跨国项目竞争环境评估的概念

实际上竞争就是两方或多方在为争夺他们共同需要的东西而展开的某种较量，所以在跨国项目微观环境评估需要有这方面评估，因为这是最重要的跨国项目微观环境和条件之一。跨国项目的竞争环境评估主要是评估在跨国项目运行中所可能产生和需要面对的各种竞争情况及其可能结果。由于跨国项目运行所提供的是产品或服务并通过产品或服务来获取经济效益，而在这种获取经济效益的过程中会有多种竞争者，他们一起构成了跨国项目的竞争环境。哈佛大学的迈克尔·波特教授在其

《竞争优势》[①]一书中提出了五种竞争力的模型，图 5-1 借此给出了跨国项目运行中的竞争环境示意图。

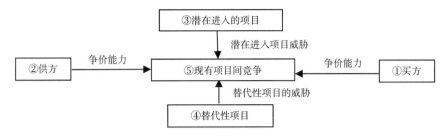

图 5-1　基于波特的五力模型给出的跨国项目竞争环境示意图

由图 5-1 可以看出，跨国项目运行的竞争环境涉及跨国项目自身产品或服务的盈利能力、价格、成本和项目投资优势等诸多因素，包括跨国项目产品或服务的买方（①）的压价能力，跨国项目所需资源和服务的供应商（②）的争价能力，潜在进入的项目（③）的威胁，替代性项目（④）的威胁和同类项目的竞争（⑤）对手。所有这五个方面各自的竞争地位和优劣势对跨国项目运营有着重要的影响，所以它们是跨国项目竞争环境评估的主要对象。

5.3.2　跨国项目竞争环境评估的内容

这方面评估涉及对跨国项目运行环境的竞争评估，这方面评估中最为主要的是从跨国项目运行角度对于跨国项目运行的产品顾客、供应商、替代品、潜在的进入者和现有竞争对手的评估，所以跨国项目运营竞争环境评估主要包含五个方面的内容。

1. 现有竞争对手间的竞争环境评估

对于跨国项目现有竞争对手的评估包括两个方面：一是竞争对手的分析与识别，二是竞争对手间争夺的激烈程度。跨国项目因其跨国家、跨文化、跨语言等跨越多界面的特征，对于竞争对手的识别比较困难和复杂，所以需要使用各类调查研究的方法对识别由于跨国项目竞争的参与者，尤其是与跨国项目市场定位相似的竞争者进行评估。这包括需要以跨国项目东道国的经济、文化、宗教、习俗等方面为基础，根据跨国项目的跨越特征而采用全球沟通的技能搜集竞争对手及其产品或服务的信息。这种现有竞争对手的竞争会直接影响跨国项目运行的成本和收益，甚至整个跨国项目运营的成败。这方面的影响因素主要包括竞争者的多寡、产业增长速

① 迈克尔·波特. 竞争优势[M]. 陈小悦，译. 北京：华夏出版社，2005.

度、供应链的长短、成本高低、行业或产业进入壁垒的大小等。

2．潜在进入项目的竞争威胁评估

跨国项目获取收益和利润的同时会引来其他投资者的关注并试图投资进入该相关领域，尤其我国在推进"一带一路"建设中对发展中国家开展的跨国项目，很多跨国项目成功的案例已经引来其他国家或组织想要成为潜在的进入者。对这种潜在进入项目的竞争环境评估主要包括两方面：一是潜在进入项目的识别，这可以根据项目所在产业分析去获得；二是潜在进入项目的威胁程度评估，这可根据进入壁垒和现有项目的反击等情况进行评估。任何一种产业的进入壁垒涉及规模经济大小、产品区隔高低、顾客忠诚度情况、沉没成本高低、是否需要做供应商转换、获得分销渠道难易、政府限制或封锁等。潜在进入项目可能遭受的反击包括所有现在行业的运行者的各种反击，这些方面都需做出相应的评估。

3．替代项目的竞争威胁评估

替代项目就是那些能够实现跨国项目类似有替代性质产品或服务功能的其他项目，它们也是跨国项目运营竞争环境的内容之一。替代项目所提供的产品或服务的价格和性能可能会更有吸引力，而这种替代项目所造成的竞争威胁会很大，所以必须在跨国项目评估中对替代项目所造成的潜在竞争威胁进行全面评估。这种评估不但要找出跨国项目的各种潜在的可替代产品或服务项目，而且要分析和评估这些替代产品或服务项目的可能性和进程情况。这包括对各种替代产品或服务项目所带来的竞争威胁程度的评估和主要的替代项目的竞争威胁程度的评估。每种替代产品或服务项目的竞争威胁程度评估又包括它们在功能、价格、时间和替代程度等方面的竞争能力评估。

4．买方争价能力的竞争威胁评估

买方争价能力对于跨国项目运营造成的竞争威胁主要是压低价格、要求更高的产品质量或索取更多的服务，这会使跨国项目运营的收益或盈利下降。买主的争价能力强弱取决于跨国项目运营市场的特性和具体情况、买主的数量和买主的市场地位。对于买方争价能力所造成的跨国项目运营竞争威胁有三个方面：一是充分识别跨国项目产品或服务的买主，二是充分评估这些买主的争价能力，三是评估这会对跨国项目运营造成的威胁。实际上买方的争价能力是随市场条件发展变化等因素而不断变化的，因此在跨国项目的这方面评估中不但应该对于买主争价能力做出动态和较为全面的评估，而且应该借助跨国项目的跨国优势去在全球范围寻求更多买家，以增强跨国项目中自身的议价能力。

5．供方争价能力的竞争威胁评估

跨国项目运营所需资源和服务的供应商可通过提价或降低供应质量等方法进行竞争，而这种竞争可以迫使跨国项目运营的成本增长和利润的降低。造成供方争价能力的主要因素包括：供方数量有限，供方具有向跨国项目供货的某种优先权（包括行政垄断或资源垄断等），跨国项目对于供方产品的依赖度较高，供方所供产品或服务的进入壁垒较高，以及其他有利于供方的条件。对于这方面的跨国项目运营竞争需要从两方面进行评估：一是要充分识别项目的供方及其情况，二是充分评估他们的争价能力及其造成的威胁程度。与此同时，跨国项目可从全球范围寻求和建立更多的供应商，以增强自身的议价能力，去应对这种竞争威胁。

5.4　跨国项目的行业与产业环境评估

对于跨国项目而言，项目所在的行业和产业环境因素对项目的作用更直接和明显。因为对一个国家而言，当经济发展到一定程度就会制定具体的产业和行业的优惠或限制政策，以规范产业结构和实现国民经济的健康发展。跨国项目由于跨越不同的国家和地区，而不同国家在产业和行业政策和法规方面有很大差异，而且这种行业和产业环境对跨国项目的影响十分显著，所以在跨国项目评估中应对此进行深入的分析和评估。

5.4.1　"一带一路"倡议与跨国项目行业产业环境

"一带一路"倡议作为中国新的国际合作与建设框架给多个产业发展带来了新的机遇，自我国 2013 年提出该倡议以来受到世界各国的广泛关注和参与推进。"一带一路"沿线各国资源禀赋各异，经济互补性较强，彼此合作潜力和空间很大，这为跨国项目投资建设和运行提供了很好的环境。

中国社会科学院工业经济研究所课题组的《工业化蓝皮书："一带一路"沿线国家工业化进程报告》指出，"一带一路"沿线 65 个国家之间工业化水平差距较大，涵盖了工业化进程的各个阶段。总体上说，"一带一路"沿线国家仍处于工业化进程中，有着不同的经济发展水平并形成了不同的优势产业类型。这些产业形成了三种不同的梯度，即技术密集与高附加值产业（工业化后期国家）、资本密集型产业（工业化中期国家）和劳动密集型产业（工业化初期国家）。随着中国廉价劳动力时代的终结，劳动密集型产业有望向工业化初期国家转移，资源密集型产业可以向油气丰裕国家及矿产资源丰裕国家转移，部分技术密集和高附加值产业则有望向工

业化后期国家转移。如此可实现"一带一路"国家产业链的有效转移和分工明确的生产网络的构建，形成"新雁阵"分工和合作模式。[1]"一带一路"倡议的推进可推动国际产业多维度雁阵式转移，推动形成新的产业和贸易枢纽和带动区域经济发展。[2]

2019年2月18日，中共中央国务院正式印发《粤港澳大湾区发展规划纲要》，提出了构建具有国际竞争力的大湾区现代产业体系，加快粤港澳大湾区基础设施互联互通，为"一带一路"建设提供支撑[3]。这些相关规划和政策的出台与落实势必会重构现有产业体系，增强国际经济合作与竞争能力，这些都是在进行跨国项目评估时必须进行深入评估的内容。

5.4.2 跨国项目的行业环境评估

这包括跨国项目所在国家（东道国）的行业政策、行业管制与准入、行业周期、行业及项目的成长性、稳定性、发展趋势等方面的评估。这种评估中的行业政策评估可以通过对具体国家政府规定，以及规划、干预、税收等方面进行评估；而行业管制与准入方面的评估涉及对跨国项目需求量、现金流入及未来清偿能力影响较大。通过评估跨国项目所在行业的龙头企业或典型项目评估来发现东道国的行业发展周期及周期特点，预判跨国项目在东道国所处的行业位置及其发展前景。

在跨国项目的行业环境评估中，还需要深入评估该行业的市场需求总量和结构，因为这在很大程度上决定了跨国项目所处产业的结构和未来的调整空间。评估市场需求的供给情况，以明确跨国项目所处市场需求的变化和发展方向。在进行这方面的需求供给环境评估时，还需对目前行业中的现有企业对行业市场占有情况、行业龙头企业、行业竞争态势、行业间替代产品或服务，行业内产品或服务的升级换代情况，进行深入的评估。

5.4.3 跨国项目的产业环境评估

产业环境评估首先是对国家产业政策进行评估，因为这方面政策反映了跨国项目所在国家在产业发展政策中有优先发展的产业，也有试图抑制的产业。不同国家

---

[1] 黄群慧."一带一路"沿线国家工业化进程报告（2015版）[M]. 北京：社科文献出版社，2015.

[2] http://www.ce.cn/xwzx/gnsz/gdxw/201705/09/t20170509_22628763.shtml，中国经济网，2017-05-09，07:07.

[3] http://www.gov.cn/zhengce/2019-02/18/content_5366593.htm#1，中华人民共和国中央人民政府网，2019-02-18,18:54.

在其不同的发展阶段的产业政策都会有所差异,同一产业在同一国家不同的时期受政策扶持的倾向和力度也会有所调整。例如,上述讨论的"一带一路"沿线国家的三种工业化的产业梯度说明了"一带一路"沿线国家所属的不同产业层次,这些国家在不同产业发展状态下会有不同的产业政策,因而需要深入评估跨国项目所处产业在所涉及国家的相关产业政策。

首先,要评估跨国项目所在国家(主要是东道国)的产业结构、产业组织、产业分布政策,以及国家在这一时期的技术政策和投资政策。其次,需要将跨国项目与同期的国家产业政策、技术政策和投资政策的要求进行比照,看跨国项目是否符合所在国的产业政策,进而评估这些产业政策对跨国项目的影响程度和具体的产业政策条款对跨国项目的影响程度。

5.4.4　跨国项目的区位环境评估

任何经济活动都是在特定的区位和空间开展的,优越的区位环境可以使得跨国项目投资者在相同投入下获得更为丰厚的经济效益,所以跨国项目评估还需要开展区位环境的评估,尽可能寻找利益最大化的区位环境。因为不同的跨国项目的建设和运行区位,对跨国项目生产要素、资源条件会有不同的需求,对资源分布、运输条件、环境状况等的依赖程度也不尽相同。从区位的角度看,跨国项目对生产要素、市场和环境的区位指向类型主要有市场指向型、原料供应地指向型、燃料及动力指向型、劳动力指向型、技术指向型及集聚经济指向型等。

这些类型的区位分类强调了区位环境对跨国项目投资有突出吸引和支撑作用,有些地区由于地理位置和特殊的资源禀赋,以及政治经济的发展对跨国项目十分有利。例如,《粤港澳大湾区发展规划纲要》明确指出,粤港澳大湾区区位优势明显。粤港澳大湾区地处我国沿海开放前沿,以泛珠三角区域为广阔发展腹地,在"一带一路"建设中具有重要地位。其交通条件便利,拥有香港国际航运中心,吞吐量位居世界前列的广州、深圳等重要港口,以及香港、广州、深圳等具有国际影响力的航空枢纽,便捷高效的现代综合交通运输体系正在加速形成[①];且经济实力雄厚、创新要素集聚、国际化水平领先、合作基础良好。这种区位优势势必会吸引大量跨国投资项目进入和落地。

由于跨国项目具有跨越国家、时区、文化等特征,对于多元文化沟通、协同合

---

① http://www.gov.cn/zhengce/2019-02/18/content_5366593.htm#1,中华人民共和国中央人民政府网,2019-02-18,18:54.

作尤为关键，因此要关注跨国项目所在地的交通、信息技术等相关资源条件，深入评估跨国项目区位的独特性和对于项目需求的满足情况，从而选择优越的区位环境开展跨国项目。

5.5　跨国项目微观环境综合评估

上述跨国项目各方面微观环境的评估都是跨国项目相关环境的专项评估，为了确保跨国项目的成功还必须对这些专项评估的结果予以综合，从而给出跨国项目微观环境综合评估的结果，以全面认识跨国项目微观环境条件的优劣。

5.5.1　跨国项目微观环境综合评估的内容

跨国项目微观环境综合评估的评估内容主要包括如下几个方面。

1. 安全性评估

跨国项目微观环境综合评估的首要内容是综合评估跨国项目微观环境的安全性，即项目微观环境是否能够保证跨国项目安全可持续的建设和运营。这包括项目现有环境条件是否能够保障跨国项目建设和运营的安全性，以及跨国项目未来微观环境发展变化能否继续保障跨国项目运营的安全性。这是跨国项目微观环境综合评估的首要内容，跨国项目的实际微观环境综合情况必须达到安全性的要求，只有这样跨国项目才能够建设和运营。

2. 完善性评估

跨国项目微观环境综合评估的第二项内容是综合评估跨国项目微观环境的完善性，即跨国项目的微观环境是否能够全面而完备地保证跨国项目全生命周期的建设和运营。这包括对跨国项目所需各种环境条件是否具备的评估和跨国项目微观环境完备性评估的方面。跨国项目微观环境综合评估中的完善性评估是项目微观环境优劣的综合评估，跨国项目的微观环境综合情况应该达到完善性的要求，以保障跨国项目能够更好地建设和运营。

3. 优惠性评估

跨国项目微观环境综合评估的第三项内容是综合评估跨国项目微观环境的优惠性，即跨国项目微观环境是否能对跨国项目的建设和运营提供相对优惠的环境与条件。这包括对跨国项目所需各种环境与条件是否具有优先权和是否具有优惠政策等方面的评估，如跨国项目在税收、能源、电力、土地等环境条件方面的优惠性评估。这是优选跨国项目微观环境所使用的综合评估，如果跨国项目具有很好的优惠性综合环境,跨国项目就能获得更大的成功和盈利。

5.5.2　跨国项目微观环境综合评估的准则

跨国项目微观环境的综合评估必须遵守一定的准则,以防止跨国项目微观环境综合评估出现不必要的偏差。跨国项目微观环境综合评估的主要准则包括如下几个方面。

1. 动态性原则

跨国项目微观环境综合评估必须要从实际出发,以调查所获得的事实和动态数据为依据去进行评估。这既要评估跨国项目微观环境的现状,又要评估它们未来的发展变化。这种评估不能从主观愿望出发,因为跨国项目跨越多个界面,必须进行充分的调查研究,而且要假设一旦有某个跨国项目环境方面出现变动,按照动态性原则去开展必要的综合评估。

2. 全面性原则

跨国项目微观环境的复杂性决定了跨国项目微观环境综合评估必须坚持全面性的原则,这包括全面评估跨国项目所需的微观环境条件,以及全面评估跨国项目现在和未来所处的跨国项目微观环境条件两个方面。跨国项目微观环境各要素间存在彼此关联的相关关系,只有遵循全面性的原则才能够准确而科学地进行跨国项目微观环境综合评估。

3. 前瞻性原则

跨国项目微观环境是一个动态变化的系统,所以在跨国项目微观环境综合评估中还必须考虑未来的变化趋势。跨国项目微观环境综合评估的前瞻性主要体现在对于跨国项目微观环境各方面未来发展变化的综合预测、假设和评估上,即这种综合评估必须考虑未来跨国项目环境某个方面或整体的发展变化情况,以及这些变化对跨国项目建设和运行的影响。

5.5.3　跨国项目微观环境综合评估的方法

跨国项目微观环境综合评估涉及对于跨国项目微观环境各专项评估的全面综合,所以需要使用一些综合评估的技术方法。迄今为止的项目微观环境综合评估的方法主要是连加法、连乘法或连加带连乘的方法,以及一些层次分析法、模糊数学法等方面的方法。这些方法都需要先获得项目微观环境各专项评估的结果分值,然后按照连加、连乘或连加带连乘的方法或层次分析法的"和积法"去得到综合评估跨国项目整个环境的结果。其中，每个跨国项目环境专项评估结果分值都有其权重，不管用何种方法都要按照既定的准则综合考虑专项评估的权重，最终得到对于项目微观环境整体优劣的评估[①]。跨国项目微观环境的综合评估方法的构成要素有五个方面，它们是跨国项目微观环境综合评估的成败关键。

1. 跨国项目微观环境综合评估的主体

这是指开展和使用跨国项目微观环境综合评估结果的个人或团体（他们可借专家去开展评估），这种评估主体的情况决定了跨国项目综合评估的质量和水平。不同跨国项目参与者开展综合评估的目的与要求是完全不同的（跨国项目业主和承包商就是不同的主体），所以这种评估的主体是这种评估成败的关键。

2. 跨国项目微观环境综合评估的客体

这是指被评估的跨国项目或项目方案所处的实际微观环境，很多时候一个跨国项目会有多个备选方案，每个备选方案会对所处的微观环境有不同的要求，所以每个跨国项目备选方案所对应的微观环境才是这种综合评估的客体。

3. 跨国项目微观环境综合评估的指标体系

跨国项目的微观环境是由多个方面或专项组成的一个系统，其中的各方面或各专项都有自己的评估指标，这些指标的全面集成就会构成跨国项目微观环境综合评估的指标体系。这种指标体系中的每项指标会从不同侧面评估跨国项目微观环境的某个特征或要素。

4. 跨国项目微观环境综合评估各指标的权重

跨国项目微观环境综合评估的目的和要求，以及项目特性决定了各指标的重要度不同，所以跨国项目微观环境综合评估的各项指标有相对重要度（权重系数），而这些评估指标的权重系数也是项目微观环境综合评估中的基本要素之一。

5. 跨国项目微观环境综合评估的模型和方法

这是指人们根据具体的项目微观环境综合评估特性和要求，选用和建立的综合评估模型及其方法，它们可以将特定评估的跨国项目指标体系中各项评估指标值综合为跨国项目微观环境综合评估结果，这也是跨国项目综合评估的基本要素之一。

综上所述，跨国项目微观环境综合评估有五个基本要素，人们先要明确跨国项目微观环境评估主体，其次根据评估主体的目的和要求及备选方案去确定评估客体，进一步根据评估目的和要求及跨国项目特性去建立跨国项目微观环境综合评估

---

① 戚安邦. 项目评估学[M]. 2 版. 北京：科学出版社，2019.

指标体系，再进一步确定出跨国项目这种综合评估的各评估指标权重系数，然后选择或构造跨国项目综合评估的模型和方法，最后是使用这些要素去做出跨国项目微观环境综合评估的结果。

第6章

| 跨国项目的宏观环境评估

南开大学　翟磊

对于跨国项目而言，项目宏观环境指的就是对跨国项目及其微观环境都有影响的更高层的外部环境，包括跨国项目投资国、东道国和市场所在国等方面的宏观环境，还包括对跨国项目产生间接影响的各种国际环境和地缘政治环境等方面。

英国经济学智库组织（EIU）的商业环境评估，从外商投资的视角对世界各国的发展环境进行评判，这方面的评估指标分为两大类：一类是国家的宏观发展指标，包括宏观政治环境、宏观经济环境、市场机遇、税收、财政、人力资源市场及基础设施等；另一类是国际投资政策指标，包括私营企业政策、国际投资政策及国际贸易政策等。该智库公布的《营商指标模型》更是侧重于对区域发展的市场化程度的评估，综合了宏观环境和市场重点要素的政策评估指标，对宏观政治、经济、市场竞争政策、投融资政策等进行评估①。

参考上述相关内容，本章将依据 STEEP 评估的基本框架，从社会、技术、经济、环境和政治五个维度具体讨论跨国项目宏观环境评估工作。

---

① 娄成武，张国勇. 基于市场主体主观感知的营商环境评估框架构建——兼评世界银行营商环境评估模式[J]. 当代经济管理，2018，40（6）：60-68.

6.1 跨国项目的宏观社会环境评估

对于宏观社会环境的理解可以分为广义和狭义两种，广义的社会环境包括社会政治环境、经济环境、文化环境和心理环境等大的范畴，而狭义的社会环境则主要指人口、文化、心理等人文环境。本节所讨论的跨国项目宏观社会环境主要是从狭义的角度出发进行评估，从而判断跨国项目与当地宏观社会环境之间的适应程度。

6.1.1 东道国的人口统计学特征

人口统计学是研究人口现象的数量特征及其关系、人口再生产过程及其模式，以及人口发展趋势的一门科学，可以从静态的、动态的和未来人口发展趋势三个方面进行观察和研究人口现象的数量特征及其内在联系，包括空间、年龄、性别、文化、职业、收入、生育率等指标。评估东道国人口统计学特征属于跨国项目宏观社会情况评估的重要组成部分，因为人口统计学特征对于一个国家制定各种经济和产业政策等具有基础性作用。因此，各国通常都会定期开展调查并公开相关数据，这方面调查的主要是人口统计特征信息（年龄、性别、种族、文化程度、婚姻状况、家庭结构、职业），以及其他社会和经济数据信息，如劳动力就业情况的统计数字等。对于跨国项目而言，应关注的人口统计特征有以下方面。

1. 人口总量及增长率

人口总量是一个国家的基本统计数据之一，这可以反应一国的人力资源水平及购买力水平等。根据 2020 年 4 月 15 日联合国及各国统计局数据，当前全球人口最多的十个国家见表 6-1。

表 6-1 世界人口总量排名前十位的国家及人口数量

排　　名	国　　　家	人　　口
1	中国	1400 050 000
2	印度	1354 051 854
3	美国	326 766 748
4	印度尼西亚	266 794 980
5	巴西	210 867 954
6	巴基斯坦	200 813 818
7	尼日利亚	195 875 237
8	孟加拉国	166 368 149

排　名	国　　家	人　　口
9	俄罗斯	143 964 709
10	墨西哥	130 759 074

资料来源：https://www.phb123.com/city/renkou/。

人口增长率是一定时期内（通常为一年内）由人口自然变动和迁移变动而引起人口增长的比率，所以它也可以称为人口增长速度。有学者根据对相关数据的统计提出人口的力量正在把世界分成两部分：人口增长缓慢的地区（生活条件正在得到改善）和人口增长迅速的地区（生活条件正在恶化）。人口的迅速增长抵消了农业和经济方面的部分差距[①]。

通过人口总量和人口增长率的相关数据，可以对跨国项目东道国和市场所在国家的人口总量及变化趋势进行预测，从而推断其人力资源及市场需求总量等的变动趋势。

2. 人口结构

人口结构也称人口构成，是指一国或地区在一定时期内人口构成状况。按人口构成的特点及运动方式，可分为人口自然构成、人口社会构成和人口地域构成三部分，也可以按其他方式分成其他若干种类。其中，人口自然构成还可分为年龄构成、性别构成等，人口社会构成还可分为民族构成、文化构成、宗教构成、阶级构成等，人口地域构成可分为城乡构成、区域构成等[②]。跨国项目团队应根据项目特点及需求，选择性地评估对跨国项目产生较大影响的人口结构特征。

3. 就业率

就业率是反映一国劳动力就业程度的指标，指在业人员占在业人员与待业人员之和的百分比。它反映全部可能参与社会劳动的劳动力中，实际被利用的人员比重。与此相对应的就是失业率。例如，我国 2015 年到 2019 年城镇新增就业人数分别为 1312 万、1314 万、1351 万、1361 万、1352 万，城镇登记失业率连续 5 年控制在 4.1% 以内。通常情况下，失业率的数据受关注程度较高，它可反映出一国经济发展情况和潜在就业人员规模等。

4. 文化水平

衡量一国或地区人口文化水平的主要指标是人口文化程度的构成指标，这是指

---

① 鲁尔. 人口增长率把世界划分为两部分[J]. 中国卫生经济，1987（6）：26.

② 何盛明. 财经大辞典[M]. 北京：中国财政经济出版社，1990.

一定时点的人口接受文化教育程度的整体情况,这是由一国的经济和教育发展水平决定,而对一国经济和社会发展具有重要的作用指标。以我国为例,第六次人口普查显示的人口文化程度构成就十分明显好于此前的人口普查情况。

5. 收入状况

衡量收入状况的常用指标是居民可支配收入,这是居民可用于最终消费支出和储蓄的总和,即居民可用于自由支配的收入(包括现金收入和实物收入)。按照收入的来源,可支配收入包含四项,分别为工资性收入、经营性净收入、财产性净收入和转移性净收入。对于跨国项目而言,东道国的人均可支配收入一方面可以反映其购买力水平,另一方面也能够反映出其人力资源成本情况。

6.1.2　跨国项目的人力资源支持度

这指的是跨国项目所需人力资源的可获取程度,也就是人力资源供给与跨国项目人力资源需求之间的匹配程度。开展这种评估的前提条件是跨国项目已经对人力资源需求进行了合理有效的预测,这方面主要的评估指标有两个:一是人力资源储备情况,二是工资水平。

1. 人力资源储备情况

对于跨国项目而言,东道国的人力资源储备情况决定了跨国项目能否在东道国获取项目所需的人力资源。人们应根据跨国项目人力资源需求预测的结果,评估跨国项目所需人力资源的数量、条件和要求,并根据这些对东道国的人力资源储备情况进行评估。对于人力资源储备情况的评估可分为两个大类:一类是专业性人力资源,另一类是非专业性人力资源。其中,专业性人力资源包括跨国项目实施和运行中所需的各类专业和管理人才。非专业人力资源的储备情况主要指的是各类对技术水平要求不高的熟练工人,若东道国存在用工荒且跨国项目属于劳动密集型项目,则可能因此导致跨国项目失败。

2. 人力资源成本

人力资源成本问题对于绝大部分跨国项目投资决策是需要考虑的重要指标,这也是全球投资和资源转移的核心动力所在。有研究显示,在 2008 年金融危机后大多数经济体的平均劳动成本增速放缓,但中国制造业的平均劳动成本增速却从危机前的 11.0%攀升到了危机后的 13.1%。由于市场经济主体们都在追求跨国项目产品成本的最小化,所以就会通过跨国项目投资将其财富和生产转移至人力资源成本低廉的国家。因此,在考察东道国人力资源储备能否满足跨国项目需求的同时,还要对其人力资源成本进行评估以综合做出跨国项目投资决策。

6.1.3　跨国项目的文化适应性

社会文化环境是指在一国在某种社会形态下已形成的价值观念、文化观念、宗教信仰、风俗习惯、道德规范等的总和①。每一个国家或地区的社会都有其核心价值观，它们常常具有高度的持续性。这些价值观和文化传统是历史的沉淀，通过家庭繁衍和社会教育而传播、延续的，因此具有相当的稳定性。不同的国家之间有人文的差异，不同的民族之间同样有差异。这些文化的差异在某些情况下会对跨国项目的成败产生影响。跨国项目文化适应性评估的主要内容包括如下两个方面。

1．跨国项目团队的文化适应性

跨国项目团队要充分了解东道国的社会构成情况、社会秩序情况、治安情况和宗教习俗、禁忌习惯等，并且跨国项目团队成员要能够较好地融入当地文化。如果这方面评估显示，跨国项目团队成员与东道国文化之间存在较大冲突且无法调和，则应慎重考虑该跨国项目的决策。如果这种文化冲突可以通过教育等方式进行避免，则应当在实施该跨国项目之前提前采取教育或培训措施。例如，2013 年我国在中东某国的某项目现场，一名工人轮休时走出营地散步，后与营区失去了联系，项目部出动人员搜寻并向当地警方报警，后来当地宗教警察局电话反馈此人因佩戴的玉观音而触犯当地宗教禁忌已被他们拘留。②

2．跨国项目产出物的文化适应性

跨国项目产出物可能是某种有形的产品，也可能是某种服务或技术，它们与东道国文化环境的适应性主要是指它们是否符合当地社会文化的要求。以建筑类跨国项目为例，由于不同国家的文化和气候等差异，其建筑物的外观、材质、内部设计、装修风格等均具有非常大的差别，如果跨国项目的产出物与东道国的文化存在较大矛盾冲突，则可能导致跨国项目失败，甚至会由此引发跨国项目所涉及国家的社会风险。

6.2　跨国项目的宏观技术环境评估

这包括与跨国项目有关的新技术、新工艺、新材料的出现和发展趋势，以及应用前景等方面的环境评估。这种技术环境评估不仅事关跨国项目能否获得足够的技术支持，还对跨国项目能否获得更多的政策支持有着直接的影响。对于跨国项目技

---

① 于海根. 项目的社会文化环境及注意事项[J]. 国际工程与劳务，2018（4）：73-74.
② 同①。

术环境的评估可以分为两个层次：一是东道国全国范围的技术环境评估，二是跨国项目产业技术环境评估。

6.2.1　东道国的技术环境评估

在当前各国普遍重视以技术进步促进发展的时代背景之下，很多国家都以政府政策等方式为国家的技术发展制订规划，以引导技术创新的投入和技术创新成果的产出。这方面的评估主要包括如下两个方面。

1. 重点技术发展领域识别

由于每个国家的资源禀赋、比较优势和发展阶段等不同，因此其技术发展领域和重点也不同。跨国项目应首先对东道国的重点技术发展领域进行识别，并尽可能使跨国项目与该国技术发展重点领域相匹配。例如，2015 年版《美国创新新战略》（ *New Strategy for American Innovation* ）就详细论述了未来美国在科技创新方面的新战略，其中政府着重发展的研究领域包括先进制造业、精密医疗、大脑计划、先进汽车、智慧城市、清洁能源和节能技术、教育技术、太空探索、计算机新领域。但是俄罗斯技术创新的核心任务是发展高科技产业（核能、航空航天等），重点支持的领域包括信息系统相关、生物学相关、医疗与卫生、新材料和纳米技术、运输和空间系统、自然资源的合理利用、能源效率和节能、社会经济和人文的跨学科研究。

2. 东道国技术发展的政策支撑体系评估

很多国家尤其是发展中国家都通过政府的政策去鼓励重点技术领域的发展。评估技术发展的政策支撑体系可以帮助人们判断跨国项目与东道国技术发展目标之间的契合度，并且判断跨国项目可以从哪些方面获得东道国的政策支持。国家政策类型划分见表 6-2。

表 6-2　科技政策分类[1]

维　度	类　别	方　面
政策目标	鼓励基础研究	专利制度；政府拨款；税收优惠；政府采购
	鼓励科技成果转化	管制；技术标准；R&D 投入；补贴；外资引进及技术引进；消化吸收；政府采购；产业化

[1] 李春艳，徐喆，刘宇佳. 对我国 1985—2017 年科技政策的数量、效力及效果的评价[J/OL]. 东北师大学报（哲学社会科学版）. http://kns.cnki.net/kcms/detail/22.1062.C.20190107.1143.004.html.

维　度	类　别	方　面
政策目标	鼓励完善创新体系	合作研究计划；企业创新能力
政策工具	需求政策	政府采购；贸易管制；外包
	供给政策	公共服务；教育培训；人事措施；科技基础建设；科技信息支持；科技资金
	环境政策	税收优惠；财务金融；知识产权；行政措施

各国在具体技术领域和政策措施存在较大差异，应结合跨国项目的具体情况，评估其与东道国技术创新政策之间的匹配度，并据此对跨国项目方案进行合理优化。

6.2.2　跨国项目的宏观产业技术环境评估

在对东道国技术发展和政策支撑环境评估的基础上，跨国项目应进一步对其所处产业的技术环境进行评估，从而对跨国项目的技术领先性及技术人员的可获得性进行评估。

1. 产业技术特征及未来发展预测

产业技术在不同国家的发展特点及技术演进路径可能存在较大差异，因此对其进行评估时不应简单对其现状进行评估，而应当结合其发展路径进行动态评估。这包括对产业技术未来的发展趋势进行判断，从而了解跨国项目在东道国是否具有技术领先性和适用性，并对跨国项目的技术竞争程度和可持续性进行判断。以 IT 技术为例，美国的 IT 技术发展走的是以硅谷为核心的原生发展之路，而印度则走的是在引进吸收基础上再创新之路。这种发展模式虽然成就了印度 IT 产业的发展，然而对美国的技术依赖也为其未来发展埋下了隐患。因此，2018 年美国国会修改 H-1B 法案，要求企业必须雇用美国工作者，使印度的 IT 行业陷入巨大的失业恐慌中。这些都说明必须对东道国的技术发展进行动态评估，并且对其未来的发展趋势做长期的分析判断和评估。

2. 技术人员的可获得性

从跨国项目决策的角度来看，还应当考虑到东道国技术人员的可获得性。如果在东道国不能获得足够的技术人员支持，则将大大增加跨国项目的投资成本和增加跨国项目的风险。相反，如果跨国项目在东道国的技术人员充足，则可以更好地支持跨国项目运行。产业技术人才分布情况不仅是跨国项目宏观环境评估的重要因素，也是跨国项目投资决策的重要因素。以当前发展十分迅速的区块链技术为例，大多数区块链项目所有者和开发人员住在北美或欧洲，旧金山是最集中的，其次是伦敦和纽约，紧随其后的是北京和上海，这就对这方面的跨国项目投资形成了重要的制约条件，所以必须进行这方面的相关评估。

上述两方面之间存在相互关联关系，宏观技术环境成熟和技术人员丰富的地区，其竞争压力相应也较大；反之，竞争压力较小的地区有可能面临产业上下游支撑不足、技术人才缺乏等问题。因此，跨国项目宏观技术环境需要进行综合评估，应结合跨国投资项目的特征进行综合的判断和跨国项目投资决策。

6.3 跨国项目的宏观经济环境评估

这是指对国家经济制度、经济结构、产业布局、资源状况、经济发展水平，以及未来的经济走势等方面的环境评估，包括对 GDP 发展变化趋势、利率水平、通货膨胀程度及趋势、失业率、居民可支配收入水平、汇率水平、能源供给成本、市场机制的完善程度、市场需求状况等方面的评估。跨国项目宏观经济环境评估可以分为三个层次：一是世界宏观经济环境评估，二是东道国宏观经济发展环境评估，三是市场所在国的宏观经济环境评估。

6.3.1 世界宏观经济发展环境评估

在经济全球化发展的总体环境之下，资本的全球流动已成为常态，所以跨国项目宏观经济环境评估还必须包括世界宏观经济发展环境的评估。

1. 世界宏观经济发展的特征与趋势

对于跨国项目而言，全球直接投资（FDI）的变化是判断世界宏观经济发展的重要指标，FDI 是现代资本国际化的主要形式，按照国际货币基金组织（IMF）的定义，FDI 是指一国投资者将资本用于他国生产或经营，并掌握一定经营控制权的投资行为。主要的跨国投资方式有三种：一是在国外直接新建跨国公司，二是建立跨国合资企业，三是跨国并购。当今投资跨国公司是 FDI 的主要形式，这种跨国公司的投资主要是在发达国家之间，且基本上分布于日本、美国、欧盟三极之中。但是改革开放后，中国吸引了大量跨国投资，并且中国的对外投资数量也在不断增加。全球 FDI 在 2015 年强劲增长后，2016 年增长速度开始明显放缓。世界银行数据表明，由于跨国并购值减少了 22%，外国直接投资减少了 23%降至 1.43 万亿美元[①]。

---

① 联合国贸易和发展会议. 2018 年世界投资报告：投资和数字经济[R]. 联合国出版社，2018.

联合国发布的《2019年世界投资报告》显示，2018年全球外国直接投资（FDI）流量下降13%，降至1.3万亿美元，部分原因是美国税改政策及部分经济体加强外资项目审查的影响[①]。这些世界宏观经济发展的特征与趋势会直接影响跨国项目成败，所以需要进行评估。

2. 区域经济发展的特征与趋势

经济全球化发展带来了各个区域（世界性的地区）经济发展的不均衡。其中，区域经济发展速度快，往往意味着区域经济政策总体向好，投资机会较多，市场相对成熟，但这也可能会因为环境迅速变化而给跨国项目带来较大风险。相反，区域经济发展相对滞后，外资进入的总量不足，反而意味着跨国项目未来的发展空间相对广阔。例如，不同区域的许多国家继续致力于出台吸引外国直接投资的政策，放宽了包括运输、能源和制造业在内的许多行业的准入条件，以及通过简化行政程序、提供奖励和建立新的经济特区（SEZ）来促进跨国项目的投资。在对大型区域的宏观经济进行评估时，应对各类经济共同体或经济联盟等给予充分关注。以东盟为例，2016年流入东盟的资金减少了20%，反映出全球FDI和流入发展中国家的资金普遍减少。东盟内部投资在2016年达到创纪录的水平（240亿美元），首次占该地区外国直接投资总额的1/4。

6.3.2 东道国宏观经济发展环境评估

东道国的宏观经济发展环境对于跨国项目的成败至关重要，除了通常意义上对于GDP等宏观经济指标的考察之外，东道国的市场成熟度也是宏观经济发展评估的重要内容。

1. 东道国宏观经济发展总体特征及趋势的评估

一个国家的宏观经济发展环境指标从大类上可以分为两类：一类是绝对值指标，主要包括国内生产总值、通货膨胀与紧缩、投资指标、消费、金融、财政指标等；另一类是相对值指标，主要有四个，即经济增长率、失业率、物价上涨率和国际收支平衡状况。东道国宏观经济发展环境中的客观环境是由东道国的宏观经济的指标和数据给出的，而东道国政府主观努力的环境情况中最重要的反映是他们的宏观财政政策和宏观货币政策。东道国的宏观财政政策决定跨国项目在税收和行业准入等方面的优惠或限制情况，而东道国的宏观货币政策决定跨国项目在资金获得和汇兑损益等方面的得失情况。

---

① 联合国贸易和发展会议. 2019年世界投资报告：投资和新产业政策[R]. 联合国出版社，2019.

2．东道国市场开放度的评估

狭义的市场开放度表示某一国家的可转移生产要素流动所受到的限制，反映了外国的劳动、资本、土地、企业家才能等各种生产资料在本国范围内被允许进行的交换活动的开放程度。广义的市场开放度则不仅包括产品市场，还包括投资市场、金融市场、劳动力市场等的开放程度。对于跨国项目而言，东道国市场开放度越高，则在跨国项目实施和运行所面临的各类壁垒越少。另外，如果跨国项目的目的是进入第三方市场，还应评估东道国的进口市场开放方面的宏观环境，包括实物商品进口和国外直接投资的开放情况。另一个需要特别关注的评估方面是金融开放度，需要从国际资本流动和金融服务两个方面进行评估，主要包括东道国对于外国个人和企业在本国开立账户的条件、品种、期限范围的评估，金融产品设计和市场利率体制的评估，外币汇划、兑换、汇率浮动机制的评估等[①]。

6.3.3　东道国相关产业发展的评估

跨国项目所涉及产业在东道国的发展情况是这方面评估的重点。如何总体、客观地对东道国的产业环境进行评估呢？除了使用传统的五力模型等评估工具外，有很多学者将波特提出的国家竞争优势理论，即钻石模型理论应用于产业环境评估之中。迈克尔·波特在进行国家竞争优势理论研究方面的目的非常直接、清楚：他希望确定在国际经济和贸易竞争中，为什么有的国家成功，而有的国家却失败。譬如，为何日本的汽车工业如此出色？为何瑞士在精密仪器设备和化学药品生产和出口领域独领风骚？为何德国和美国在化学工业领域占尽优势？钻石模型强调的是一国处于相对优势的行业和产业参与国际竞争，并形成的整体竞争优势。

1．产业竞争力评估

波特的这方面钻石模型认为，特定产业是否具有竞争力取决于生产要素、需求条件、相关与支持性产业、企业战略与企业结构和同业竞争、机会和政府等六个要素的共同作用。其中，前四项是关键要素，后两项是辅助要素，它们之间相互联系、相互影响，如图 6-1 所示[②]。

---

① 张远立. 中东欧五国金融市场开放度情况简析[J]. 经济研究，2017（8）：99-101.
② 张春香. 基于钻石模型的区域文化旅游产业竞争力评价研究[J]. 管理学报，2018，15（12）：1781-1788.

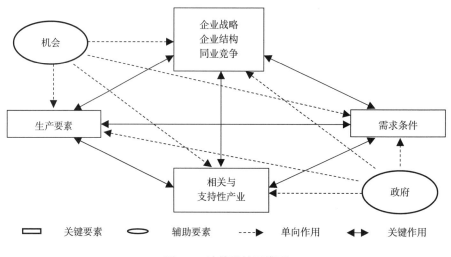

图 6-1　波特的钻石模型

这种钻石模型中的生产要素主要包括人力资源、自然资源、知识资源、资本资源、基础设施；需求条件主要是本国市场的需求；相关产业和支持产业的表现则指的是这些产业和相关上游产业是否有国际竞争力；企业的战略、结构、竞争对手的表现主要是对产业内部情况的评估。在这四大要素之外还存在两大变数：政府与机会。所以，跨国项目可以使用钻石模型对东道国的产业竞争力进行整体性评估和形成总体性认识。

2. 产业发展政策评估

产业政策是由国家制定的，引导产业发展方向、引导推动产业结构升级、协调国家产业结构、使国民经济健康可持续发展的政策。产业政策是各种指国家为具体产业提供的特定政策，即一国政府有关产业的一切政策的总和。例如，中国工信部专门设立有产业政策司，负责组织拟定并监督执行工业和通信业的产业政策，提出推进产业结构调整与相关产业融合发展及管理创新的政策建议，参与投资项目审核，制定相关行业准入条件并组织实施①。值得注意的一个倾向是发达国家近年来出台了一系列产业政策去重新振兴本国的工业，如联合国贸易和发展会议 2018 年对全球工业政策的调查显示，在过去十年中至少 101 个发达国家和发展中国家的经济体（占全球 GDP 的 90％以上）采取了新的工业发展战略，在过去的五年里新战

---

① 中华人民共和国工业和信息化部产业政策司机构职责，http://www.miit.gov.cn/n1146285/n1146352/n3054355/n3057292/n3057297/c3545939/content.html，2019-02-08.

略的制定速度加快了①。跨国项目对这方面评估的目的就是要评估和梳理东道国对跨国项目相关的各种产业政策环境，以判断跨国项目与东道的产业政策之间的匹配度。

6.4 跨国项目的宏观自然环境评估

自然环境是指跨国项目所涉及地区市场的地理、气候、资源、生态等环境，自然环境的不同对于跨国项目会有重要的影响。中国是一个幅员辽阔的国家，这种影响尤其明显，如同一种产品在我国广东地区和西藏地区的需求就有较大差距。

6.4.1 宏观自然环境评估

世界银行贷款项目的环境影响评估要求项目组织综合考虑自然和社会各方面的因素，包括自然环境（空气、水和土地）、人类健康与安全、社会因素（非自愿移民、土著人群和文物），以及跨越国境的环境问题和全球环境问题。这种环境评估还需同时考虑跨国项目的不同情况和项目所在国的具体情况、项目所在国环境研究的成果、项目所在国家环境行动计划、项目所在国家的全面政策框架、项目所在国的立法与环境和社会有关的机构的能力，以及在相关国际环境条约和协议下适用于项目各种活动的国家责任②。2018 年 12 月修订的《中华人民共和国环境影响评价法》也规定了项目环境影响报告书的内容，包括建设项目概况；建设项目周围环境现状；建设项目对环境可能造成影响的分析、预测和评估；建设项目环境保护措施及其技术、经济论证；建设项目对环境影响的经济损益评估；对建设项目实施环境监测的建议；环境影响评估的结论。具体评估的内容包括自然环境、区域地质条件、区域水文地质条件、大气环境、生物环境、地表水环境、地下水环境、土壤环境等。综合国内外环境影响评估的内容，对跨国项目的自然环境进行评估应主要包括如下几个方面。

1. 跨国项目地理位置特征

跨国项目地理位置一般用来描述项目的时间和空间关系，人们根据不同的需要可以用不同的方法对地理位置进行定性、定量、定位，从而把握地理位置的时空属性和相关特征。

---

① 联合国贸易和发展会议. 2018 年世界投资报告：投资和新产业政策[R]. 联合国出版社，2018.
② 曹大勇，刘明，王文刚. 世界银行贷款项目环境影响评价技术研究[J]. 科技信息，2010（1）: 759-560.

（1）经纬度位置。经纬度是经度与纬度的合称，二者所组成一个地理坐标系统，它是一种利用三度空间的球面来定义地球上的空间的球面坐标的系统。它能够标示地球上的任何一个具体位置，所以经纬度可标定跨国项目所处的特殊位置情况，以及所处的地理位置情况。

（2）海陆位置。评估跨国项目位于大陆内部，还是沿海地区、岛屿、半岛及海岸线长短等。尤其是跨国项目及其建设和运营过程中对物流系统要求较高的，更应当对其海陆位置进行评估。

（3）相对位置。这是指跨国项目位于某大洲或某大陆的具体方位，以及跨国项目所在某地形区的某个方位等。

2．人文地理位置

人文地理是探讨各种人文现象的地理分布、扩散和变化，以及人类社会活动的地域结构的形成和发展规律的。它是地理学的两个主要分支学科之一。人文地理与自然地理相对应，泛指不同地区各种社会、政治、经济和文化现象。对于跨国项目而言，人文地理特征评估大体应当包括如下几个方面。

（1）相邻位置。跨国项目与某国家（或行政区）接壤（或位于某边疆），或相邻的某些特殊地点（如民族），并判断其在相邻位置范围内的总体情况。

（2）经济位置。跨国项目所处（相邻）经济区及其经济地位，以此来研究其与周围地区在原材料供应、生产协作、产品市场、金融信贷、客货运输、科技信息交流等方面的联系。

（3）交通位置。对跨国项目所在地的地形进行判断，包括地形及该地区的公路、铁路、河流、海洋、机场、港口、码头等交通设施、枢纽的远近等。

（4）地缘政治位置。这是指国家领土与有关政治地理要素和条件的空间关系，也就是跨国项目周围地区和邻国的政治状况、外交政策、国力强弱等，及其对跨国项目的影响等。

3．大气环境

这是指生物赖以生存的空气的物理、化学和生物学特性，包括空气的温度、湿度、风速、气压和降水，以及空气的化学组成等。如人类生活或工农业生产排出的氨、二氧化硫、一氧化碳、氮化物与氟化物等有害气体，由此造成的全球气候变化和生态平衡破坏。所以，大气环境也是跨国项目赖以生存的环境条件之一，在跨国项目宏观环境评估中必须对大气环境进行评估。近年来，全球国家签署了一系列的环境保护国际性文件，这些文件对于跨国项目的选址、方案的选择等都有重要的影响。因此，在大气环境评估中，人们不仅应从技术的角度对跨国项目所处大气环境进行评估，还应当根据国际协定、政策文件等进行评估。

4. 基础设施

基础设施是指为社会生产和居民生活提供公共服务的物质工程设施，是用于保证国家或地区社会经济活动正常进行的公共服务系统。这包括交通、邮电、供水供电、商业服务、科研与技术服务、园林绿化、环境保护、文化教育、卫生事业等市政公用工程设施和公共生活服务设施等。在现代社会中，经济越发展，对基础设施的要求越高，因为完善的基础设施对加速社会经济活动有重要的贡献。对跨国项目而言，它更需优先基础设施支持，以便跨国项目建成后尽快发挥效益。跨国项目的基础设施评估可参考表 6-3。

表 6-3　城市基础设施发展水平评估指标体系

目标层	一级指标	二级指标
城市基础设施发展水平	供水	供水总量（亿吨）、人均日生活用水量（升）、城市排水管道长度（万千米）、城市用水普及率（%）
	生态环境	城市污水日处理能力（万立方米）、每万人拥有公共厕所（座）、人均公园绿地面积（平方米/人）、生活垃圾清运量（万吨）
	邮电设施	互联网普及率（%）、移动电话普及率（部/百人）、邮政营业网点（处）、快递营业网点（处）
	能源供应	城市燃气普及率（%）、城市天然气供气总量（亿立方米）
	交通设施	人均城市道路面积（平方米）、道路清扫保洁面积（万平方米）、城市道路照明灯（盏）、每万人拥有公共交通车辆（标台）[①]

由表 6-3 可知，跨国项目宏观自然环境评估除了上述主要内容之外，人们还应当根据跨国项目自身的特点选择与跨国项目相关的评估指标，如水资源评估（包括淡水总量和水质等）、土地资源评估（包括土地总量、土壤质量等）、自然生态评估（包括植被覆盖度、生物多样性等）等。此外，还可能包括声、辐射、气候变化与自然灾害等，因为这些可能都是在跨国项目与当地的自然环境实现共生发展的方面，也是跨国项目提升产业绿色化水平，减少能源资源消耗，培育绿色竞争新优势的方面[②]。

---

① 李怡，汪睿，谢伟杰，等. 安徽省城市基础设施发展水平评价[J]. 现代商业，2018（21）：49-50.
② 李天威. 不断推进环境影响技术评估工作[N]. 中国环境报，2018-12-19.

6.4.2 跨国项目东道国自然环境承载力评估

跨国项目东道国自然环境承载力（ECC）是指在一定时期内，在维持相对稳定的前提下，环境资源所能容纳人口规模和经济规模的大小。[1]跨国项目评估还应进一步对所需各种自然资源承载力进行评估，因为这种承载力则是从环境条件的上限约束角度去评估自然环境是否能够承受跨国项目的建设和运行的。

1. 自然环境承载力评估指标体系

国内外众多学者对于自然环境承载的评估指标开展了深入的研究，综合现有各类评估指标体系，跨国项目所在地自然资源承载力评估的指标体系可参考表 6-4。

表 6-4　跨国项目所在地自然资源承载力评估指标体系

目标层	一级指标	二级指标
跨国项目所在地自然资源承载力	土地承载力	人均耕地面积
		单位产值用地需求
		建成区面积
		人均建设用地
	人口承载力	人口密度
		人口自然增长率
		城市辖区单位面积从业人员
	水资源承载力	人均日生活用水量
		人均综合用水量
		万元产值耗水量
	大气环境承载力	二氧化硫排放强度
		氮氧化物排放强度
		AQI 优良天数比例
	生态环境承载力	森林覆盖率
		建成区绿化覆盖率
		人均绿地面积
		污水处理率

---

[1] 韩家彬，石宁. 环境承载力对中国对外直接投资的影响研究[J]. 国际商务（对外经济贸易大学学报），2019（2）：103-115.

续表

目标层	一级指标	二级指标
跨国项目所在地 自然资源承载力	资源承载力	单位 GDP 能耗
		单位 GDP 电耗
	交通承载力	人均道路面积
		道路网密度
		人均机动车保有量

2. 跨国项目与宏观自然环境的适应性评估

人们应结合上述自然资源承载力评估指标体系,对跨国项目所在的东道国自然资源承载力进行适应性评估,以判断跨国项目与东道国当地自然环境之间的相容性与适应性。如果这种评估的结论是跨国项目能够适应当地自然环境承载力,则跨国项目可以实施,如果这种评估的结果是跨国项目超出当地自然资源承载力,则应当对跨国项目方案进行变更或重新设计。这是从全球角度,坚持跨国项目的环境友好和可持续发展的原则,以及履行跨国项目为自然环境提供保护的义务。

6.5 跨国项目的宏观政治环境评估

政治环境在静态层面上主要指的是对跨国项目具有实际与潜在影响的政治力量和有关的法律、法规、政策等因素所构成的系统,而在动态层面则表现为政府运用法律、法规、政策对跨国项目所进行的各项监管活动的行动。因此对于跨国项目而言,政治环境也是一种营商环境,即包括政治、经济、文化等在内的所有环境要素构成体系的一部分。这会直接影响跨国项目企业开设、经营、贸易、纳税、履约和终结等方面遵循的政策法规的完备性和政府监管行为的有效性、便捷性等。最具有代表性的营商环境报告是世界银行的《营商环境报告》[①],该报告收集了来自 11 个商业监管领域详细而客观的数据,以期帮助各国政府发现行政过程中存在的政治环境问题。因此,跨国项目的宏观环境评估还必须开展跨国项目所涉及的投资国、东道国和项目运营产品的市场所在国家的宏观政治环境的评估。

6.5.1 东道国的营商环境便利度

世界银行的《营商环境报告》主要衡量的是影响中小型国内企业商业监管方面

---

① 世界银行集团. 2019 年营商环境报告:强化培训,促进改革[R]. 世界银行集团报告,2019.

的情况，它的基本假设是经济活动可以受益于明晰且连贯的政策与规则，包括制定强有力的产权制度、完善解决纠纷的机制并为合同伙伴提供防止权力专断和滥用的保护。同样，如果这些规则对于跨国项目而言是有效率、透明和易获取的，那么它们在促进跨国项目实施和运营的发展方面将是更为有效的。由于这些规则的优势和包容性对社会利益分配，以及为进行战略和政策的发展提供资金支持发挥着至关重要的影响，所以在跨国项目评估中需要对其做全面的评估。

1. 不同经济体的营商便利度

世界银行发布的《2019 年营商环境报告》[①]中，对 190 个经济体的营商便利度进行打分，并给出了具体的排名。其中，排名前十的经济体及其营商便利系数分别是新西兰：86.59；新加坡：85.24；丹麦：84.64；中国香港：84.22；韩国：84.14；格鲁吉亚：83.28；挪威：82.95；美国：82.76；英国：81.55；马其顿：81.55。而中国台湾是第 13 位：80.90；中国大陆为第 46 位：73.65。很显然，经合组织高收入国家的营商便利系数高，发展中国家的营商便利系数低，所以跨国项目宏观环境评估需要开展这方面的评估。

2. 营商便利度的衡量指标

世界银行《营商环境报告》重点关注影响营商便利的评估指标见表 6-5。

表 6-5　世界银行的营商环境评估指标

指　　标	衡量的内容
开办企业	男性和女性开办有限责任公司的手续、时间、成本和最低实缴资本
办理施工许可证	完成所有手续、时间和费用，以及施工许可证制度的便利程度
获得电力	连接电网的手续、时间和成本，电力供应的可靠性和电费透明度
登记财产	办理土地转让的手续、时间和费用及男性和女性在土地管理制度方面的差异程度
获得信贷	动产抵押法律和信用信息系统
保护少数投资者	少数股东在关联交易和公司治理中的权利
纳税	公司在遵守所有税收法规的经营过程中的缴税次数、时间、税及派款总额，以及报税后流程
跨境贸易	出口有相对优势的产品和进口汽车零部件的时间和成本

---

① 世界银行集团. 2019 年营商环境报告：强化培训，促进改革[R]. 世界银行集团报告，2019.

续表

指　　标	衡量的内容
执行合同	解决商业纠纷的时间和成本及男性和女性履行司法程序时的质量
办理破产	商业破产的时间、成本、结果和回收率，以及破产法律框架的力度
劳动力市场监管	就业监管的灵活性和工作质量的各个方面

营商环境便利度分数反映了一个国家或经济体当前在这些指标的表现与最佳实践之间的差距。例如，根据《全球营商环境报告》的数据，在所有经济体中创业所需的最少时间是 0.5 天，而在最差的情况下需要超过 100 天。需要说明的是，"劳动力市场监管"这一指标目前仅作为参考性指标，未列入营商环境便利度分数的计算范围。由此可见，跨国项目的宏观政治环境评估中应该采用这方面的指标和数据去评估东道国营商环境的便利程度。

6.5.2　国家改善营商环境的改革措施

自世界银行《2005 年营商环境报告》发布以来，随后这些年的报告记录了 190 个经济体所实施的逾 3500 项商业监管改革。数据显示十大最佳改革的国家或经济体在开办企业、获得信贷和纳税方面实施的监管改革数量最多（每个领域进行了 8 次改革）。这表明各种规模的国家或经济体都在努力改善自己的营商环境或政治环境。例如，在这方面改革的 50 个国家或经济体中，有 23 个通过简化企业登记手续实现了改革。《营商环境报告》还记录了获得电力领域历史性的改革数量为 26，报告显示东亚及太平洋地区所占改革者比例最高，该地区 28% 的经济体在获得电力指标方面有所改善。由此可知，跨国项目的宏观政治环境评估中还应该评估跨国项目东道国在改善营商环境的改革措施和动态变化情况。

6.6　跨国项目的宏观环境综合评估

在对跨国项目宏观环境不同维度进行评估的基础上，为了更好地支持跨国项目投资决策，可以将这些维度进行综合评估，从而得出整体性的结论。

6.6.1　跨国项目宏观环境综合评估指标体系

沿用 STEEP 评估框架，跨国项目宏观环境综合评估指标体系归纳见表 6-6。

表 6-6　跨国项目宏观环境综合评估指标体系

目标层	一级指标	二级指标
跨国项目宏观环境评估	宏观社会环境（S）	人口总体特征
		人力资源支持度
		文化适应性
	宏观技术环境（T）	技术政策
		产业技术支持度
	宏观经济环境（E）	世界宏观经济发展趋势
		东道国宏观经济发展趋势
		东道国产业环境
	宏观自然环境（E）	自然环境特征
		自然资源承载力
	宏观政治环境（P）	东道国营商环境便利度
		营商环境改革

　　根据本章 6.1~6.5 部分的相关内容，跨国项目宏观环境综合评估指标共包含五项一级指标，即宏观社会环境、技术环境、经济环境、自然环境和政治环境。各个一级指标下分别包含两到三项二级指标，共计十二项二级指标。各项二级指标的具体评估内容详见本章 6.1~6.5 部分的讨论。

6.6.2　跨国项目宏观环境综合评估的方法

　　对于不同的跨国项目而言，宏观环境的影响因素会有所不同，而同样的影响因素对不同的跨国项目的影响的程度也会有所不同。因此跨国项目宏观环境综合评估必须采用个性化的指标及权重，然后选用科学的跨国项目宏观环境综合评估的方法进行综合评估。通常，为了简洁明了和实现定性与定量评估结合，人们多采用层次分析法开展这种综合评估。

1. 指标权重的设置方法

　　在开展跨国项目宏观环境综合评估时，应首先根据跨国项目和东道国的特点选择并确定合理的综合评估指标体系，其中的具体指标的选择应当凸显这种差异化与针对性的特征。在确定综合评估指标体系后，应进一步设置各项指标的权重，具体可采用层次分析法去确定各个层次指标的权重。

层次分析法是指将一个复杂的多目标决策问题作为一个系统,将总体目标分解为多个目标或准则,进而分解为多指标(或准则、约束)的若干层次,通过定性指标模糊量化方法算出层次单排序(权数)和总排序,以作为目标(多指标)、多方案优化决策的系统方法。

层次分析法是将决策问题按总目标、评估准则、各层子目标、具体备选方案的顺序分解为不同的层次结构,然后用求解判断矩阵特征向量的办法,比较适合于具有分层交错评估指标的目标系统,而且目标值又难于定量描述的决策问题[①]。具体步骤如下。

(1)建立层次结构模型。 将跨国项目宏观环境综合评估的指标体系按照指标层级进行安排和编号,如图 6-2 所示的三层的层次分析法综合评估的指标性体系。

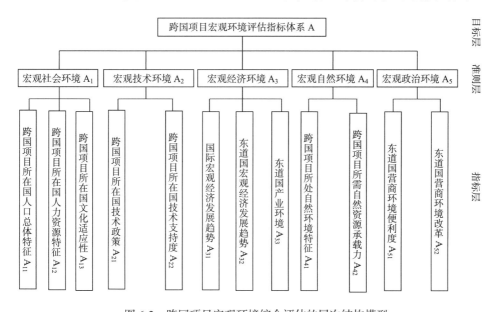

图 6-2　跨国项目宏观环境综合评估的层次结构模型

(2)构造判断矩阵。 为确定图 6-2 中准则层和指标层的各指标或因素权重,层次分析法需要使用两两比较矩阵的方法。这种方法通过两两要素的相互比较,最后确定出各个指标或因素的权重的相对值。这种两两对比矩阵按照表 6-7 的形式对指标或因素的权重进行赋值,其中 1 代表两个要素同等重要,9 代表要素 i 比要素 j 极端重要,其他介于二者之间。如果要素 i 没有要素 j 重要,其得分就按不同程度分为 1/3、1/5、1/7、1/9 等。

---

① 许树柏. 实用决策方法:层次分析法原理[M]. 天津:天津大学出版社,1988.

表 6-7　层次分析法的比例标度表

要素 i 比要素 j	量化值
同等重要	1
稍微重要	3
较强重要	5
强烈重要	7
极端重要	9
两相邻判断的中间值	2，4，6，8

在这一步骤中，人们应首先选择两两比较的评估专家，他们应该是对东道国宏观环境有较深入了解的专业人士，并请各位专家对表 6-7 中准则层和指标层指标的权重判断矩阵赋值进行比较评分，最终给出图 6-2 中准则层指标和指标层指标的相应判断矩阵及其赋值。

（3）对判断矩阵做一致性检验。根据层次分析法，这种判断矩阵最大特征向量（λ_{max}），经归一化后记为 W，而 W 中的同一层元素需要针对上一层次的因素做出相对重要的权重，并且这种权重需要进行一致性检验。这种一致性检验指标用 CI 给出，其计算方法请参见相关资料，CI 越小则说明一致性越好，有完全的一致性时 CI 接近于 0，而当 CI 越大时则一致性越不好。

2. 确定跨国项目备选方案的优劣

为评估和确定每个跨国项目备选方案相对图 6-2 中各个具体评估指标的优劣时，层次分析法也需要使用两两比较矩阵的方法，对跨国项目备选方案进行两两相互比较，最后确定出跨国备选方案的优劣。这种两两对比矩阵也是按照表 6-7 中的相对性赋值方法来表示每个跨国项目备选方案针对与一个具体评估指标的好坏的结果。这种跨国项目备选方案的两两比较矩阵的赋值也是按照表 6-7 所给出那样，1 代表两个备选方案同等重要，9 代表方案 i 与方案 j 相比极端重要，以此类推，其得分为 1/3、1/5、1/7、1/9 等。

3. 使用和积法确定选择的跨国项目备选方案

使用层次分析法做跨国项目这方面综合评估，需要使用这种方法中独特的"和积法"去确定出综合评估的结果。这种"和积法"是将每个跨国项目备选方案针对某个具体指标的优劣得分，乘上该指标自身的相对权重值，然后将一个备选方案对于每个指标的优劣得分和这个指标的权重相乘的结果进行相加（做出"和积"），一直到完成对于图 6-2 中准则层的"和积"后，即可得到跨国项目各个备选方案的综合优劣得分结果了。而跨国项目宏观环境评估的最终结果就是借助这种方法确定出各种跨国项目方案的优劣，为跨国项目的决策提供支持。

现在层次分析法在跨国项目各种综合评估（技术经济和环境的综合评估等）中使用的越来越多，但是这种方法本身涉及很多基本原理和技术方法问题，虽然层次分析法的初衷就是为了简化复杂的管理决策问题创建的，但是要讨论清楚层次分析法（尤其是它所使用的"和积法"）的复杂程序和方法需要很大的篇幅，显然这并不是本书的核心所在，所以如果读者想进一步了解层次分析法及其在跨国项目评估中的应用可以查阅笔者出版的《项目评估学》或《项目论证与评估》等书，那些书中有详细的层次分析法的介绍和使用说明。

第三篇

跨国项目
团队的管理

第 7 章

| 跨国项目团队的建设

天津商业大学　郑丽霞

跨国项目管理中的很多方面都对这种跨组织的管理团队及其团队成员提出了一系列挑战。最重要的就是由于跨国项目团队涉及的多个不同国度组织之间的合作，而这种跨国项目团队成员来自不同的组织且需要工作并捍卫不同组织的利益，这就使得跨国项目团队成员之间会存在某种意义上的利益冲突（如东道国和投资国的不同组织人员之间的冲突）。这就使得跨国项目团队的建设成了跨国项目成败的关键所在。本章将针对这方面的问题开展讨论。

7.1　跨国项目团队的挑战和组织集成

跨国项目团队是一种跨组织的项目团队，这种团队的建设是跨国项目成功的基本保障，所以必须按照跨国项目管理的实际需要和最新的组织管理理论与实践去做跨国项目团队的建设。现有许多研究成果表明国际社会自 20 世纪 70 年代先后进入了信息社会和知识经济以来，面向各种创新和创业的项目组织形式成了知识经济中起主导的项目导向型组织管理的新方法，而项目导向型社会和项目导向型组织正在成为类社会的组织管理主导模式，所以跨国项目的组织管理也需要推进项目导向型组织的建设和管理。

7.1.1　跨国项目团队的组织管理挑战

由于现有的项目组织管理原理和方法多数是面向国内项目（或单一组织内部项目）组织管理使用的，所以它们多数没有跨国和跨组织项目团队在组织模式和管理方法等方面所需要应对的问题。但是跨国项目团队必须针对跨国、跨组织所带来的问题，以及跨文化、跨地域和跨治理体系等方面带来的问题，有关这些组织管理方面的问题和挑战讨论如下。

1. 跨国而导致的跨国项目团队的组织管理挑战

这是跨国项目团队发生组织管理挑战的根本原因，正是因为跨国项目的"跨国"（包括东道国、投资国和市场所在国），结果导致了跨组织、跨文化、跨语言和跨治理体系等一系列的跨越，正是这些跨越使得这种跨国项目团队的管理完全不同于一般项目的组织管理，导致跨国项目团队在组织管理方面面临众多挑战。

2. 跨组织所导致的跨国项目团队的组织管理挑战

跨国项目团队必然会有涉及不同国家的不同组织的人员参与，他们各自代表自己的组织并会捍卫自己组织的利益，这就使得跨国项目团队的组织管理完全不同于一般项目团队的组织管理，这种跨国项目团队必须是能够满足跨组织的利益和要求方面的组织管理挑战。

3. 跨文化所导致的跨国项目团队的组织管理挑战

由于跨国项目团队的跨国和跨组织，使得跨国项目团队成员具有不同的社会文化和组织文化的背景及影响，所以跨国项目团队成员在价值观、信仰和风俗习惯等各方面都有所不同，这些就导致了跨国项目团队成员之间在沟通与合作等方面出现障碍和问题，从而对跨国项目团队的组织管理形成挑战。

4. 跨语言所导致的跨国项目团队的组织管理挑战

由于上述跨国、跨组织和跨文化的特点，所以跨国项目团队比一般项目团队需要有更多更好的沟通，然而由于跨国项目团队还有跨语言问题的存在，就导致它们之间的沟通存在障碍和问题。虽然这种沟通不会有语言不通的问题，但是由于文化、利益和语境等不同条件，会使得跨国项目团队成员之间的沟通出现误解或误会，从而形成这种团队的组织管理方面的挑战。

5. 跨治理体系所导致的跨国项目团队的组织管理挑战

由于不同国家有自己不同的治理体系和财税制度等，而不同的组织会有自己不同的组织体制和管理机制等，这些都会对跨国项目团队的合作造成障碍并形成团队组织管理上的挑战。跨国项目管理团队中来自不同国家和不同组织的团队成员对于项目实施和运行所应遵守和实施的法律和法规及财税制度会有不同的理解，这更是团队组织管理中所面临的挑战。

7.1.2　跨国项目团队的组织集成模型

由于跨国项目团队组织本身所具有的各种特性，使跨国项目团队的组织管理更为复杂和具有更高的要求，尤其需要跨国项目团队同其他所有参与组织全面集成管理，这样才能应对这种组织管理上的挑战。例如，跨国工程建设项目就需要有东道国和投资国两方面的组织，包括跨国项目的承包商、项目业主、项目最终用户，以及项目团队和项目经理等各方面的组织集成管理。作者的研究结果显示，导致许多跨国项目失败或出问题的更多的原因是跨国项目团队在组织集成管理方面存在问题。因为如果跨国项目团队的所有成员之间，以及这种团队与跨国项目所有参与组织的这种组织环境不能实现合理的配置关系是难以使跨国项目成功的。

为了解决上述跨国项目团队的组织管理所面临的挑战，就要求人们必须根据跨国项目管理的特定要求，借助集成管理的方法去实现跨国项目团队与其管理任务和跨国项目相关方的合理配置。图 7-1 给出了跨国项目团队的组织集成管理模型，这是一种跨国项目团队的组织集成管理的层次结构模型。

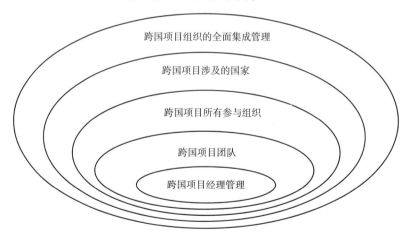

图 7-1　跨国项目团队的组织集成管理的层次结构模型

由图 7-1 可知该集成模型中涉及五个层次，每个层次都有自己独立的跨国项目组织集成管理内容和要求，特别是相邻的两个层次之间的组织集成管理更是至关重要。最终这些层次的跨国项目组织集成管理是要建立适合具体跨国项目的组织合理配置关系，有关这一模型中每个层次及其它们之间的集成管理的内容分述如下。

1. 跨国项目经理所需的组织集成管理

由于跨国项目经理是整个跨国项目团队的组织和管理者，所以其在跨国项目组织管理活动中处于领导和协调各方面的核心地位（见图 7-2），所以他的选择和他与跨国项目团队的集成就成了跨国项目组织集成管理的首要任务。

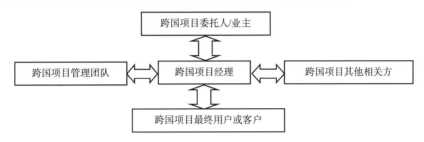

图 7-2　跨国项目经理在跨国项目组织管理中的核心地位

实际上在很多情况下，一个跨国项目会有代表不同跨国项目利益主体各自的跨国项目经理，对于这些不同组织的跨国项目经理们首先就需要开展相应的组织集成管理工作（见图 7-3），以保证他们之间关系融洽与合作顺利，从而实现跨国项目利益的最大化与项目利益分配的合理化。

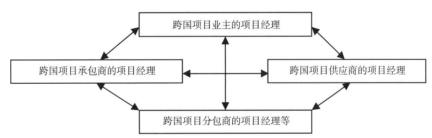

图 7-3　跨国项目主要参与者的项目经理们的集成管理示意图

这方面的组织集成管理工作涉及两方面内容。其一是参与跨国项目的各个组织，在选拔、培养和使用上对他们自己的项目经理的时候，需要对项目经理的能力、素质、个性和工作方法等开展必要的合理配置工作（也就是集成管理）。因为只有跨国项目所涉及的各个组织的项目经理能够实现合理配置，他们才有可能相互信任、关系融洽、共同合作。其二是这种组织集成管理需要对代表不同跨国项目参与者的跨国项目经理的责、权、利，以及合作伙伴进行组织集成管理，以便他们在开展跨国项目过程中能够具有合理的配置关系和很好的合作伙伴关系。

另外，这一层次的跨国项目的组织集成管理工作中，一方面需要按照基于跨国项目活动和过程展开去开展动态的组织集成管理工作，因为每个跨国项目阶段和工作所涉及的跨国项目参与组织会有所不同；另一方面需要从跨国项目利益分配的角度去开展好跨国项目的组织集成管理工作，因为所有跨国项目参与组织及其项目经理都会为确保自己组织的根本利益而倾尽全力。所以，这方面的组织集成管理是一种综合的跨国项目组织集成管理工作。

2. 跨国项目团队所需的组织集成管理

跨国项目团队是由一组为实现既定跨国项目目标的团队成员个体所构成的一种临时性、目的性和开放性的协同工作的团队。跨国项目团队的这些特性使其在许多方面不同于一般的项目团队，因此这种跨国项目团队的组织管理包括四个方面的工作：其一是在跨国项目团队组建和工作的全过程中努力实现跨国项目团队的形成阶段、震荡阶段、规范阶段和辉煌阶段（出成果的阶段）的全过程集成管理工作；其二是跨国项目团队的人员配备、团队建设、组织激励和冲突管理等方面的组织和集成管理工作；其三是做好跨国项目团队与项目经理的合理配置和集成管理工作；其四是做好项目团队与跨国项目各参与组织的集成管理工作，只有这样才能实现跨国项目团队在组织管理方面的全面集成。具体情况如图 7-4 所示。

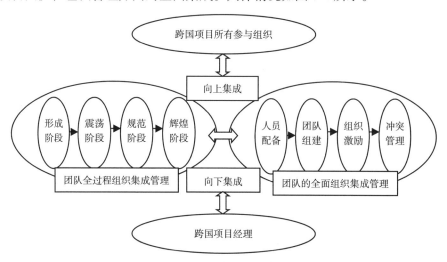

图 7-4　跨国项目团队及其组织集成管理工作示意图

（1）跨国项目团队的全过程组织集成管理工作。由图 7-4 的左边可知，跨国项目团队首先要实现在跨国项目团队全过程的组织集成管理。这包括四个方面：其一是在跨国项目团队的形成阶段，必须管理好每个团队成员的期望，从而避免它们期望过高而失望过大，造成团队的各种冲突和破坏；其二是在这种团队的震荡阶段，要做好团队成员之间的冲突管理，以便有足够的"阻尼"去降低和消减冲突，从而使得跨国项目团队不至于震荡过大而破裂；其三是在这种团队的规范阶段，一定要努力使用各种奖惩手段规范每个这种团队成员们的个人行为，消除或降低各种不利于团队开展跨国项目管理的行为；在前三个阶段做好了组织集成管理的基础上，这种团队才会进入辉煌阶段，而在这个阶段最重要的组织管理就是某种形式的自我管理和自我激励。虽然人们都想要尽快进入跨国项目团队的辉煌阶段，但是没有人可以跨越前面三个阶段的组织集成管理工作，然而合理的组织集成管理工作可以使前面三个阶段的周期缩短，从而使得跨国项目团队尽快进入辉煌阶段。

（2）跨国项目团队的全面组织集成管理工作。同时，由图 7-4 的右边可知，这种团队还需要开展全面组织集成管理。这也包括四个方面：其一是在跨国项目团队的人员配备方面的组织集成管理，既包括团队成员在管理和技术专业方面的合理配备，也包括团队成员在文化认同、人员个性甚至性别比例方面的合理配置；其二是在这种团队组建方面的组织集成管理，最为关键的是努力安排好团队成员们的专业责任和授权，以便人们能够各负其责，从而实现合理的分工合作；其三是在这种团队的激励方面的组织集成管理，包括及时有效地正向激励一切对跨国项目有益的行为和想法，及时有效地引导解决一切对跨国项目不利的行为和想法，从而使全团队成员的行为都能够为跨国项目成功做出贡献；其四是做好冲突解决方面的组织集成管理工作，包括对于破坏性冲突的预防、制止和矛盾解决方面的工作，以及对于建设性冲突的充分发挥和利用的工作。很显然，跨国项目团队只有做好这些才能实现跨国项目团队的全面组织集成管理。

（3）跨国项目团队与跨国项目经理的组织集成工作。由图 7-4 的下边可知，这种团队更需要开展同跨国项目经理的组织集成管理工作。这包括三个方面的工作：其一是在跨国项目团队的人员配备工作中应该由跨国项目经理决定团队成员的人选，只有这样才能出现跨国项目团队成员的亲附于项目经理的组织集成关系（反之会导致跨国项目经理与团队成员之间的关系出问题）；其二是在跨国项目开展的过程中，跨国项目团队成员不可跨过跨国项目经理去做越级汇报，即便是跨国项目团队成员要向自己所代表的组织汇报也要同时报告跨国项目经理，否则跨国项目经理无法第一时间掌握跨国项目的情况和及时做出应有的跨国项目决策；其三是跨国项目经理必须尊重团队成员的专长权，给予团队成员在专业管理方面足够的授权，因为跨国项目经理再有能力也不可能同时（也没有精力）去管理跨国项目各方面的专业问题。跨国项目团队与项目经理只有实现了这些组织管理方面的合理配置和全面集成，他们才能够共同去做好跨国项目的各项工作。

（4）跨国项目团队与跨国项目所有参与者的组织集成管理。由图 7-4 的上边可知，这种团队进一步需要开展同跨国项目所有参与者去做好集成管理方面的工作。这主要包括两个方面的工作：其一是代表不同跨国项目参与组织的跨国项目团队成员与其他团队成员之间（包括项目经理）的组织集成管理工作，即解决好既要代表自己所在组织去争取合理的利益，又要努力配合整个团队去实现跨国项目利益的最大化，由此跨国项目团队成员需要将自己所在组织的利益和整个跨国项目利益做合理配置和组织集成管理；其二是每个跨国项目团队成员的工作都要集成好两个方面，一是代表自己的组织而在跨国项目团队中所开展的工作，二是为了整个跨国项目的成功所开展的工作。正确的做法是每个跨国项目团队成员要首先保证完成自己分工负责的跨国项目管理工作，在开展这方面工作的同时兼顾自己所代表组织的利益方面的工作。

综上所述，跨国项目团队所需的组织集成管理是跨国项目组织集成管理的核心所在，只有做好了这方面的组织集成管理工作，才能够为跨国项目的跨组织管理奠定坚实的基础。

3．跨国项目的组织全面集成管理

这是关于跨国项目管理中最高层次的组织集成管理，由于任何人类的有组织活动（包括项目）的管理中最核心的是组织管理，所以对于跨国项目管理而言，这种组织全面集成管理也就成了管理的核心任务。这方面的集成管理除了上述讨论两个方面以外，其他所涉及的组织合理配置关系如图 7-5 所示。

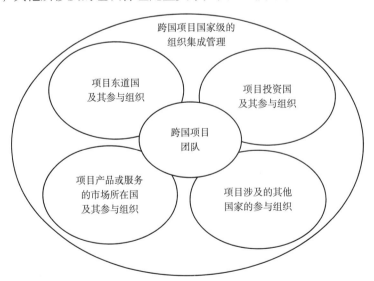

图 7-5　跨国项目组织全面集成管理的逻辑模型

由图 7-5 可知，这种跨国项目组织全面集成管理，首先是跨国项目所跨越国家之间的组织集成，这涉及多方面的理由和原因。其一是多数跨国项目需要获得所跨越国家的批准，即使是商业化的跨国投资项目也需要办理所涉及国家政府方面的批准，所以没有这种跨国项目国家层面上的组织集成管理是难以开展跨国项目实施和运行的。其二是跨国项目所跨越的国家是跨国项目各参与项目组织的管辖者，当跨国项目的参与组织之间发生冲突或纠纷的时候，可以借助于这种跨国项目国家组织全面集成管理去影响各国参与跨国项目的组织，从而保障和促进跨国项目参与组织之间冲突和纠纷的解决。其三是这种跨国项目的国家层面的组织全面集成具有既定的集成要求和条件，因为各国在其他国家的使领馆等机构中都有商务参赞或商务秘书等工作人员为本国企业提供各方面的服务，包括提供投资和商务信息，以及提供便利、帮助本国企业协调跨国项目商务纠纷等方面的服务。这就使得跨国项目所跨越国家之间的组织全面基层变成了跨国项目组织全面集成管理最高层次的任务，所以在图 7-5 中这个层面上的跨国项目全面组织集成管理被包围所有国家和组织的最外圈的椭圆予以表示。

由图 7-5 可知，更进一步是要实现跨国项目所跨越国家各自参与者的组织集成管理，这涉及跨国项目投资国的项目业主和贷款银行等组织、东道国的项目建设和项目运营等组织、跨国项目产品或服务市场所在国及其经销商或代理商等参与组织、跨国项目涉及的其他国家的参与组织（如某些国家为跨国项目提供设备或材料的供应商等组织）。这些跨国项目不同国家的参与者的组织全面集成有两种方法。第一种方法是建立跨国项目所有参与组织的跨组织项目管理办公室或会议协调机制，并借此去实现这些组织在跨国项目管理决策和利益分配等诸多方面的组织集成管理问题。但是跨组织的跨国项目管理办公室使用得较少，因为这些跨国项目参与组织之间的关系多数是一种合同关系，它们是因为各组织的社会分工和专长而相互依赖与合作的，特别是由于任何合同关系都是可以直接使用法律进行调节的关系，所以这种跨国项目的组织全面集成管理多数会使用会议协调方法去解决，当跨国项目遇到参与组织之间的协调和纠纷等问题，他们会通过组织相关方参加的跨组织协调会议，以这种方法去实现跨国项目的组织全面集成管理。第二种方法是如图 7-5 给出的那样借助跨国项目团队去实现跨国项目参与组织的组织集成管理，即在跨国项目团队中由代表各方利益的团队成员的参与，并且按照跨国项目团队的组织集成管理方法，去间接地实现跨国项目所有参与组织之间的组织全面集成管理。跨国项目团队中应该尽可能包含每个跨国项目参与组织的成员，由于他们熟悉自己所代表的组织的利益，以及他们自己国家的环境与条件，所以他们可以通过跨国项目团队内部的组织集成管理去实现跨国项目的跨国家和跨组织的全面组织集成管理。

7.2 跨国项目经理的要求和选用

综上可知跨国项目经理是这种项目的管理和组织集成管理中起决定作用的要素，所以跨国项目经理的选聘和使用就成了跨国项目组织管理中最为重要的内容。中国有句话说"将在外君命有所不受"，其原话是"将在军君命有所不受"，指的就是将军在统领军队打仗的时候（相当于项目经理做项目的时候）必须有绝对的指挥权。现代项目管理理论认为项目经理是"项目的王"，即具有管理、指挥和调度项目团队的绝对权威。由此可见，古今中外都认定项目经理（尤其是跨国项目经理）是项目团队的主导和领军人物，即项目经理是项目的组织管理者和项目团队的领导者，这使得跨国项目经理的能力、素质、理念和工作直接关乎跨国项目成败。以下将全面讨论跨国项目经理的角色、职责、能力和素质等方面的要求和使用他们的方法。

7.2.1 跨国项目经理的角色与职责

跨国项目经理的根本角色就是整个跨国项目各方面的主管，其根本职责是带领跨国项目团队按时、优质、低成本地完成跨国项目任务，从而使跨国项目各参与组织与个人都能够对跨国项目的结果满意，所以他所承担着的主要角色和职责包括下列几方面。

1. 跨国项目的领导者和决策人

跨国项目经理是其项目团队的领导者，这是他的首要角色。作为领导者，他既要身先士卒地领着跨国项目团队去工作，又要坐镇指挥跨国项目团队去做好各自的工作。这就要求他在跨国项目全过程中制定各种跨国项目的具体决策，所以跨国项目经理也是跨国项目管理的前线决策者。当然，跨国项目经理只是跨国项目管理中具体事物的决策者，跨国项目业主及跨国项目其他参与组织的高层管理者才是跨国项目最高的决策者。

2. 跨国项目的计划者和分析师

跨国项目经理也是跨国项目各方面具体计划的制订者，或者是跨国项目计划制订工作的主持者。虽然跨国项目会有专门的计划管理人员，但是跨国项目经理是跨国项目具体计划的分析和批准者。所以跨国项目团队的计划人员是在跨国项目经理的领导下编制跨国项目具体计划的，这就要求跨国项目经理必须全面地分析跨国项目计划的可行性和绩效情况，所以跨国项目经理还承担着跨国项目分析师的角色和职责。

3．跨国项目的组织者与合作者

跨国项目经理还是跨国项目的组织者，他需要组织和建设跨国项目团队。这包括确定跨国项目团队的构成、选择和分配成员的角色、计划和安排人员的职责、积极进行管理授权、组织和协调项目团队成员关系等方面的组织工作。同时，他在整个跨国项目管理中还要扮演主导共同合作者的角色，即他不但要主导跨国项目团队成员们之间的合作，还要主导所有的跨国项目参与组织进行合作，更要做好跨国项目团队中出现的纠纷和冲突解决工作。

4．跨国项目的管理控制者和预测者

跨国项目经理还是跨国项目管理中的管理控制者，他要在跨国项目全过程中全面而及时地管理控制跨国项目的各方面的工作。他既要根据跨国项目目标和项目业主与客户等方面的要求与期望去制定跨国项目的控制标准或界限，又要对照管理控制标准它们去度量跨国项目的实际绩效和发现跨国项目出现的各种偏差和问题，并积极组织采取纠偏措施或跨国项目变更。同时，他还需要扮演跨国项目预测者和评价者的角色，他要客观地预测跨国项目及其环境与条件的变化。

5．跨国项目的协调人和促进者

跨国项目经理还必须扮演着跨国项目利益协调人的角色，他不但要协调跨国项目业主/客户及跨国项目各个参与组织之间的关系，还要协调跨国项目参与的组织与个人之间的利益关系。同时，在协调这些跨国项目参与者利益关系的过程中，跨国项目经理还需要努力促进和增加跨国项目新增价值或利益的最大化，努力使跨国项目利益最大化和使跨国项目中利益分配的合理化，以便所有跨国项目参与者都能够从跨国项目中合理获益。

7.2.2　跨国项目经理的技能要求

跨国项目是否成功在很大程度上取决于跨国项目经理的领导能力和管理能力，因此跨国项目经理必须具备保证跨国项目成功所需的各种技能或能力，主要包括如下三个方面的能力或技能。

1．跨国项目经理的概念性技能

所谓概念性技能是指跨国项目经理在遇到各种特殊情况时，能够根据具体情况

做出正确的判断、提出正确的解决方案和做出正确的决策，并合理而全面地解决问题等所需的技能或能力。这项技能要求一个跨国项目经理必须具备如下几个方面的具体能力。

（1）**发现问题的能力**。跨国项目经理必须具备从复杂多变的情况中发现问题的能力，这方面的能力涉及发现问题的敏锐性、准确性和全面性。敏锐性是指跨国项目经理应该能够及时发现问题，准确性是指跨国项目经理要能够十分准确地发现问题及问题原因之所在，全面性是指跨国项目经理要能够完全、彻底地发现问题所涉及的各个方面。

（2）**分析问题的能力**。这是指从复杂多变问题中分析和找出问题的实质与形成原因的能力，包括分析问题的逻辑性、可靠性和透彻性。其中，逻辑性是指跨国项目经理必须能够透彻地分析各类问题的前因后果，可靠性是指跨国项目经理分析结果是基于事实、理论和实际经验的，透彻性是跨国项目经理能够深入透彻地分析问题的实质和原因。

（3）**解决问题的能力**。这种能力涉及三个方面：其一是解决问题的针对性，其二是解决问题的正确性，其三是解决问题的完善性。针对性是指跨国项目经理为解决问题而采取的对策和方法应该是针对性实际问题的，正确性是指跨国项目经理要能够采用正确的方法去解决问题，完善性是指跨国项目经理在解决问题过程中能够周全考虑和集成解决出现的问题。

（4）**制定决策的能力**。这是在复杂情况下做出正确决策的能力，包括收集信息的能力、加工信息的能力和据此制订解决问题方案的能力。收集信息的能力是指他必须具备查阅文献、访谈、问卷和实地考察等收集信息的能力，加工信息的能力是指他要具备跨国项目数据的汇总、分类、整理、统计分析等方面的能力，制订解决问题方案的能力是指他应该具备制订解决各种问题不同方案的能力。

（5）**灵活应变的能力**。跨国项目经理要面对项目环境与条件等方面变化，所以他必须具有这方面能力。这种能力主要表现在两个方面：其一是对于各种跨国项目变更的快速反应能力，其二是灵活运用各种手段进行变更的能力。快速反应能力是指一旦跨国项目发生变化，他能以最快速度做出反应并提出对策，灵活变更能力是指他能够灵活运用各种手段去实施各种应变措施的能力。

2. 跨国项目经理的人际关系能力

这是指跨国项目经理在处理与跨国项目参与者和跨国项目团队成员关系和建立良好人际关系的能力，包括沟通能力、激励能力、交际能力、协调能力等。

（1）**沟通能力**。跨国项目经理必须具备跨国家、跨文化和跨语言的沟通能力，这又分为跨国项目管理和技术方面的沟通能力，即使用管理（报表）和技术的工程语言（图纸）开展沟通的能力；与跨国项目团队成员开展思想和感情方面的沟通能力，即使用自然语言（包括母语和外语）的书面、口头和非语言等方面的沟通能力。

（2）**激励能力**。这包括对他人的激励和自我激励两方面的能力，对他人激励的能力是使跨国项目团队保持旺盛士气并积极进取的能力，自我激励能力是使自己勇于面对和解决跨国项目出现的各种问题。这包括深入了解和正确认识团队成员激励需求的能力（以便投其所好）、正确制定奖惩制度和选用激励手段和方法的能力。最重要的是跨国项目经理要能够根据跨国项目团队和参与组织的不同文化背景去正确选用激励措施的能力。

（3）**交际能力**。由于跨国项目经理要与跨国项目参与组织和管理团队成员合作，所以他还必须具备较高的社会交际能力。这包括与跨国项目业主/客户的交际能力、与跨国项目其他参与者的交际能力、处理跨国项目的跨文化公共关系（包括公关危机）的能力、处理跨国项目团队内部人际关系方面的能力等。这是他能够获得更多的资源和更大的支持去做好跨国项目领导和管理的重要能力，是他领导跨国项目团队去完成跨国项目的重要保障。

（4）**协调能力**。跨国项目经理处在跨国项目各方面的纠纷和冲突的中心，因此他就必须具备处理纠纷和冲突的协调能力。这包括组织开展友好协商的能力（组织出现纠纷和冲突双方开展友好协商）、调停的能力（居中调停纠纷和冲突）、妥协的能力（能以较小牺牲化解纠纷和冲突）、搁置的能力（通过搁置使纠纷和冲突得到冷处理）、激化的能力（促使纠纷或冲突按计划发生转化得以解决）等。

3. 跨国项目经理的专业技能

这是指跨国项目经理处理项目所属专业领域技术问题的能力，如跨国建设项目经理应具备的土建和安装专业的知识与技能，跨国软件开发项目经理应具备的计算机和软件方面的专业知识与技能等。因为每个跨国项目属于一定的专业技术领域，由于在跨国项目管理中"外行领导内行"的办法是行不通的，所以跨国项目经理必须具备项目所属专业领域的专业技术能力。当然，跨国项目经理也不必一定给要是项目所属专业领域中的权威，但是他必须具备跨国项目所需的基本专业知识和技能。例如，一个跨国工程建设项目的经理必须了解土建工程和安装工程的知识和技能，一个跨国投资项目的经理必须了解国际金融和国际投资等方面的事实和技能。由于跨国项目涉及跨越国家，所以跨国项目经理还必须了解所跨越国家的技术标准和技术管理与规范等，只有这样才能够领导好跨国项目的技术工作和技术管理工作。

7.2.3　跨国项目经理的素质要求

跨国项目经理除了要有上述几个方面的主要技能或能力以外，他们还必须具备开展跨国项目管理所需的基本素质。跨国项目经理的基本素质要求主要包括如下几个方面。

1．勇于决策和勇于承担责任的决心

跨国项目经理的管理责任重大，而且跨国项目具有后果不可挽回的根本特性，因此跨国项目经理必须具有承担起跨国项目管理决策责任的素质，必须具有勇于决策和勇于承担责任的觉悟和素质。由于跨国项目环境条件的变化和跨国项目参与组织的要求都会出现变化等原因，在跨国项目全过程中经常会需要做出各种跟踪决策，所以跨国项目经理必须具备勇于决策和勇于承担责任的素质。跨国项目经理在开展跨国项目管理中不能坐等上级的决策和指示（那会耽误时机或遭受损失），而是需要及时拿主意和做决策，所以他需要有勇于决策和勇于承担责任的精神。

2．要有积极进取和大胆创新的精神

因为跨国项目及其管理工作多数情况下是没有现成的经验和办法可以借鉴的，因此跨国项目经理必须在跨国项目全过程中积极大胆地进行创新和探索，这就要求他必须具备积极进取和大胆创新的精神。跨国项目经理不同于日常运营部门的职能经理，他们不能采用保守与教条的程序化和结构化的方法去开展管理，因为跨国项目管理是非程序化、非结构化及复杂化的。因此，跨国项目经理不但需要有积极进取的精神，而且要具有积极创新的精神，更要有鼓励跨国项目团队的成员们共同开展创新的精神和能力。

3．要有实事求是和踏实工作的作风

跨国项目经理的实事求是和踏实工作的作风和素质，是因为跨国项目经理需要勇于决策与承担责任，以及需要积极进取和开展创新决定的，因为这些都要求他们必须具有实事求是和踏实工作的作风。这里的"实事求是的作风"是指跨国项目经理在开展跨国项目管理中必须坚持按照客观规律去开展跨国项目管理的作风，而这里的"踏实工作的作风"是指根据跨国项目实际情况的发展变化脚踏实地地刻苦努力的作风。即使是对跨国项目参与者和自己的上级提出的要求，跨国项目经理也要实事求是而决不能唯命是从，更不能违背客观规律办事。

4．要有任劳任怨和积极肯干的素质

跨国项目经理的主要工作是带领跨国项目团队和开展跨国项目的指挥与管理，这就要求他们必须具有能够吃苦耐劳、任劳任怨、身先士卒和积极肯干的素质。因为在跨国项目全管理过程中会有许多需要解决的纠纷和冲突，人们也会对跨国项目经理有各种各样的抱怨和意见，如果跨国项目经理没有任劳任怨和积极肯干的基本素质，他们就无法做好跨国项目管理工作。甚至如果跨国项目经理总是不断抱怨就会造成跨国项目团队的士气低落，而如果跨国项目经理消极怠工，那么跨国项目绩效就会下降且跨国项目目标就无法实现。

5．要有很强的自信心和使命感

跨国项目经理的另一个重要的素质是要有很强的自信心和使命感，因为跨国项目团队多数时间是在跨国项目经理的独立领导下开展工作的，很少有上级或组织的高管人员可以依靠，所以跨国项目经理在许多时候只能依据自己的信息、经验和判断去进行决策和指挥，在这种环境下跨国项目经理如果没有很强的自信心和使命感，就会犹豫不决和贻误时机，从而耽误跨国项目管理工作。因此，跨国项目经理不但需要有很强的自信心去相信自己的经验和判断，而且需要有很强的使命感去做好决策和领导工作。

7.3　跨国项目团队的建设与开发

跨国项目的组织管理十分强调跨国项目团队的建设和开发，所以这就使得这种团队的建设与开发成为跨国项目组织管理中一项十分重要的内容，本节将全面讨论这方面的内容。

7.3.1　跨国项目团队的定义与特性

跨国项目组织管理中有关跨国项目团队的概念十分独特，所以首先是应该对于跨国项目团队的定义和特性进行全面讨论。

1．跨国项目团队的定义

跨国项目团队是由一组个体成员为实现一个具体项目的目标而组建的协同工作队伍，这种团队成员是根据跨国项目的需要，涉及跨国项目不同参与方的人员组成的。跨国项目团队的根本使命是实现具体跨国项目的目标和完成具体跨国项目所确定的各项任务，所以跨国项目团队是一种临时性的组织，一旦跨国项目完成或者终止，跨国项目团队的使命即告完成或终止。

这一定义给出了跨国项目团队的根本特性，这就是协同工作的队伍，也给出了跨国项目团队的其他特性的说明。这些由于跨国项目团队的使命和任务带来的特性，具体分述如下。

2．跨国项目团队的特性

根据上述跨国项目团队的定义可知，这种团队主要具有如下几个特性。

（1）**目的性**。建设和开发跨国项目团队的根本目的就是完成一个具体跨国项目，并实现既定的具体跨国项目的目标。因此，这种团队具有很高的目的性，它只承担与既定项目目标有关的工作或任务，而不承担（也不应该承担）与既定跨国项目目标无关的工作和任务。

（2）**临时性**。跨国项目团队在完成跨国项目后，其使命即告终结而团队也得以解散，在出现跨国项目中止的情况时，跨国项目团队也会临时性解散或是暂停工作，而当中止的跨国项目重新开始后，跨国项目团队才会重新开展工作。

（3）**团队性**。跨国项目团队是按照协同工作的团队模式建设、开发和开展工作的，这种团队性要求跨国项目团队注重和强调团队精神与团队合作，他们以这种团队精神与团队合作作为跨国项目成功的基本保障。

（4）**开放性**。这是指跨国项目团队成员在跨国项目全过程中人员是有进有出的，这是要根据跨国项目需要去做好成员的进出管理。这种特性使得跨国项目团队成员的数量和人选会随着跨国项目的展开而不断调整，包括人数和专业两方面的调整。

（5）**双重领导特性**。这是跨国项目团队最重要的特性，因为这种跨组织成员构成的项目团队成员既需要受他们所代表跨国项目参与方的领导和管理，又要受跨国项目经理的领导和管理。这种特性是跨国项目团队管理难度高，甚至会出现纠纷和冲突的根本原因。

（6）**管理性**。这是指跨国项目团队与其他项目团队不同的地方，这种团队不是跨国项目业主、承包商或某一方面的项目实施团队，而是跨国项目全过程的管理团队。所以，这种团队的成员需要包括跨国项目主要参与组织的人作为成员以开展好跨国项目管理。

另外，由于跨国项目会利用各种虚拟手段去吸收某些人成为虚拟的跨国项目团队成员，这些虚拟的团队成员具有更高的分散性，所以要求有更高的管理和控制方法。

7.3.2 跨国项目团队的组建过程管理

根据美国教授塔克曼（B.W. Tuckman）提出的团队发展五阶段模型可知，任何团队的建设和发展都需要经历形成阶段、震荡阶段、规范阶段、成熟阶段（也叫辉煌阶段）和终结阶段。这些阶段依次展开形成了一个团队从创建到取得辉煌的过程。跨国项目团队也不例外，它的创建与发展同样要经历这五个阶段。这种跨国项目团队创建与发展的过程模型如图 7-6 所示。

图 7-6 跨国项目团队的创建与发展阶段示意图

由图 7-6 可知，跨国项目团队建设和发展有五个阶段，其中每个阶段的管理内容分述如下。

1．形成阶段的管理

跨国项目团队的形成阶段是这种团队的初创和组建阶段，在此阶段中一组跨国和跨组织的人员形成了跨国项目团队。这些团队成员是从跨国项目参与组织中或其他组织中获得的，他们共同组成一个管理和实施跨国项目的团队。在这个阶段，团队成员因为由个体而归属于一个团队，所以归属感的满足会使他们具有积极向上的愿望，以及急于开始工作以展示自己的冲动，但此时他们对自己和伙伴的职责、角色和关系等方面还一片茫然，所以他们需要有一个适应新的团队环境和建立成员人际关系的机会，因此在这一阶段中最重要的管理是要为团队成员们明确方向、目标和任务，确定职责和角色。同时，在这一阶段中应该做好他们的期望管理，防止团队成员期望过高而出现失望和冲突，这是跨国项目团队奠基性的管理工作。

2．震荡阶段的管理

这是跨国项目团队发展的第二阶段，此时团队成员开始按分工进行合作，人们着手熟悉自己的角色和完成自己的任务。但在这一阶段中会有一些团队成员会发现和遇到各种各样的问题，而有些团队成员会发现实际与当初设想和自己的期望不一致，甚至有些团队成员会发现团队的人际关系存在许多矛盾和问题。这些问题就导致了跨国项目团队中开始发生矛盾、冲突和纠纷，团队某些成员甚至会不接受跨国项目经理的指挥或命令，结果跨国项目团队就进入了震荡阶段。此时的管理主要是应对和解决跨国项目团队中所出现的各种问题、冲突和纠纷，容忍某些不满和积极解决冲突，以及消除团队中的各种震荡因素，最终走出这种团队的震荡阶段。另外，在这一阶段中，跨国项目经理有必要邀请跨国项目团队的成员积极参与解决问题，以及共同做出相关决策，以减少和消除利益冲突而导致的团队震荡。

3．规范阶段的管理

在经受了震荡阶段的考验后，跨国项目团队就进入了行为规范阶段。此时，跨国项目团队成员之间的关系已经理顺和确立，主要矛盾已得到了解决，团队成员个人的期望也得到了调适，所以他们的不满情绪大大减少。同时，跨国项目团队的凝聚力开始形成，全体成员获得了归属感和集体感，人们觉得自己已成为团队的一部分。此时跨国项目团队成员的情绪特点是信任、合作、忠诚、友谊和满意。随着团队成员之间相互信任关系的建立，他们会交流信息、观点和情感，使得团队的合作意识增强，合作代替了前一阶段的矛盾、冲突和纠纷。在这一阶段中，跨国项目团队最重要的组织管理就是规范跨国项目团队的行为，制定团队及其成员的行为规范和职业道德规章，并且宣传和贯彻这些东西以规范团队成员的行为，从而为跨国项目团队进入成熟阶段而奠定基础和条件。

4．成熟阶段的管理

这是跨国项目团队不断取得成就的阶段（所以也叫辉煌阶段），此时团队成员们积极工作，努力为实现跨国项目目标做出贡献。这一阶段中跨国项目团队成员间的关系更为融洽、团队的工作绩效更高、团队成员的集体感和荣誉感更强，跨国项目团队全体成员能开放地、坦诚地、及时地交换信息、思想和开展工作。在这一阶段中，跨国项目团队成员间相互依赖程度提高，项目经理给跨国项目团队成员的授权增多，因此团队成员有了很高的满意度。这一阶段跨国项目团队成员的情绪特点是，开放、坦诚、依赖、团队的集体感和荣誉感。这一阶段的管理更多的是团队成员的自我管理和自我激励，此时跨国项目经理应该以帮助者的角度入手去使每个团队成员能够完成各自的任务和目标。虽然任何团队都希望从一开始就直接进入成熟阶段，但是没有一个团队可以跨越前三个阶段而直接进入成熟阶段，不过跨国项目团队可以通过努力缩短前三个阶段的时长，而尽快进入成熟阶段去取得辉煌的水平和程度。

5．终结阶段的管理

这是跨国项目团队全过程的最后阶段，此时跨国项目任务已经完成或部分完成（在出现跨国项目中止的情况），团队成员逐步退出跨国项目团队，并且跨国项目团队成员间的工作关系得以终结。此时跨国项目团队成员的成就感很强，他们之间的关系十分融洽、友好。虽然这一阶段相对比较短暂，但是此时跨国项目团队成员间依依不舍并伴有高兴与激动（大家分手造成的）。这一阶段的组织管理最重要的是两个方面：其一是做好整个跨国项目管理的归纳总结和文档化管理，以便人们不仅可以吃一堑长一智，而且可以使这个跨国项目有据可查；其二是做好每个人的表现评价和组织解构方面的管理，不埋没团队成员的"丰功伟绩"，且使团队成员能够顺利地转移到其他岗位或单位（包括回到跨国项目参与方的原组织），从而实现跨国项目团队有始有终的全过程管理。

综上所述，跨国项目团队建设是一个完整的五阶段过程，在这个过程中人们只有在各个阶段开展好相应的管理，才能够建设出一支好的跨国项目团队。

7.3.3　跨国项目团队的开发

任何团队或个人的绩效取决于他们的能力与激励的乘积，具体如式（7-1）所示。其中个人的能力（A）可以靠培训而得以提高，而个人的激励（M）有正反两方面的措施去激发人们做出有绩效的结果。

$$P(绩效) = A(能力) \times M(激励) \tag{7-1}$$

由此可知，跨国项目团队的开发涉及两方面工作：其一是跨国项目团队成员的培训，其二是跨国项目团队成员的激励。这种培训多数是针对跨国项目较具体需要的技能和能力所开展的专门培训，以针对性地开发跨国项目团队成员开展项目具体工作的能力。而这种激励包括正强化的奖励性激励（以便使团队成员做出更大的绩效）和负强化的惩罚性激励（可以使团队成员减少负面绩效）。

1. 跨国项目团队成员培训的作用

跨国项目团队成员培训的作用，就是给跨国项目团队成员传授跨国项目工作所需的技能和如何在跨越国家、组织和文化等环境和条件下去开展跨国项目的工作。这种培训包含跨国项目所需的技能培训和人员合作素质培训两方面，跨国项目团队成员培训工作的作用有以下几个方面。

（1）提高跨国项目团队的合作素质。通过对于跨国项目团队成员的培训，可使他们的合作意识和素质得到加强，从而使跨国项目团队的集体能力有所提高，以便在跨国项目工作中使整个团队能够具有更好的工作绩效。对于跨国项目团队而言，这种合作意识和素质有很大一个方面是如何在异国他乡和跨组织与跨文化的环境与条件下，更好地实现团队成员之间的相互理解和分工合作，所以这种合作意识和素质方面的培训有很大一部分是关于跨国项目投资国和东道国的环境与条件方面的学习和熟悉，包括如何同当地人民和政府打交道的技能培训。

（2）**提高跨国项目团队工作技能。**通过这种对于跨国项目团队成员的培训，可使跨国项目团队的工作技能和专业技术等各方面水平都能得到提高，正如式（7-1）所描述的那样，这会使跨国项目团队成员每个人的工作绩效都得到提高，从而会使整个跨国项目团队创造出更高的工作绩效。特别需要指出的是，这种培训是针对跨国项目需要的技能而安排的培训，是根据团队成员实际所需技能安排的培训，所以这种培训有时也被称作"教练"，以突出其针对性和"单兵教练"的具体做法和含义。

（3）**提高跨国项目团队成员工作满意度。**通过对于跨国项目团队成员的各方面培训，可大大提高跨国项目团队成员对团队和项目工作的满意度并降低跨国项目团队的人员流失率。成功的这种培训能够提升团队成员的知识、技能和素质，这不但会使他们对自己的工作具有自信心，而且会大大调动他们的主动性与积极性，尤其是对于东道国参与跨国项目团队的成员，这方面的作用和意义更为突出。

2．跨国项目团队成员培训的形式

这种培训不但内容不同而且形式和方法也不同。这种培训从时间上说都是短期培训，而这种培训主要形式有两种：工作前的培训和工作中的培训。

（1）**工作前的培训。**由于跨国项目团队的工作涉及跨国、跨组织和跨文化等跨越特性，所以这种团队成员会面临全新的工作环境与条件，为了面对这种全新的环境与条件他们就需要开展工作前的培训。同时，他们首要开展的具体跨国项目也是全新的任务和工作，所以他们也需要在开展工作前进行培训。例如，投资国的人员到东道国开展跨国项目就必须在工作前接受必要的关于东道国当地环境与条件的信息，以及如何在当地开展他们所面临的独特性跨国项目工作等方面的内容的培训。这种培训的针对性强、方式灵活多样、内容有针对性，易于组织且见效快，所以在跨国项目团队培训中这是必需的和被广泛采用的。

（2）**工作中的培训。**这种培训以跨国项目具体工作的实际需要为出发点，针对参与具体工作的团队成员进行的短期培训。这是一种关于跨国项目所涉及的专门技术能力或管理能力的培训，这是跨国项目团队成员在开展某些独特性项目任务的过程中所开展的一种为完成任务所需要的培训，并且是一种在"干中学"的培训，即跨国项目组织和采用的在跨国工作中在工作现场的边培训、边提高、边工作的"教练"式的培训。例如，当跨国项目在东道国所开展的项目实施工作中遇到不熟悉或不会在当地环境中开展某种跨国项目工作的时候,跨国项目经理就可以想法聘请一位熟悉这方面的当地专家作为"教练",然后培训跨国项目团队成员相关的技巧和工作能力。

3. 跨国项目团队的激励与开发

任何团队或个人的激励取决于激励措施的效用和人们获得激励的可能性,具体如式(7-2)所示。其中,激励措施的效用(U)会因人而异,不同的激励措施对于不同的人具有完全不同的效用;而人们获得激励的可能性(P)越大则激励措施的效用就越显著,反之当人们获得激励的可能性很小时激励措施是没有效用的。

$$M(激励)=U(效用) \times P(可能性) \tag{7-2}$$

由此可知,跨国项目团队的激励涉及两方面的要素:其一是要能够找到针对每个跨国项目团队成员有效用的激励措施,其二是要努力创造条件使得跨国项目团队成员有可能通过努力而获得这些激励措施。需要特别说明的是,跨国项目团队成员的激励措施多数都是短期性的或一次性的,因为这种激励措施的效用只是促使团队成员去完成跨国项目的某项具体工作和其所负责的项目任务。当然,这种激励包括正强化和负强化两方面的激励措施和两方面的作用效果。

(1)**跨国项目团队激励措施的效用**。跨国项目团队成员激励就是给跨国项目团队成员的奖励或惩罚,奖励性的激励措施的效用就是激发团队成员的主观能动性去做好跨国项目工作,惩罚性的激励措施就是要限制团队成员的不良行为或错误以便减少跨国项目工作中的问题和失误。对于奖励性的激励措施要想具有最大的效用就需要"投其所好",即努力找到对于具体团队成员正强化效用最大的激励措施。对于惩罚性的激励措施要想具有最大的效用就需要"投其所恶",即努力找到对于具体团队成员负强化效用最大的激励措施。对于激励措施的效用需注意下述几个方面。

1)**激励措施的效用会因人而异**。由于每个人各自都有不同的价值观和不同的需求,俗话说的"萝卜青菜各有所爱"就是这个意思,这就会导致不同的激励措施对于不同的人会有不同的效用,或效用的大小会有所不同。例如,有人喜欢钱财,有人喜欢旅游,有人喜欢运动,有人喜欢美食。这就要求针对跨国项目团队成员的激励措施必须因人而异,至少针对不同价值观的人选用不同的激励措施,只有有针对性的激励措施才会对跨国项目团队成员具有激励效果,才会对跨国项目团队开发有意义,才会对于跨国项目绩效有贡献和实际作用。

2)**激励措施效用的边际递减特性**。这种根据跨国项目团队成员效用所选择的激励措施并非每次效用都是相同的，因为激励措施效用具有边际递减的特性，即随着同一种激励措施的多次使用，后面激励效用会比前面激励效用低。例如，表扬是一种精神激励措施，但是同一件事情领导做出的第一次表扬效用最高，后面继续表扬同一件事情其效用就会降低。同样，奖金或实物是一种物质奖励，但是同一件事情第一次奖励一台汽车对于急需汽车的团队成员的效用最高，但是如果后面为奖励同一件事情再奖励同样的汽车其效用也会大大降低。

（2）跨国项目团队成员激励措施的可得性。如果人们经过努力而得到这种激励措施的可能性等于零，再好的激励措施其激励效果也等于零。所以，跨国项目团队成员激励措施的可得性是跨国项目激励作用的根本要素之一，如何创造条件使得跨国项目团队成员有可能得到激励措施，就成为跨国项目团队开发的重要因素和措施。这需要注意下述两个方面的安排和工作。

1）得到激励措施的条件或门槛必须设置合理。跨国项目团队成员要想获得激励措施就必须优秀到一定程度，即他们的工作成果或绩效必须达到一定的条件或门槛。这就要求人们必须科学合理地设置这种条件或门槛，因为过高的条件或门槛会使团队成员获得激励措施的可能性降低，而使得激励措施无法起到开发项目团队和提升项目绩效的作用，但是过低的条件或门槛又会使激励措施的效用本身大为降低。例如，无人可及的激励措施获得条件或门槛，会使得激励措施的作用等于零，而团队绩效的提升也等于零[见式（7-1）]；反之人人都可以得到的激励措施的条件或门槛，那就不是激励措施而是大家都应该得到的工资或福利了。

2）需要为团队成员创造获得激励措施的条件。跨国项目的组织管理必须为积极努力的团队成员能够获得激励措施去提供必要的帮助而创造他们获得激励措施的条件，因为当人们接近于具备获得激励措施的条件或门槛的时候，激励措施所能够带来的激励作用和对绩效促进是最大的。但是在实际中，管理者有一种倾向就是不愿意让人们能够达到规定的条件或门槛从而获得激励措施，因为他们认为激励措施是要花费企业或组织成本的。这是十分错误的。实际上激励措施所能够获得的团队开发效果和团队绩效的增加大大超过了其成本，所以管理者要想开发跨国项目团队和提高团队的绩效就应该积极创造条件，使那些为获得激励措施不断努力的人能够"心想事成"，从而使跨国项目团队能够取得更大的工作绩效。

第8章

| 跨国项目团队的能力管理

云南大学　尤获

如前所述，跨国项目管理对于任何人和团队来说都是极具挑战性的。因为任何项目的管理都是"管人成事"，而跨国项目管理的"人"是跨国项目团队中的各种不同的人，并且只有管理好了跨国项目团队的"人"，才能成就跨国项目的"事"。由于跨国项目团队管理中最重要的就是这种团队的能力管理，所以本章将从跨组织管理的角度去讨论跨国项目团队能力的定义、跨国项目团队的个人能力要求、跨国项目团队的沟通能力要求、协作能力要求和风险管理能力要求等方面对跨国项目团队的管理能力要求及其提升方法。

8.1　跨国项目团队能力概述

跨国项目是由多个来自不同国家和不同文化背景的成员所组成的跨文化和跨国组织团队，当这种跨国项目团队的成员一起共事时，彼此间由于存在的文化差异会导致的冲突和纠纷。同时，跨国项目外部环境的发展变化，也会给团队带来挑战，这会进一步增加跨国项目团队内部和外部的管理难度和复杂性。由于这两方面原因，跨国项目团队就需要具有更多和更高的能力，以下首先对跨国项目团队能力给出定义，并详细讨论这种能力的形成与结构。

8.1.1 跨国项目团队及其能力的定义

跨国项目团队是指由跨国项目参与各方为完成项目目标所组建的团队，该团队是负责跨国项目所有实施和管理工作的一种团队性的组织。鉴于跨国项目的复杂性及跨组织、跨文化和跨语言等特性，这种团队可以按照跨国项目内容划分为多个跨国项目管理小组，分别来负责不同专业领域或不同国家地域中的跨国项目某个部分的管理工作。

关于跨国项目团队的定义，首先涉及团队的定义。所谓团队就是一个按照一定规则组成的组织，其中的团队成员之间相互作用相互依赖，大家为完成既定目标而构成一个群体。跨国项目团队则是为了完成特定跨国项目任务或活动和实现组织既定目标的一种临时性组织，这种组织的作用就将项目所需资源通过转化形成跨国项目的产出物。因此，跨国项目团队最重要的能力就是有效利用资源和完成跨国项目任务的能力。

由此可知，跨国项目团队就是由具有跨国家、跨组织、跨文化、跨语言、跨地域和跨体系的独特人群组成的一种项目团队，这种团队利用自己获取和配置与控制各类资源的能力（包括信息资源、人力资源和物力与劳力资源），从而达成或超越跨国项目既定目标的一种临时性的组织。

由于跨国项目跨越众多边界或界限所具有的众多独特性，对于跨国项目团队的管理能力提出了更高的要求。这种管理能力的要求有以下几方面。

1. 综合性

由于跨国项目团队成员来自不同国家和地区，加之教育背景和工作经历不同，每个个体所具备的管理能力将有很大差异，因此想要使这种团队能力能够满足项目目标实现的要求，就必须对所有个人能力进行配置和综合。同时，由于跨国项目所需的资源来源和种类十分复杂，因此获取和利用资源的能力要求也是多方面的，这就要求跨国项目了团队的能力能够适应跨国项目各种条件下的实施和管理工作，即具有一种综合性管理和控制各方面情况的能力。

2. 动态性

这是指跨国项目团队的能力必须是一种能够不断适应环境和条件变化的能力，这主要由两方面因素造成：其一是由于跨国项目实施和运行过程中会面对项目内外部环境的发展变化，这将会给跨国项目带来诸多不确定性和发展变化，而跨国项目团队为了确保跨国项目目标的实现就必须根据发展变化调整管理工作的内容与方法;其二是由于在跨国项目管理过程中需要在不同跨国项目阶段会有来自不同专业的人员参与,因此跨国项目团队的人员构成也会变化,这也会使得跨国项目团队能力具有动态性。

3. 创新性

由于跨国项目的独特性,而要求这种项目的管理必须具有创新性,跨国项目团队不能完全依靠已有的经验和知识去管理一个独特的全新跨国项目。因此,这就需要开展跨国项目团队及其成员进行各种管理方面的创新性探索和尝试,所以需要跨国项目团队的能力具有创新性。另外,跨国项目团队的成员来源不同,要让这些人能够"拧成一条绳"就必须根据每个人特点来设计组织结构和协作机制,因此跨国项目团队本身的管理也需要开展创新。特别是在开展跨国项目实施和运行过程中,由于项目条件和环境不断发展变化,这就更要求跨国项目团队要针对全新的环境与条件去开展管理方面的创新。

综上所述,跨国项目团队必须具有综合性、动态性和创新性管理能力的特色,这是实现跨国项目既定目标的根本保证,而这就要求跨国项目团队成员的构成和配置必须满足跨国项目团队具备这些能力的要求。

8.1.2 跨国项目团队能力的形成

基于上述对跨国项目团队能力定义的阐述,可以看出这种团队能力是以其成员个人能力为基础的一种组织配置和集成的能力。所以,这种团队能力的获得并不是个人能力的简单加总,而是需要根据跨国项目目标对个人能力进行配置和整合。这种配置和集成的过程包括两个阶段,首先是对个人能力的整合,其次是团队能力的整合,具体如图 8-1 所示。

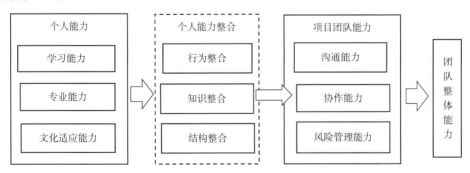

图 8-1 跨国项目团队综合能力形成路径示意图

如图 8-1 所示，在跨国项目团队的能力形成过程中，首先是需要实现对这种团队中的个人能力进行配置和整合，从而形成了这种团队的各个专业或专门领域的分组能力，然后需要进一步开展对于这些专项能力的全面整合，最终形成跨国项目团队的整体能力。

其中，对于跨国项目团队成员的个人能力来说，主要是学习能力、专业能力和文化适应能力。其中，学习能力是指他们能够依据跨国项目目标和工作需求，不断获取相关的知识与信息并提高素质和能力；专业能力是指他们需要具备的与工作相匹配的专业知识和技能、工作方法与专业素养；文化适应能力则是指他们能够迅速识别其文化氛围并融入其中去顺利开展工作的能力。

在对上述跨国项目团队成员个人能力的整合过程中，主要有行为整合、知识整合和结构整合三个方面。其中，行为整合是指对所有跨国项目团队成员的个人行为进行统一、规范和优化，从而形成适应项目环境的团队行为惯例；知识整合是指对成员个人所具有的知识（包括隐性知识和显性知识）进行筛选、聚合、利用，以形成支撑跨国项目工作完成的知识结构；结构整合则是指对跨国项目团队成员个人的人际关系结构和跨国项目团队的组织结构进行整合，以形成与跨国项目实施和运行相匹配的能力结构。

通过上述三方面的整合，跨国项目团队将会分别获得制度、技术与信息、组织三方面的能力。进一步来说，这三方面能力的核心便是沟通能力、协作能力与风险管理能力。首先，对于跨国项目来说，碍于地域和文化上的差异，跨国项目团队成员无法在同一地点获得完全一样的跨国项目信息（有语言和文化障碍），这就需要靠跨国项目团队成员更多地沟通去获得足够的信息，而沟通能力就成了这方面的支撑能力。其次，由于跨国项目团队成员有着不同文化背景和不同的工作方式及行为差异，加之工作地点和时间的阻隔与差异，跨国项目分工合作是管理的核心任务之一，所以协作能力就成了跨国项目团队所需的一种关键能力。最后，由于跨国项目内外部环境的复杂性和风险性很高，因此跨国项目团队就必须有良好的风险管理能力作为跨国项目成功的保障。

总之，跨国项目团队能力是通过对成员的行为、知识和结构三方面能力的整合而形成的项目团队的沟通能力、协作能力和风险管理能力。

8.1.3 跨国项目团队能力的作用机制

如上所述，跨国项目团队的能力是一种开展资源和力配置与完成项目工作的综合性能力。如果将跨国项目视为一个系统，那么这种跨国项目团队的能力会从不同方面将跨国项目这个系统的外部信息和资源转化为跨国项目内部的构成要素，其具体内容如图 8-2 所示。

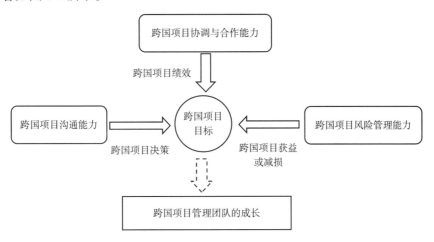

图 8-2 跨国项目团队能力作用机制示意图

如图 8-2 所示，跨国项目团队的能力包括沟通能力、协调与合作能力和风险管理能力三个部分，它们分别从获取跨国项目信息、管理跨国项目活动和扩大跨国项目获益三方面来确保跨国项目目标的实现。同时，在跨国项目的目标实现过程中，跨国项目团队也将获得不断地成长，其能力也将不断地有所提高。以下将对这些能力和相关的作用机制进行分别说明。

1. 沟通能力

这是跨国项目团队必备的核心能力，因为这种能力是确保跨国项目内外部信息能够充分、准确且及时地传递，并为跨国项目决策提供支撑的核心能力。相比于一般项目，跨国项目团队更需要具备跨文化沟通的能力，以便能够实现跨语言、跨时区、跨文化和跨空间开展沟通的能力。由于跨国项目的信息资源分散在不同的时空之中，且随着跨国项目的实施会不断涌现新的信息，因此这种沟通能力对于跨国项目的成功就显得十分重要。首先，这要求要有跨文化和跨时空的信息动态收集能力。进而，这需要有能够对信息进行筛选和去伪存真的信息处理能力。同时，还要有确保跨国项目参与者能够及时接收到跨国项目状况信息传递的能力。

2. 协调与合作能力

协调与合作是跨国项目团队利用内外部资源，以及获得跨国项目所跨越的组织和部门及个人之间的协调与配合，从而完成跨国项目工作并产出跨国项目产出物的一种工作内容。由于跨国项目的工作分散在不同地区、组织和国家之中，且跨国项目团队成员来自不同国家或具有不同的文化和教育背景，因此这种跨文化和跨组织的协作要求团队成员要能够克服文化和组织的障碍与其他成员一起协同工作，并且要求跨国项目团队的组织能够建立起跨文化和跨组织协调与配合的制度和管理办法。因为要实现这种协作，就不但要求跨国项目团队成员具有认知异国文化的能力，以及调整自身与他人合作方式的能力，同时也要求跨国项目团队整体上要从协作氛围、合作机制、工作信息平台等多方面去提升团队整体的协作能力。

3. 风险管理能力

对于跨国项目团队来说，跨国项目风险管理能力是确保跨国项目获益或减损的核心能力，这种核心能力是跨国项目团队对项目风险情况进行全面的识别和度量，并且根据跨国项目风险状况做好项目风险应对与监控工作的能力。由于跨国项目的风险管理需要对分散于不同时空和组织中的跨国项目的风险进行识别和度量，以及监控和采取应对措施，因此跨国项目风险管理工作的复杂度更高，这对跨国项目团队的风险管理能力就有更高的要求。

上述三方面能力对于跨国项目的成功有着不同作用，它们都是为更好地利用项目资源并实现项目目标服务的，因此这者缺一不可。其中，沟通能力可以使得跨国项目信息资源能够被合理利用并且使其他资源的信息得到及时传递，协调与合作能力可以使得跨国项目人力和物力资源能够根据跨国项目工作需要而得到充足合理的分配，风险管理能力则可实现对于影响跨国项目资源获得、配置和合理利用的影响因素进行有效管理以确保跨国项目目标的实现。

8.2 跨国项目团队成员个人的能力要求

个人能力是团队能力形成的基础，个人能力的类型和大小决定了团队能力的高低。对于跨国项目来说，它有不同于一般项目团队对成员个人能力要求，它不仅要求成员们要有较强的学习能力和专业能力，同时要求成员们有较强的文化适应能力，具体讨论如下。

8.2.1 个人学习能力

这是指个人不断获取知识、改善行为、提升素质，以在不断变化的环境中使自己保持良好的生存和发展的能力。对于跨国项目团队的成员来说，学习能力不仅是一种个人提升的能力，更多的是服务于跨国项目团队活动的开展和实现跨国项目目标的需要。这种能力可以被定义为是跨国项目团队成员个人，依据跨国项目目标和项目工作的需求，不断获取与个人工作相关的知识与信息、改善行为、提高素质，以在跨国项目实施过程中保持工作效率和产出工作成果的能力，这主要包括知识获取能力、知识应用能力和行为调整能力三个方面，其具体内容如下。

1. 知识获取能力

学习的本质在于通过获取知识来改进自己，以便实现自我能力的提升，因此知识获取能力是学习能力的重要部分。对于跨国项目团队的成员来说，知识获取的渠道既包括跨国项目外部的信息资源，也包括跨国项目内部团队成员之间的知识分享。在当下信息爆炸的现实情况中，知识获取能力既包括对知识的发现能力，也包括对知识的选择能力。其中，发现能力是指必须要能够通过最可靠、最具效力的渠道去发现自己所需要的知识并且及时获取和存储知识，而选择能力则是指能根据跨国项目需要选择可靠、可信和有用的知识进行学习。

2. 知识应用能力

在获取了相应知识后，人们还需要将知识应用到具体工作中去，因此知识应用能力是学习能力的第二项重要的分能力。由于跨国项目团队成员在文化、教育程度、工作经验等方面具有较大差异，再加上人们具备同样知识却可能有不同的知识应用能力，所以知识应用能力就成为每个人成败的关键。在知识运用能力中，知识的理解能力和再加工能力决定着是否能够用自己的知识去解决工作中的具体问题。知识理解能力帮助分析和了解自己的知识是否适用于某项工作，再加工能力是对知识进行重新组织并用于开展具体的跨国项目的工作。

3. 行为调整能力

人们具有了上述两种学习能力并不代表就一定能够取得成功，因为还需要有涉及学习能力的第三项关键能力，即人们的行为调整能力。这就是根据跨国项目工作的需要，去改变自身的习惯与做法的能力。这种能力听上去似乎并不难实现，但在现实中，特别是在跨国项目团队这种跨文化的群体中，虽然大家对知识的应用能够达成共识，但是在每个人都有自身固有的习惯与习俗的情况下，这种行为调整能力就显得尤为重要了。因为跨国项目管理要求跨国团队成员能够及时进行变通，在不激发矛盾的前提下调整自身的行为。

8.2.2　个人专业能力

对于每一个跨国项目来说，其项目实施和运行的时间都是有限的。因此跨国项目团队的成员必须具备一定的专业能力，而鉴于跨国项目在跨文化、跨国家、跨语言、跨组织等方面的特点，跨国项目团队成员的个人专业能力应包括以下几方面。

1．跨国项目的管理能力

跨国项目和其他项目一样，面临对跨国项目目标要素、资源要素和风险等要素的专项管理工作，以及跨国项目集成管理的任务。因此，跨国项目团队成员个人就必须具备开展跨国项目管理所需的专业知识，并擅长于跨国项目某方面或某种项目要素的管理。例如，能够按照要求完成某项管理工作，并能够及时发现管理中出现的偏差和提供客观合理的解释和采取纠偏措施等。与此同时，跨国项目团队中的成员还必须有某种管理专业的能力或专长，并能够使用自己具备的技术专业专长去独立完成所负责的跨国项目具体工作（如成本管理能力）。

2．工具与技术应用能力

对于跨国项目来说，不论是管理流程还是管理内容都必须充分考虑时空相隔和文化差异所带来的阻碍因素，这就需要团队成员能够使用很多专业工具和技术（如通信和沟通的网络工具和技术）来开展跨国项目管理工作，因此团队成员个人要有能够熟练应用这些技术和工具的能力。对于曾经在不同国家或其他跨国工作的人来说，他们实际已经掌握的某些工具与技术的操作方法，能够就选择和使用相应的工具和技术方法而给跨国项目工作带来便利和好处。

3．经验分享能力

俗话说 "三个臭皮匠，顶个诸葛亮"，在跨国项目管理中，有很多具体工作需要依靠人们的经验和判断来完成，所以经验分享能力就显得十分重要。这不仅对跨国项目工作十分重要，对于跨国项目团队建设也意义重大。这种经验分享的能力要求人们要能够选择最适合的内容、渠道、时机进行清晰、完整、及时的分享表述，并且还要对他人经验进行无歧视的倾听，不以权利、人种、国籍等问题拒绝或随意批评他人的经验，同时积极吸收和转化，以便在经验分享过程中能够有效增长自身的经验和提高自己的能力。

8.2.3　文化适应能力

对于跨国项目团队来说，由于成员属于不同文化背景和国家和组织，他们的行为方式和信息的表达方式及态度，特别是他们的价值观存在着明显的差异，因此他们要合作就必须具备文化适应能力。这种能力是指对文化差异的认知、识别文化氛围并融入陌生文化的能力。这种能力并不是对其他文化的全盘接受，而是能够认识它与自身文化的差异，并且积极采取行动使之不成为阻碍跨国项目工作的因素。具体来看，文化适应能力包括以下几个方面。

1．文化差异认知能力

这是文化适应能力的首要构成要素，这种能力要求跨国项目团队成员能够运用自身的感知能力和分析能力来认识跨国项目团队中的不同文化及其差异。这种能力与跨国项目团队成员的自我意识、个人价值观、观察能力、分析能力相关。这种能力能够帮助成员快速发现跨国项目团队中不同文化的特征。这不仅包括看到不同文化下人们的行为、态度、办事风格，还包括找到如何与这些人共事，避免冲突和纠纷。这种能力并非与生俱来的，它是随着跨国工作经验的积累而得到提升的，因此已有跨国项目管理经验的成员的这种认知能力会更好一些。

2．文化适应的动力

人们对于已经认识到的各国项目团队成员之间的文化差异，并不是都会采取积极主动的态度去努力适应，并且据此调整自己的行为方式。有些人会采取消极被动态度，他们往往不能很好地融入多元的文化氛围中，这就是文化适应动力不足的表现。文化适应的动力是一个人融入多元文化中去的愿望和驱动力，它与个人的自信程度、对他人价值观的接受程度、对工作的热情、接受挑战的勇气等方面有密切关系。此外，它也与跨国项目团队氛围、激励机制、团队成员工作合作深度等有关，因此这种动力的获得和增加需要靠个人素养的提高和跨国项目团队管理机制的改进来实现。

3．适应文化差异的能力

另外，文化适应能力还包括适应文化差异的能力（求同存异的能力），因为如果人们仅有认知和愿望，还是无法实现对文化差异的真正适应。这种能力既包括自身行为的调整能力，也包括向他人传递自己认知结果的能力。其中，自身行为的调整能力包括根据自己的认知情况去模仿他人行为，改变自己的生活与工作习惯和言谈举止，等等。这些改变将让其他的跨国项目团队成员感受到对自身文化的尊重，让人们在工作中的沟通更为顺畅。向他人传递自己认知结果的能力则相当于一种知识分享的能力，这一能力能够使跨国项目团队更有效率，并且有利于团队气氛的融洽。

综上所述，跨国项目团队成员个人能力的要求是多个维度的，这些能力不仅取决于成员个人的工作经验和个人素质，也取决于团队的沟通、交流和经验的分享等。

8.3   跨国项目团队的沟通能力要求

　　跨国项目团队作为典型的跨文化和跨组织的团队，其团队成员具有不同的文化背景，他们会把各自不同的感知、价值观、规范、信仰和心态带入跨国项目团队的沟通之中。因此，要想实现跨国项目团队的有效沟通，整个团队及其成员就必须具有沟通能力，这种能力要求团队成员个人具有熟练掌握跨国项目通用语言并采取各种方式发送和接收信息的能力，同时也要具有使跨国项目团队建立沟通渠道与维护信任的建设能力。

8.3.1   个人沟通方面的能力

　　这是跨国项目团队沟通能力的"基因和基础"，一个人能否在跨国项目团队中开展有效沟通，这需要有听、说、读、写四个方面的基本能力。随着翻译软件、项目文本规范化模版、项目管理软件等技术手段的出现，个人的读写工作有了很多助力，但听和说的能力却只能靠自己努力，而由于听和说也是最具效率和最常用的沟通方法，再加上诸如身体语言等都会影响对跨国项目信息的理解，因此人们听和说的能力就变成了个人沟通能力中的核心部分。

　　1. 倾听能力

　　这包括被动倾听和主动倾听两部分，前者是指可以将自己听到的语句重复一遍以确认是否真正理解，后者是可以通过提问更多的问题来澄清相关语句的确切含义。跨国项目沟通中有关改进聆听能力方面的研究发现，善于聆听者表现出一些共同的能力和行为，这些对提高跨国项目口头沟通效果十分有用，最主要的聆听能力包括以下几个方面。

　　（1）**正确使用目光接触和对视**。当一个人说话时不看对方，大多数人对此会理解为冷漠、鄙视或不感兴趣。在口头沟通中目光接触和对视是一个最为重要的技巧，人们通过目光接触传递信息和判断对方是否在倾听和理解。沟通双方使用目光接触可以实现有效的口头沟通。

　　（2）**及时展现赞许性的表示**。善于聆听者会对所听到的信息给出表示感兴趣并给出理解和收到的表情等。这可向说话的人表明你在聆听，而且明白对方的真实含义并乐意进一步听下去。这是保持沟通的关键技能和做法之一。

　　（3）**避免分心的举动或手势**。人们表现出对于对方的讲话不感兴趣的做法是使用各种表明此意的举动与手势，如不断看表、随心翻阅书籍或文件、拿笔乱写乱画等都属于这类举动。这会使对方感到你的厌烦或不感兴趣，结果会给沟通造成不必要的危害。

（4）**适时与合理地提问**。好的聆听者会分析自己所听到的信息和思想内容，并适时与合理地向对方提问。这不但可以向对方提供反馈信息，而且能够帮助听者更好地理解对方所谈的内容和思想。但是如果人们提问的时机不当，结果造成感情伤害或者思想冲突。

（5）**正确有效地复述**。这是指人们根据自己的理解，使用自己的话去重述对对方所说的内容。善于聆听者会正确有效地复述对方的话，这有两个用处：其一是可以检验自己理解的准确性；其二是可以核查沟通的实际效果和给对方一个再次解释的机会。

（6）**避免随便打断对方的谈话**。只有等对方说完后才会知道对方的完整想法，所以不能随便打断对方的讲话，这样可确保口头沟通的有效性，并避免沟通中发生冲突。中国话"沉默是金"，指的就是这个道理。

（7）**尽量做到多听少说**。大多数人乐于畅谈自己的想法而不愿意聆听他人说话，很多人之所以听他人说话仅是因为这样才能让别人听自己说。一个好的沟通者必须知道在口头沟通中"多听少说"的道理，如果双方都坚持这个道理，就可以使项目口头沟通进行得更为有效。

（8）**顺利实现角色转换**。在大多数跨国项目沟通中，听者与说着的角色是不断转换的，聆听的技巧包括使一个有效的听着能够十分顺利地实现从听者到说者的角色转换。这既要不伤害对方的感情，又要保证沟通的顺畅和有效。

2．表达能力

在跨国项目沟通能力中，表达能力也是最为重要的能力之一。跨国项目沟通中的表达能力要求有很多，良好的表达能力能够有效提高跨国项目沟通的效果。这种表达能力包括以下几方面。

（1）**预先准备思路和提纲**。人们在做任何表述之前都必须预先准备思路和提纲，这是为将信息和思想有效地传递给对方的思想准备过程。这种准备工作有时候只是一个整理思路的过程（打腹稿的过程），有的时候则需要严格的预备过程（为表述进行严密的程序和书面提纲准备工作），人们需要根据沟通的实际情况选用合适的准备方式。

（2）**及时调整思路和修订编码**。善于表述者会根据跨国项目沟通中对方反馈的信息而不断调整自己的表达，从而使对方能更好地理解自己表述的信息和想法。例如，积极的目光接触、恰当的面部表情与必要的提问等，这些会使对方更好地理解表述的信息与思想，以及获得受到尊重的感觉。同时，表达者根据对方的反馈调整表达方法，如选择使用对方熟悉的编码等。

（3）及时合理地征询意见。有经验的表达者会根据对方的表情和动作了解到他们对自己所表达内容的接受和理解情况，并对他们的接受和理解情况及时地进行提问或征询。这不但可以获得对方提供的反馈信息，而且能帮助自己更好地组织所要表达的内容和实时调整编码。当然，在这种征询意见时必须注意对象、时机和方式方法，不要使自己陷入僵局。

（4）避免过度表现自己。在开展表达的过程中，有许多人会自然地有一种自我表现的意识和行为，这种自我表现的意识和行为经常会使整个表述偏离了原有的主题和应有的内容。作为一个表达者，在跨国项目沟通中必须努力克服这种自我表现的意识和行为，这既有利于保证和提高沟通的效果，又有利于塑造个人形象。

（5）尽量言简意赅。一些人在表达过程中会不顾时间和对方的感受而畅所欲言或长篇大论，这是跨国项目沟通的表述中最为严重的问题。很多人一旦进入表达者的角色就开始"知无不言，言无不尽"，实际上"多说无益"。在跨国项目沟通中过多和冗杂的信息不利于人们接收和理解你的想法和意思，所以在这种沟通中言简意赅很重要。

8.3.2 建立和维持信任的能力

信任是实现有效沟通、跨文化和跨组织管理，以及远程指导的根本保证，也是有效实现跨国项目沟通所必备的前提条件，因此建立与维持信任的能力对于跨国项目团队来说是十分重要的。这种信任建立与维持能力主要包括以下几方面的内容。

1. 评估跨国项目所需信任等级的能力

由于不同跨国项目团队的组成和结构不同，所以跨国项目团队成员相互信任程度也不同，所以人们需要根据跨国项目要求情况来评估人们之间的信任程度。跨国项目所需信任度的高低主要考虑的影响因素包括跨国项目复杂程度、跨国项目时间、所跨组织的数量、所跨文化的数量、项目组织的人员数量等。为了能够进行全面而客观的评估，跨国项目团队不仅要具备对跨国项目复杂程度的评估能力，还要具备对跨国项目团队成员文化背景、从业经验与技术水平、不同参与者所属组织及其对项目的影响力的分析和评估能力。

2. 建立所需信任程度的能力

对于跨国项目来说，随着跨国项目实施的展开，人们之间会逐渐熟悉并且培养出某种信任程度。跨国项目团队建立信任的能力主要包括三个方面：其一是通过会议建立信任的能力，其二是通过面对面交流来建立信任的能力，其三是借助私人关系建立信任的能力。第一种是指通过跨国项目各种会议让团队成员积极参与的基础上建立信任，在共同开展工作的同时相互认可和接受而建立起信任。第二种则是指在跨国项目日常工作中，不同成员以工作为平台与其他成员进行面对面接触，从而对对方逐渐建立起信任的能力。第三种是指以工作之外的理由接触并了解对方，以及通过与自己熟悉的人的介绍或引荐来获取信任的能力。

3. 维持相互信任程度的能力

在跨国项目实施过程中，人们还需要有维持项目信任程度的能力。这是一种持续地建设和管理好项目团队信任水平的能力。这不仅能确保整个跨国项目沟通网络的顺利运行，也有利于跨国项目控制与监督活动的开展。这种维持信任的能力，主要有三方面的要求：其一是所有跨国项目团队成员能够清晰了解项目实施过程的能力，这需要确保人们都能及时获取跨国项目各方面的信息，以免产生猜忌和疑虑而产生矛盾；其二是畅通反馈和诉求的渠道的能力，以确保各方的信任水平不下降；其三是持续开展非正式接触的能力，这是指通过各种跨国项目团队建设活动，让团队成员在放松的环境中进行沟通和交流，从而加深彼此的了解和稳固已建立的信任。

8.3.3　沟通渠道建设能力要求

跨国项目沟通渠道即沟通的通道，其数量和类型决定了跨国项目沟通的效果和效率。高效的沟通渠道必须能够达到使跨国项目的沟通畅通和成功。由于正式和非正式沟通渠道在沟通效果和作用上有所区别，因此它们的建设对跨国项目团队有不同的能力要求。

1. 正式沟通渠道建设能力

这是指由跨国项目团队成员接受和认可的用于传递跨国项目信息的官方沟通渠道，它包括像会议和信息平台等各种沟通渠道，通过这些正式沟通渠道传播的信息都会形成正式的记录，并且对跨国项目决策和管理起到支撑作用。鉴于正式沟通渠道具有的官方性，要求跨国项目团队在建设它的过程中必须有确保其的唯一性和可靠性，以免发生多渠道造成的信息混淆和错误信息的传播能力。因此在筛选和建设正式沟通渠道中，人们必须综合考虑渠道与跨国项目的匹配性、跨国项目团队成员的接受程度、所选渠道之间的联系与配合关系、所选渠道的性价比等因素。鉴于跨国项目成员中不同母语的差异，正式沟通渠道建设必须确保对不同语言的兼容性，以及使用沟通平台或工具的可行性。此外，由于在跨国项目开展过程中人们的工作和职责可能发生变化，因此正式沟通渠道的建设应该是个动态调整的过程，此时应该确保每一个成员都能够接受并熟练掌握具体的沟通工具的操作技术去开展该项目信息沟通。

2. 非正式沟通渠道建设能力

在跨国项目中，由于文化背景的不同，可能会导致信息传递不完整或不真实。对于这种情况，非正式沟通渠道就能够以其特有的优势对正式沟通渠道形成补充。由于经由非正式沟通渠道进行沟通的双方，在目的性和时间性都没有那么强烈和严格的规定，所以心态更加平和而轻松，并且能够比在使用正式沟通渠道时更完整真实地表达自己的思想意图。但由于这种沟通是以对彼此文化背景的了解和相互信任为基础的，因此在建设跨国项目非正式沟通渠道过程中，需要充分考虑跨国项目团队成员的文化差异、个人性格、所处时空等因素。鉴于这些因素，非正式沟通渠道建设需要相对长的过程，另外还必须考虑非正式沟通渠道中所获信息的合法性和对正式沟通渠道信息的混淆和干扰，这就要求在建设中要有相应的监督与控制能力。

8.4　跨国项目团队的协作能力要求

对于跨国项目团队来说，要开展跨国项目工作并且实现项目目标，最重要的是要能够在一种共同接受的组织文化和团队氛围中开展合作，并利用项目资源产出跨国项目产出物，而这便需要他们具有协作能力。这种能力是指跨国项目团队成员能够认可团队共同的精神，分工合作去达到团队最大效率的能力。鉴于跨国项目团队中不同成员之间文化背景的差异，项目团队协作能力的获得首先是要具有对多元文化的协作和整合能力，以及在多元文化下开展管理工作的能力，同时也需要有能够实现跨时区、跨组织和跨文化的协作网络作为支撑。

8.4.1　跨国项目团队的多元文化整合能力

跨国项目团队之间要实现协作，其关键在于多元文化的整合能力。这是一种不同文化环境之间进行交流、碰撞、渗透的能力，是系统调和文化差异并使之形成新的文化观的一种动态能力。对于跨国项目团队来说，文化整合的含义包括如下三方面的内容。

（1）它是跨国项目团队成员之间主动寻求不同文化之间共存的能力。在此过程中，通过不同文化之间的交融与整合，使得各方能够求同存异并融合观念差异，这样可以有效帮助跨国项目团队组织成员的思想认识和组织结构得到根本性的改变与完善。

（2）它是跨国项目团队成员对项目各要素之间的整体调整能力。跨国项目团队可以借此确立共同的文化价值观，帮助团队进行全局性的决策，并且能够使跨国项目团队成员结合自身的岗位和工作内容采取相应的行动并履行职责，同时能够大家相互支持与合作。

（3）它是跨国项目团队成员整合各方文化认识差异的能力。通过对跨国项目团队各方文化的了解和文化差异的分析，结合互动交流寻找到双方都能够接受的办法来解决矛盾，从而逐渐形成能为跨国项目各个团队成员都能够认可的组织文化与行事风格。

从上述三方面来看，跨国项目团队的文化整合能力是一个多层次和多要素整合的能力，其中需要多种能力的支撑，主要包括以下几方面的能力。

（1）**行为和制度等文化方面的适应能力。**跨国项目团队在团队外部的合作过程中需要建立合适的跨文化合作流程、行为和规章制度，并配备专业的跨文化人员和让团队成员能够对不同文化知识进行学习的平台，这样才能有效开展跨文化项目合作。同时，在跨国项目团队内部的不同文化整合中，需要建立合理的规章制度、工作环境、薪酬待遇等，对不同文化背景团队成员进行有效管理和协调，并通过文化培训和学习体系的构建，使不同成员能在跨国项目工作中协同、稳定工作。

（2）**价值观和精神方面的文化协调能力。**组织文化中的价值观和精神等都属于意识形态的综合体现，它支配和决定着其他文化要素的转型和发展。对价值观和精神方面的文化协调能力，重点在于跨国项目团队对于所跨越组织的价值观和目标的明确和协调。对不同文化背景下跨国项目团队成员的不同价值观和精神的协调能力，这是应对跨国项目团队成员价值观和精神的差异的关键能力。这要求跨国项目管理者使用适合的文化协调和渗透方式，建立自己的跨国项目团队的多元文化。

（3）**动态变化的团队文化的整合能力。**统一而共同接受的组织文化不是一蹴而就的，通常这是一个长期持续并且潜移默化的过程。因此，在跨国项目团队的文化整合中，人们必须不断接受其他文化带来的挑战，并且努力在跨国项目团队文化建设中调整自己，以保证与跨国项目团队成员之间的良好协作。对于跨国项目团队来说，他们的团队文化直至项目结束才会停止变化，在此之前会面对很多文化差异带来的问题，这就需要随着跨国项目的发展变化去动态地开展跨国项目团队的文化。

8.4.2 跨国项目团队的协作网络构建能力

对于跨国项目团队，构建协作网络的能力就是他们建立跨国项目实施能力的一个方面，因为跨国项目团队的协作网络构建是保障跨国项目顺利开展的重要基础。但跨国项目团队需要具有相关方面的能力才能够很好地构建起跨国项目的协作网络，这主要有以下几方面的能力。

1. 正确分析参与者的能力

每个跨国项目参与者参与跨国项目都是为自己的显性和隐性利益服务的，如果不能够清楚地认识他们的利益和要求，那么在构建协作网络的过程中可能会由于某些参与者的利益无法实现而导致写作失败甚至出现冲突。因此，跨国项目团队必须对每个跨国项目参与者的利益需求有清晰的了解，找到满足利益需求最优方案的同时，对可能发生的冲突制订好解决方案。由于跨国项目的不同参与者所属组织在风险意识、决策制定、激励、奖励、冲突管理、领导方式及组织层级方面存在巨大差异，因此在开展他们的利益分析过程中不仅要充分考虑这些差异，还要根据对这些差异的考虑选择合适的协作方式。

2. 合理安排协作关系的能力

基于对跨国项目不同参与者的分析，可以了解到跨国项目参与的各方对跨国项目的理解程度和他们对跨国项目协作任务的管理能力情况。他们中有的参与者可能具有丰富的跨国项目协作经验，并且已经掌握了一套切实可行的跨国项目协作的管理方法。另一些参与者可能不仅没有相关跨国项目的经验，而且因跨国项目协作管理能力不足会出现各种问题。因此，跨国项目在构建协作网络时必须建立能够相互匹配的协作关系，并且对能力不足的参与者尽早进行去除或进行必要的培训。

3. 有效利用协作方法和工具的能力

人员来自不同组织的跨国项目团队来说，由于他们原来所属组织都有一套自己独特的协作体系和方法，而且分别使用不同协作者提供的协作和沟通的工具与方法，所以他们在选择和制定协同方法与工具方面同样存在巨大差异，而这可能会阻碍跨国项目协作网络的构建。因此，跨国项目团队在构建协作网络的过程中还必须分析这些情况，选择能够被大多数成员所接受的协作方法和沟通工具。

8.5 跨国项目团队的风险管理能力要求

由于跨国项目在外部环境和内部条件方面的独特性，所以其风险的程度超越一般项目,因此对跨国项目团队的风险管理能力要求也就很高。本节将基于跨国项目风险管理的基本过程,对每一阶段的跨国项目团队的相应能力需求进行阐述。

跨国项目风险管理的基本步骤包括跨国项目风险管理计划制订、风险识别、风险度量、风险应对、风险监控五个主要步骤和内容。对于跨国项目团队来说,所有这五项跨国项目风险管理的工作要求其团队必须具备以下相应管理能力。

8.5.1　跨国项目团队的风险评估能力

跨国项目风险评估的工作一般可分为跨国项目风险识别与风险度量两个部分。其中,跨国项目风险识别是对跨国项目风险的确认和定性分析,这是跨国项目团队在收集资料和调查研究的基础上,运用各种方法对尚未发生的潜在风险,以及客观存在的各种风险进行分类,对风险诱因和后果进行分析等。跨国项目风险度量则是对每项已识别的风险进行的风险发生可能性、后果严重性、关联影响性和时间进程的测度,以及通过综合评估得出的跨国项目的整体风险水平。这种跨国项目风险评估工作不是一次性的,而是在跨国项目全过程定期循环进行的。因此,跨国项目团队还需要具备对于风险进行跟踪评估的能力,这种能力是多个维度的,其具体构成如图 8-3 所示。

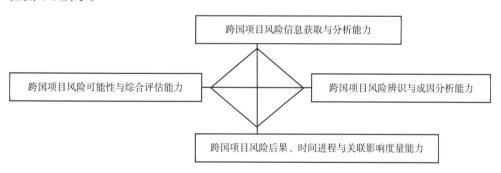

图 8-3　跨国项目团队的风险评估能力维度示意图

如图 8-3 所示,跨国项目团队的风险评估能力分为四个维度,其具体内容如下。

1. 跨国项目风险信息获取与分析能力

跨国项目通常涉及不同的国家和区域,不仅跨国项目所在地的社会文化环境、法律环境、政治环境、经济环境等会形成复杂项目环境,而且跨国项目团队成员在民族、国籍、宗教、语言上的差异也会带来很多不确定性,因此在跨国项目团队要求具有较高的信息获取与分析能力。具体来说,这种信息获取与分析能力包括跨国项目内外部环境的分析能力、跨国项目动态信息收集能力、跨国项目信息渠道建设能力、跨国项目信息筛选能力等。由于跨国项目信息量巨大，且信息缺口也很大，因此跨国项目团队必须具有去伪存真的信息筛选能力，以及由此及彼和由表及里的信息加工处理能力。

2. 跨国项目风险辨识与成因分析能力

跨国项目风险管理团队必须具有根据收集到的信息去辨别跨国项目有哪些是风险，并且根据既有经验和相关信息去找出项目风险成因的能力。因为这是最大限度地实现从根源上预防和应对跨国项目风险损失，增加跨国项目风险收益的关键所在。这就要求跨国项目团队要有对比分析和溯因分析的能力。对于跨国项目来说，其风险来源通常包括国际环境、跨国项目所在地环境和项目内部环境三个方面，因此在进行跨国项目风险成因分析时必须同考虑这三个方面的要素，尽量准确而全面地找出风险成因，这样才能为跨国项目风险应对提供充分依据。

3. 跨国项目风险后果与关联影响度量能力

在完成了上述跨国项目的风险辨识与成因分析后，还必须对跨国项目风险清单中的每个项目风险的后果严重程度进行度量，同时还需要对这些跨国项目风险关联影响（多米诺骨牌效应）进行度量。因此，跨国项目团队还必须具备跨国项目风险后果带来与关联影响度量的能力。这种能力的基础，一方面是跨国项目团队成员个人的逻辑与推理能力和结合个人的工作经验和专业知识对跨国项目风险可能带来的收益或损失的度量，另一方面是对跨国项目某个风险可能的关联影响或波及项目其他工作的度量。这是从对跨国项目利益的影响程度和关联影响的范围两方面所进行的跨国项目风险后果的综合管理，这是制定风险应对措施的依据。

4. 跨国项目风险可能性、时间进程与综合评估能力

在明确了跨国项目的风险、成因、后果和关联影响之后，人们还需要对每个项目风险发生的可能性和时间进程进行评估，从而实现对跨国项目风险的发生概率的度量和对于项目风险何时发生的确定，以及在此基础上综合评估跨国项目的风险。跨国项目团队的风险管理能力是必不可少的，这种能力取决于跨国项目团队对项目风险和实现项目目标可能性的分析能力，以及它们对概率分析工具的应用能力。所以，在进行跨国项目风险综合评估时，选择合适的方法进行综合评估的能力也是构成跨国项目团队风险管控能力的重要方面。

8.5.2 跨国项目团队的风险应对能力

在完成跨国项目风险评估之后，跨国项目团队需要据此制定应采取的项目风险

应对措施。一般来说，跨国项目团队根据自己的抗风险能力会有能够接受和不能接受跨国项目风险的两种情况。对能接受的跨国项目风险，跨国项目团队可以采取风险消减、风险转移等多种措施来减少风险可能带来的损失。对于不能接受的跨国项目风险，他们应考虑通过调整跨国项目计划甚至停止或取消项目的办法来规避风险。这就要求跨国项目团队必须具备图 8-4 所示的四个方面的能力。

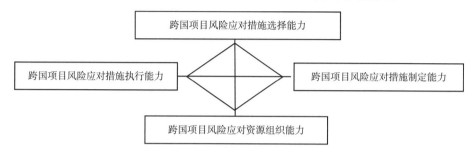

图 8-4　跨国项目团队的风险应对能力维度示意图

如图 8-4 所示，跨国项目团队的风险应对能力包括四个方面的具体能力。这四个方面的能力讨论如下。

1. 跨国项目风险应对措施选择能力

跨国项目可以选择的风险应对措施很多，但要选择适合具体跨国项目风险的应对措施则需要能力。因为跨国项目内外部环境复杂，项目风险所涉的因素众多，所以必须详细分析才能选择出正确的应对措施。这不但要求跨国项目团队能够充分地了解项目风险的各种可能后果，而且要针对每一种风险后果可选的应对措施做出抉择。此外，由于许多跨国项目风险可能后果的应对措施需要自行制定或进行措施组合，甚至需要与外部机构（保险公司）协作制定风险应对措施，所以这些方面都要求跨国项目团队具有风险应对措施的选择能力。

2. 跨国项目风险应对措施制定和计划能力

对于跨国项目的风险应对来说，需要针对每个项目风险的多个可能的后果去一一对应地制定出各自的应对措施，并且计划安排好哪种跨国项目风险可能后果出现时人们应该如何选择和使用哪种具体的应对措施，这就需要跨国项目团队具有项目风险应对措施的制定和计划能力。这种能力涉及三个方面：其一是确定跨国项目具体风险各种可能结果的能力（如项目产品好销、一般和不好销三种结果），其二是针对每种可能结果制定出具体的应对措施（如好销就加大生产，一般就保持不变，不好销就降低产量的三种应对措施）的能力，其三是制定如何根据跨国项目风险征兆去确定采用何种应对措施的计划安排能力。一个跨国项目团队必须具备这三个方面所构成的跨国项目风险应对措施的计划和制定能力，否则就无法开展跨国项目风险的应对。

3. 跨国项目风险应对资源组织能力

在有了切实可行的跨国项目风险应对措施计划以后，项目团队还必须具有能够合理配置各种资源，以及组织各种资源来确保应对措施落实的能力。这包括跨国项目风险应对的人力资源（如组织跨国项目救援团队）、物力资源（如储备各种救灾物资）和其他资源（如购买保险等）的全面的组织能力。由于这些跨国项目风险应对的资源可能来自国际采购、跨国项目成员所属的跨国企业、跨国项目自身的资源（人力资源）等渠道，其中还可能包括相关政策、扶持措施、管理经验、专业知识、人际关系等因素，这些都需要跨国项目团队具有很高的跨国项目风险应对资源的组织能力。这种能力包括跨国项目风险应对资源的组织和利用能力、各方面的风险应对政策的利用能力、风险应对资源的获得和合理配置能力等。总之，这是一种跨国项目风险应对资源组织和配置能力。

4. 跨国项目风险应对措施执行能力

这是关于跨国项目团队应对跨国项目风险的实际操作能力，这是跨国项目风险应对措施得以落实的能力。这种能力，一方面来自跨国项目团队中个人的专业知识和技能，以及工作经验与责任感；另一方面来自跨国项目团队的风险应对措施执行能力，包括跨国项目团队的合作能力、沟通能力、变通能力。其中，最为重要的是跨国项目团队严格按照跨国项目风险应对计划去开展跨国项目风险识别、度量、监控和及时应对的具体工作能力。这就像一种"灾害救援队"或"救火队"所具有的令行禁止的执行能力。

8.5.3 跨国项目团队的风险监控能力

跨国项目团队对跨国项目风险的监控过程，是一个不断认识跨国项目风险征兆（项目风险时间即将发生的预兆）是否出现的过程，并且在风险征兆出现后做出跨国项目风险应对措施选择决策，根据跨国项目风险管理计划去开展项目风险应对行为的过程。所以，在这项工作中主要包括两方面的内容，其一是对已识别跨国项目风险征兆的监视和确认，其二是对已出现征兆的跨国项目风险开展的风险应对工作。这就要求跨国项目团队具有如图 8-5 所示的四个方面的基本能力。

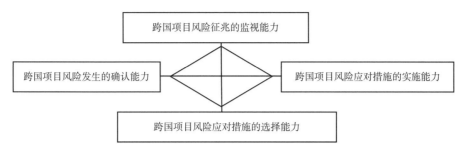

图 8-5　跨国项目风险监控能力四维度示意图

如图 8-5 所示，跨国项目风险监控能力是一种四个维度的综合能力，具体分述如下。

1. 跨国项目风险征兆的监视能力

跨国项目风险监视工作需要跨国项目团队具有风险征兆的监视能力，即随时注意跨国项目风险的发展进程，并在项目风险征兆出现时发出预警的能力。实际上跨国项目已识别出的风险包括三种阶段或状态：其一是跨国项目风险潜在阶段或状态，其二是跨国项目风险发生阶段或状态，其三是跨国项目风险结果阶段或状态。跨国项目团队项目风险管理首要任务是尽量将项目风险限制或保持在潜在阶段，如果直到跨国项目实施和运行结束，已识别的项目风险并没有发生，这应该是跨国项目风险管理的最好结果。但是多数情况下，跨国项目风险会进入发生阶段，如果这个时候人们应对得当就会实现趋利避害的效果。但是，这要求人们能够在跨国项目风险征兆刚出现的时候，捕捉到这些征兆并报警以便后续采取应对措施。所以，跨国项目团队的项目风险监控能力最基础和首要的能力就是对于跨国项目风险征兆监视的能力。

2. 跨国项目风险发生的确认能力

这也是跨国项目风险监控所要求一种主要能力，这是在人们发现跨国项目风险征兆以后，使用各种方法和能力去确认跨国项目风险会出现哪种项目风险后果的一种能力。因为虽然跨国项目风险征兆预示着项目风险后果可能会是哪种情况，但是跨国项目风险征兆可能会有假象，所以跨国项目团队还必须具有这种跨国项目风险是否会发生的确认能力。这要求跨国项目团队需要具备两个方面的具体能力：其一是较强的环境变化观察和跨国项目风险征兆识别能力，其二是根据跨国项目风险征兆确认可能的跨国项目风险后果的能力。由于跨国项目内外部环境复杂，人们在风险监控中将遇到很多干扰因素，所以跨国项目团队不但要善于发现跨国项目风险征兆，而且要有能力确认跨国项目风险的发生，以及具体会出现哪种跨国项目风险后果。

3. 跨国项目风险应对措施的选择能力

这是指针对跨国项目实际出现的那种风险后果情况，根据跨国项目风险管理计划和应对措施计划，及时去选择（或修订）符合实际需要的跨国项目风险具体应对措施的能力。在跨国项目风险管理中，跨国项目团队不仅要按照跨国项目风险管理计划去开展风险监控，而且要能够选择最有针对性的项目风险应对措施，因此在开展跨国项目风险监控过程中，人们要及时发现跨国项目实际环境与条件的变化情况，并且针对跨国项目的实际风险发展变化情况去选用（或修订）跨国项目风险应对措施，以取得应对跨国项目风险的最佳效果。

4. 跨国项目风险应对措施的实施能力

在跨国项目风险监控中一旦发现并确认跨国项目风险后，就需要及时选定并实施风险应对措施，这就需要跨国项目团队具有项目风险应对措施的实施能力。由于经常会出现人们根据跨国项目风险识别和度量结果给出的跨国项目风险应对措施计划，与实际跨国项目风险后果及其严重程度有偏差，如果此时人们仍然"依计而行"就会出现跨国项目风险应对错误或失当的情况，这就需要跨国项目团队具有纠偏应对措施的实施能力。这种能力包括两个方面：其一是跨国项目团队发现对风险措施计划偏差的能力（实际情况与计划排之间的偏差），其二是他们能够根据跨国项目风险实际情况去及时调整跨国项目风险应对措施的能力。这样它们就能够及时按照项目风险监控的实际情况去应对跨国项目风险了。

第四篇

跨国项目的
跨文化管理

第9章

| 跨国项目的跨文化影响及其应对

山西财经大学　高跃

　　霍夫斯泰德认为："文化是将某一团体中的成员与其他团体中的成员区别开来的共同的心智模式[①]（心智模式集中体现在人们的思维、感觉与行为上，它是信念、态度及技能所产生的自然结果）。其中，价值体系是文化的核心要素。"琼潘纳斯则认为："文化之于我们就像水之于鱼儿一样，它维系着我们的生命，我们需要通过它呼吸、生存。"[②]

　　对于跨国项目来说，由于其跨越国度的独特性，人们必须接受这样一个现实，就是跨国项目团队成员大部分可能来自不同的文化，所以他们具有先天的文化差异性。对于跨国项目团队成员而言，他们首先必须充分理解各团队成员所拥有的不同人格、文化、天性及特质，只有这样才能合理地协调关系，推进跨国项目的开展。同时，他们也要认识到各团队成员会在社会价值规范、宗教信仰、风俗习惯及饮食

[①] Geert Hofstede, Gert Jan Hofstede, Paul B Pedersen .Exploring Culture: Exercises, Stories and Synthetic Cultures[J]. Intercultural Press, 2002.

[②] Charles Hampden-Turner, Fons Trompenaars. Riding the Waves of Culture: Understanding Diversity in Global Business (English Edition)[J]. Nicholas Brealey International, 2011.

文化等多方面存在不同。如何理解和应对这些差异性的文化对跨国项目活动开展所带来的积极与消极的影响，这是本章讨论的核心内容。

9.1 多文化维度对跨国项目团队的影响

文化既包括直接可以观测到的显性部分，如符号、英雄人物、仪式，也包括不能直接观测的隐性部分。当人们试图对某种文化进行了解时，可以直接通过访问某个国家或地区，或与来自这一国家或地区的人员进行接触和观察，获得其文化的显性特征。而对于文化的隐性特征，人们只有通过深入的调查，才可能准确地掌握其内核。所以，跨国项目团队成员要从显性和隐性两个侧面的多个维度出发，理解这些文化对于跨国项目团队的影响。

9.1.1 显性文化对跨国项目团队的影响

对于显性文化，人们可以从符号、英雄人物和各类仪式这三个维度来分析其对跨国项目团队所造成的影响。

1. 认识相关文化的符号

跨国项目团队首先要认识和理解跨国项目所涉及的相关文化所使用的各种符号具有的含义。只有这样才能更好地尊重他人的思想，了解他人想要表达的真实意图。在跨国项目管理过程中，这些文化的符号通常可以转换成特定的术语、技能或者图表。

2. 理解相关文化的英雄人物

了解这些英雄人物在行为方面具有哪些独特之处，可以帮助跨国项目团队认识相关文化所推崇的价值观与人们解决问题的行为偏好。不同文化中所推崇的行为准则可能就是以英雄人物的形式给出的。

3. 尊重相关文化的各种仪式

认识相关文化的各种仪式，能够帮助跨国项目团队迅速掌握商务活动中的基本方式与方法。比如，如何恰当地发出参会邀请、庆祝跨国项目阶段性的成功、安排谈判流程以及接受或拒绝各种邀请等。

9.1.2 隐性文化对跨国项目团队的影响

隐性文化多数情况下不容易被察觉的文化内涵，所以它们被称为隐性文化，其核心是价值观。由于价值观是影响一个组织或团队成员行为偏好的重要因素，所以跨国项目团队必须注重价值观的差异对团队的影响，其中值得重点关注的相关隐性文化的内容包括如下几个方面。

（1）人们是否会接受非工作时间的工作安排。不同文化的价值观对于"加班加点"有不同的价值取向，这会直接影响跨国项目的工作计划安排。华人社会对于加班加点的接受程度远远高于其他国家和社会，所以不能按国内项目去安排跨国项目涉及"加班加点"的工作计划。

（2）人们是否会容忍跨国项目成员拒绝既定的工作任务。不同文化的价值观对于组织计划安排及行政命令的接受程度有很大的不同，特别是对与某些特定时间的工作计划安排会受到拒绝，如跨国项目在穆斯林或基督教徒朝拜的时间安排他们去工作是一定会被拒绝的。

（3）跨国项目经理或管理者能否具有更多的工作授权。对于权威的认可和尊重是价值观中十分重要的一个方面，这就涉及的跨国项目经理或管理者是否能够从高层权威处获得足够的工作授权，以及这种工作授权是否具有足够的指挥、命令和管理效用，在不同价值观的国度中是不同的。

（4）跨国项目团队成员是否有足够的专长权。这种专长权是跨国项目团队成员自身的专业技能所赋予的一种开展项目专业管理的权力或权威，如造价工程师在跨国项目成本管理方面的权力就属于这一种，多数文化都是尊重这种权力的，但是有些文化也有例外。

（5）跨国项目管理受到文化差异的影响有多大。跨国项目的组织、管理、领导方式和绩效都会受到不同国度文化差异的影响，并且投资国和东道国之间的文化差异越大，则隐性文化对于跨国项目这些方面的影响就越大，所以跨国项目管理的难度也会大大提高。

9.2　霍夫斯泰德国家文化模型与琼潘纳斯组织文化模型

霍夫斯泰德及其合作者提出了一个国家文化模型，以及国家文化的多个维度，借助霍夫斯泰德的国家文化模型，人们可以更好地去分析跨文化对于跨国项目管理的影响和作用机制。

9.2.1　霍夫斯泰德的国家文化要素模型

霍夫斯泰德认为：国家文化是在一定的环境中，具有相似教育与生活经验的人们共同的心理程序，是一种集体特征。不同环境下，由于人们教育与生活经验等存在不同，人们的心理程序也呈现出不同的特征。这种不同的文化差异，可以被划分为五个维度，即个人主义、权力距离、男性化、不确定性规避和长期倾向。通过对不同民族、地区与国家的这些文化维度的研究，霍夫斯泰德认为，国家文化的差异性已经写入了人们的基因，很难改变，而这种差异性越大，其影响就越大。

1. 个人主义

个人主义是指在组织或团队中的个体会更加重视自身的价值与需要（而不是集体的），并依靠自身的努力去实现自身利益的最大化，所以具有这种国家文化的社会是一种松散的社会组织结构。集体主义则是指组织中的个体有明确的组织边界概念，希望得到对组织内人员的相应权利，同时对组织具有绝对的忠诚，是一种国家结构紧密的社会组织。个人主义与集体主义维度主要从包括个人与社会关系、项目团队凝聚力、重视参加社会组织的程度、与工作环境和工作愿望相关的价值体系等方面影响跨国项目管理。

一般说来，具有个人主义文化倾向的跨国项目团队成员，他们希望拥有更多的自主权，更多的私人时间，喜欢通过自己的方式来处理交给他们的跨国项目工作。如果跨国项目管理者接受这种项目团队成员的个人价值取向，他们就能够更加出色地完成所负责的跨国项目工作。相反，对于那些具有集体主义文化背景的跨国项目团队成员，他们更加看重自己在团队中的作用和所发挥的功能，所以他们会积极合作和融入良好的集体工作氛围。因此，跨国项目管理必须考虑这方面的文化差异的影响，而且只有这样跨国项目才会获得成功。

2. 权力距离

这是指在一个组织当中权力的集中程度和领导的独裁程度，以及社会大众在多大的程度上可以接受组织中权力分配的不平等，所以这可以理解为被管理者和管理者之间的社会距离。权力距离越大则管理者与被管理者间的社会距离越远；反之则管理者与被管理者的社会距离越近。例如，那些来自权力距离大的国家的跨国项目团队成员，很少会与他们的跨国项目经理或管理者持有不同的意见，他们更愿意听从跨国项目经理和管理者的指挥和服从他们的命令。

跨国项目经理和管理者要知道自己的团队成员在这方面的文化差异并努力克服或削减这种差异，这需要在跨国项目会议之前同与会的团队成员进行当面交谈，看看他们对特定问题持有怎样的观点和看法，然后在跨国项目团队会议过程中观察他们是否充分地表达了自己之前的想法。特别是在讨论过程中，管理者一定要求所有团队成员必须对关键性的跨国项目决策发表自己的意见，如果某些团队成员回答简短或者无关痛痒（权力距离大），这就需要通过特别提问等方式促使他们最终说出自己的观点，从而克服这方面文化差异对跨国项目管理与决策的不良影响。

3. 男性化

这一维度主要衡量一个国家或社会的文化对统治者的价值衡量标准。男性化文化较强的社会，居于统治者地位的价值标准，一般呈现出自信武断、进取好胜的特点，这种社会对金钱的索取也十分执着而坦然。女性化文化较强的社会，则注重和谐和道德伦理，崇尚积极入世的精神。一般来说，如果一个社会对"男子气概"评估越高，则男性化的文化特征越明显和影响越显著。

对于那些男性化和女性化文化程度较高的两种跨国项目团队成员而言，人们需要采用不同的应对态度和管理方法。跨国项目经理和管理者需要对那些来自女性化文化程度较高国家的跨国项目团队成员的观点和看法保持足够的耐心和自信，以获得他们的青睐；而对男性化文化程度较高的国家的跨国项目团队成员则需要表现出足够谦虚、恭谨和自己具备的较强的业务能力，以获得他们的信任。跨国项目经理和管理者有时需要区别对待自于男性化和女性化文化国家的跨国项目团队成员，引导他们在跨国项目团队中发挥更加积极的作用和取得更大的成绩。

4. 不确定性规避

无论在何种文化情境下，人们普遍会将未知或不能准确预测结果的活动视作威胁，并企图对可能发生的负面情况进行预防与控制。不同民族、国家或地区，其不确定性规避指数是不同的，不确定性规避指数高的文化和社会，人们普遍具有高度的紧迫感和进取心，易形成努力工作的内心冲动；不确定性规避指数低的文化和社会，人们则普遍具有安全感和放松的生活态度，易形成勇于冒险的内心冲动。

对于那些来自高不确定性规避文化国家的跨国项目团队成员，他们更倾向于规避各种潜在的风险，喜欢在严格的管理和控制体系中开展跨国项目工作，抵制各种形式的变革及变更。这些跨国项目团队成员更喜欢要求明确、时间限制严格的跨国项目活动，比较适应计划周详、反馈及时的工作环境。那些来自低风险规避指数文化国家的跨国项目团队成员则倾向于追求不断创新，喜欢挑战风险性较高的任务，在开放式的学习环境中开展工作。这些跨国项目团队成员通常能够更好地应对各种压力，在接受工作时无须将跨国项目活动界定得十分清晰。如果能将来自不同国家的跨国项目团队成员有机地整合起来，那么就可以通过组织头脑风暴会议等方式集思广益，既可以寻找到克服障碍的有效措施，同时还能从中获得额外的收益。

5. 长期倾向

霍夫斯泰德提出的第五个国家文化维度是长期倾向的维度,这与儒家思想中的短期倾向与长期倾向相对应。其中,具有长期倾向文化背景的跨国项目团队成员,即使在事情结果不甚明朗时仍旧能够表现出足够的耐心,他们节俭、注重储蓄、具有廉耻心。具有短期倾向文化背景的跨国项目团队成员更关注如何以最快的速度获得期望收益,更注重个人的稳定性,极力维护自己的声誉,同时也更尊重传统。这些跨国项目团队成员更喜欢听取经常性的项目进度报告,以及下个报告周期内必须实现哪些跨国项目短期目标。

跨国项目管理需要努力适应和协调这个文化维度上的两种不同国家文化背景的跨国项目团队成员的观念和行为,以便使得他们能够实现"长短结合",从而具有适合跨国项目实施和管理需要的观念和工作价值观。跨国项目经理和管理者的管理风格和模式也要适应这两种不同文化背景的跨国项目团队成员的行为模式和价值思维,只有这样才能做好跨国项目的跨文化管理。

9.2.2　琼潘纳斯的组织文化模型

跨国项目管理的跨文化管理实际是一种多元文化环境下的管理,在琼潘纳斯研究多元文化过程中给出了组织文化模型的维度划分,具体分述如下。

1. 普遍主义与排他主义

这个组织文化维度主要是界定人们评价其他组织成员行为的价值观。其中,具有普遍主义组织文化背景的人们更关注规则,他们在订立合同时要求内容必须清晰、明确,倾向于为跨国项目设置一套全球性的标准。但是具有排他主义组织文化背景的群体则更注重民族文化,关注自己与其他组织成员的关系,有时他们可为了满足不断变化的需要去修改合同。

对于跨国项目经理而言,针对那些具有普遍主义文化背景的跨国项目团队成员,他们需要在开展跨国项目工作之前将项目活动、流程和模板清晰化、标准化;针对那些具有排他主义倾向的跨国项目团队成员,他们要提前确定规章制度,然后将更多的精力集中跨国项目工作上,只有这样跨国项目经理才能管理好文化差异。

2. 个人主义与社群主义

这一维度将不同组织的文化按照在权衡个人利益与集体利益方面存在的差异进行了分类。一般来说,具有个人主义文化背景的跨国项目团队成员,倾向于将自身为团队带来的改进视作实现自身目标的重要手段,而社群主义文化背景的团队成员更注重自我能力的提升，并认为这是评估跨国项目团队不断成功的重要指标。

个人主义文化背景的跨国项目团队成员喜欢在避免浪费时间的前提下，通过投票的方式去制定关系整个跨国项目的重大决策，他们会按照自己的意愿通过游说其他人来影响跨国项目决策的制定。社群主义文化背景的跨国项目团队成员更倾向于由各方选派的代表组成决策小组，由他们通过协商等方式形成人们一致认可的决议，随后他们会很好地执行既定的跨国项目决议。

3. 成就与归属

具有成就导向文化背景的跨国项目团队成员对其他人的尊重主要基于他们所取得的成就和所显露出的学识，他们只有在工作需要的时候才会去强调自己的职位级别。对于归属导向文化背景的跨国项目团队成员会更多地强调自己的职位级别，他们通常也更尊重自己的职能上司。对于来自不同文化背景的跨国项目团队成员，跨国项目经理必须针对这种差异开展管理。

对于归属导向文化背景的跨国项目团队成员，跨国项目经理需要邀请他们参加跨国项目评审会议，或通过电子邮件与他们进行沟通，因为他们需要知道上司意思之后才会去制定各种自己的决策。对来自归属导向文化背景的团队成员，跨国项目经理需要理解他们的需求，他们更喜欢被请教而不是一味地指导他们，他们更倾向于独立完成自己负责的跨国项目工作。

4. 情感中性与情感丰富

根据琼潘纳斯的理论，来自情感中性文化的人崇尚冷峻，行为具有自制力，能够有效控制自己的情感。在与他们工作时应当尽量避免过于热情、外露或者殷勤的行为，要提前做好准备工作，将所有精力都集中在需要大家共同讨论的议题上，同时注意观察每个微小的细节以便了解他们对跨国项目目前状况持有的看法。

情感丰富文化背景的个体善于使用各种姿态、微笑或者肢体语言充分表达自己的感情，他们更喜欢热情、富有生机和活力的表达方式。与他们开展合作，需要避免使用那些唐突的、模棱两可的甚至是冷漠的行为，应由衷地赞赏他们为跨国项目所付出的努力，充分理解他们过于丰富的表达，仔细揣摩他们想要表达的真实意图。

5. 明确与模糊

琼潘纳斯这个文化维度将人们分为两种不同的类型：明确导向的文化类型和模糊导向的文化类型。来自明确导向文化类型的人们喜欢将私人生活与工作安排截然分开，他们在不同社会团体中所拥有的地位之间没有任何关联，他们愿意按照自己的经验和知识水平享有更多与职能相关的权利，他们通常讲求精确、公开及直截了当，并且在跨国项目工作中计划周详。

在模糊导向文化类型的国家，人在工作中的地位等级会影响到社会生活的方方面面，雇员即使在下班时间遇到自己的主管仍会表现出下属的姿态。他们在处理问题过程中更倾向于将问题模糊化，刻意回避直截了当，多用间接方式达到自己的目的，他们更喜欢形式自由的会议，他们愿意在实施跨国项目过程中加入自己的判断和创造力。

6. 人与自然关系（内部控制与外部控制）

琼潘纳斯研究了来自不同组织文化背景的人们，是如何看待自己与所处自然环境及其变化之间的关系的。具有内部控制导向文化背景的人们表现出强烈的控制欲望，他们重点关注自身所处的组织，对于不断变化的环境表现出强烈的不适应。他们更希望能够控制各种环境的发展变化，所以他们在跨国项目实施和管理中有内部控制导向的行为模式。

具有外部控制倾向文化背景的人们通常表现得更有弹性，他们愿意妥协，注重和谐，关心自己身边的其他组织成员，同时对于各种变化表现出较强的适应性。他们十分清楚跨国项目的环境变化不属于跨国项目团队能够控制的，所以人们更能够顺应跨国项目的各种环境变化，并积极应对这些跨国项目环境的变化。

7. 人与时间的关系

在琼潘纳斯在研究中还发现不同的组织文化背景赋予人们对于过去、现在和未来截然不同的看法。拥有怀旧情结（看重过去）文化背景的人对祖先和长辈普遍怀有崇敬之情，他们会在传统和历史的背景下思考问题，通常会用先前成功的案例来激励自己。

那些具有关注现在文化背景的人们更关注努力去完成手头上的工作，努力维持现有人们之间的依存关系，他们对跨国项目计划会议之类的缺乏兴趣，对执行计划详尽的方案可能还会产生抵触情绪，只希望知道自己究竟应该干什么、如何干和干成什么样。

那些关注未来文化背景的人们喜欢讨论未来的前景、发展潜力，以及将来可能获得的成就，因此他们倾向于更积极主动地参加跨国项目计划会议，他们需要使用各种愿景对他们进行激励。他们更愿意知道未来会是什么样，并且具有为未来现身的准备和意愿。

人与时间的关系还可以用另一种方式进行分类。那些具有静态时间倾向的跨国项目团队成员，倾向于在一段时间内只专注于其中某项活动，同时必须按照计划和进度的安排去开展跨国项目活动。具有动态时间倾向的跨国项目团队成员，他们可以并行实施多项跨国项目工作，但对工作进度和日程安排的执行并不严格，只有特定工作完成程度才是他们优先考虑的首要准则。

9.3   跨国项目团队的文化差异分析

对于跨国项目团队的跨文化的影响情况，特别是这些文化差异对于跨国项目管理的影响，人们需要使用 360 度跨文化分析的方法去分析跨国项目团队的跨文化程度和影响情况，旨在找到来自不同文化背景的跨国项目团队成员在沟通与协作中可能会出现的问题与解决办法。

9.3.1   跨国项目团队的文化差异分析作用

如果需要组建一个多元文化的跨国项目团队，人们就需要尽早了解跨国项目团队中究竟涉及哪些类型的国家文化，了解跨国项目团队成员如何看待自己的文化背景，以及对其他国家的文化特征持有怎样的看法。

任何跨国项目团队在开展跨文化管理过程中的首要任务就是认识具体跨国项目团队中所存在的文化差异，至少是跨国项目的投资国和东道国之间的文化差异。例如，如果中国向在非洲某个国家开展的"一带一路"建设项目投资，就一定要分析清楚中国作为投资国的文化特征和非洲的东道国在项目落地之处的国家文化背景。只有这样才能做好跨文化的管理，从而实现跨国项目成功建成的目标。

9.3.2   跨国项目团队的文化差异分析步骤

为了达到认识跨国项目的跨文化特征，人们需要按照以下步骤开展跨国项目团队跨文化背景的调查和评估。

1．选择模型

首先，确定是选择什么样的文化模型进行评估，究竟是琼潘纳斯的国家文化模型的维度还是霍夫斯泰德组织文化模型的维度，当然人们也可以将两种维度模型有机地结合起来使用。

2．活动分组

然后，将跨国项目团队成员分成两到三个人的小组，小组成员最好来自同一个国家，对于不清楚自己文化背景的人可单独编成一组，由他们自己决定具体代表哪个国家的文化。

3. 发放测试材料

再进一步，就是向跨国项目团队的每个小组分发两页材料，将人们能够填写和回答的问题列入表中，去体现他们的文化背景或倾向，内容见表 9-1 和表 9-2。

表 9-1　文化维度练习（A）

国家名称	

针对上面填写的国家，请根据下列陈述在你认为适合的数字上画圈，通过这种方式判断这一国家在不同文化维度上存在哪些程度上的差异

一、**权利距离**：根据你的经验，来自这一国家的团队成员会频繁地向自己的职能经理提出不同意见吗？他们这样做的时候感觉自然吗？

1	2	3	4	5	6	7	8	9	10
非常频繁									非常罕见

二、**个人主义**：来自这一国家的团队成员，他们更追求……

1	2	3	4	5	6	7	8	9	10
自我决策，跨国项目工作不得干扰他们的私人生活，喜欢通过他们自己的方式完成所交办的工作						提升他们的技能，发挥他们的能力，对于工作环境具有更高的要求			

三、**男性化**：来自这一国家的团队成员，他们更关注……

1	2	3	4	5	6	7	8	9	10
经济增长，社会进步，物质上的成功与成就						生活质量，人际交往，关爱他人			

四、**不确定性规避**：来自这一国家的大部分团队成员，他们更喜欢……

1	2	3	4	5	6	7	8	9	10
不断创新，承担更多风险，在开放式学习环境中能够应对自如						倾向避免风险，抵制创新，喜欢在严格规章制度约束下开展工作			

五、**长期倾向**：来自这一国家的大部分团队成员，他们更倾向于……

1	2	3	4	5	6	7	8	9	10
急功近利，更关注个人地位，极力维护声誉，同时也更尊重传统						相对于目标的实现过程，他们会更多关注持久效益和功能			

表9-2 文化维度练习（B）

国家名称									

针对上面填写的国家，请根据下列陈述在你认为适合的数字上画圈，通过这种方式判断这一国家在不同文化维度上存在哪些程度上的差异

一、普遍主义与排他主义：来自这一国家的大部分团队成员，他们极有可能……

1	2	3	4	5	6	7	8	9	10

要求不断细化的规章制度，在订立合同时更会字斟句酌，倾向于制定全球统一的政策和资源配置					更倾向于制定一般性的规章制度，并不介意跨国项目经理在完成跨国项目过程中采用不同的策略和方法

二、个人主义与社群主义：来自这一国家的大部分团队成员，他们极有可能……

1	2	3	4	5	6	7	8	9	10

更多的个人自由和更多的发展机会能够提升人们的生活质量					只有在人人都关心周围社会成员前提下，人们生活质量才能得到提升

三、成就与归属：来自这一国家的大部分团队成员，他们尊重自己的上级主要是基于……

1	2	3	4	5	6	7	8	9	10

在意人们的成就和知识					在意组织层级

四、情感中性与情感丰富：来自该国的大部分团队成员，尊重自己上级主要是基于……

1	2	3	4	5	6	7	8	9	10

崇尚冷静与镇定的行为，对自己的情感进行有效的控制					更崇尚热情、奔放、栩栩如生的表达方式

五、明确与模糊：来自这一国家的大部分团队成员，他们尊重自己的上级主要是基于……

1	2	3	4	5	6	7	8	9	10

平等地对待他们					态度表现得更像下属

六、人与自然关系：来自这一国家的团队成员，他们尊重自己的上级主要是基于……

1	2	3	4	5	6	7	8	9	10

表现出更强的控制欲望，更关注与自己所在的团队，对于变化的环境表现出不安和焦虑					更加灵活，更愿意与人协商，更关注团队中的同事，崇尚和谐的人际关系，能够适应出现的各种变化

七、人与时间的关系：来自这一国家的大部分团队成员，他们尊重自己的上级主要是基于……

续表

1	2	3	4	5	6	7	8	9	10
倾向于在一段时间内只专注于其中某项活动，同时必须按照计划和进度的安排去开展跨国项目活动						可以并行实施多项工作，但对进度和日程安排的执行不严格，特定工作完成程度是优先考虑的首要准则			

4．开展交换表格

这是要求各小组对他们所代表的国家进行交换表格（防止重复），以确保每个小组都能对相应国家文化进行独立评估，同时再要求每个跨国项目的小组将自己所代表国家的名称写在第二页纸上。

5．填写表格

描述并解释霍夫斯泰德国家文化模型或者琼潘纳斯组织文化模型中的各个维度，要求每个小组将自己对两个国家的印象分别填写在表格中的相应位置。

6．阐述观点

要求跨国项目团队每个小组大声朗读对于两个国家（如东道国和投资国）的看法，如果对同一国家的有相反观点就需要分析其中可能的缘由，然后将评估结果记录在评估表中（见表 9-3 和表 9-4）。

表 9-3　文化维度练习（评估 A 霍夫斯泰德）

根据所有组反馈回来的情况，请将相关国家的名字写在每一行上

一、权力距离

	1	2	3	4	5	6	7	8	9	10	
较低等级						较高等级					

二、个人主义

	1	2	3	4	5	6	7	8	9	10	
更倾向于个人主义						更倾向于集体主义					

三、男性化

	1	2	3	4	5	6	7	8	9	10	
更男性化						更女性化					

四、不确定性规避

	1	2	3	4	5	6	7	8	9	10	
最弱										最强	

五、长期倾向

	1	2	3	4	5	6	7	8	9	10	
更注重短期										更注重长期	

表9-4　文化维度联系（评估 B 琼潘纳斯)

一、普遍主义与排他主义

	1	2	3	4	5	6	7	8	9	10	
普遍主义										排他主义	

二、个人主义与社群主义

	1	2	3	4	5	6	7	8	9	10	
个人主义										社群主义	

三、成就与归属

	1	2	3	4	5	6	7	8	9	10	
成就导向										归属导向	

四、情感中性与情感丰富

	1	2	3	4	5	6	7	8	9	10	
情感中性										情感丰富	

五、明确与模糊

	1	2	3	4	5	6	7	8	9	10	
明确										模糊	

六、人与自然关系

	1	2	3	4	5	6	7	8	9	10	
内部控制导向										外部控制导向	

七、人与时间关系

	1	2	3	4	5	6	7	8	9	10	
静态导向										动态导向	

7．开展讨论

组织跨国项目团队成员进一步就不同国家在同一文化维度方面究竟存在哪些差异进行讨论，并讨论这些差异对整个跨国项目来说将会带来怎样的影响。

8．对比分析

针对不同要素，根据这些国家在霍夫斯泰德和琼潘纳斯模型中的相对位置来和大家的观点进行对比分析，看看大家的认识存在哪些文化异同。

9．分享信息

作为这项练习的最后一步，要求每个人将自己在跨国项目团队建设过程中发现的惊喜与其他人分享，特别是如何看待其他人对自身文化理解方面的信息的分享是十分重要的。

10．整理结果

这是在跨国项目实施过程中的会议上再次组织一次评估，进一步评估文化在跨国项目实施过程中究竟发生了哪些变化，这些差异对沟通、协作及跨国项目都带来了怎样的影响。

9.4　跨国项目管理的跨文化组织安排和文化融通

现有的关于文化差异的研究主要反映对不同国家文化差异的比较研究，对于来自不同国家的组织成员的跨国项目团队成员，人们用这些比较研究成果去识别和理解他们行为的背景情况，并帮助跨国项目管理者更好地解决跨国项目团队中的各种文化冲突。然而需要强调的是，人们使用这些方法和知识的目的是增进对不同文化之间所存在的差异的理解和管理，所以应当尽量避免对于研究结果的滥用或者形成怀有偏见的歧视看法。

9.4.1　跨国项目管理的跨文化组织安排

对于跨国项目经理来说，最重要是在面对各个文化维度上存在差异的跨国项目团队成员时，如何去采用有针对性的管理方法和做法。例如，霍夫斯泰德模型在评估了权力距离维度和计划控制系统之间可能存在的联系得出的结论是：低权力距离文化背景的团队成员要给他们更多的信任，而高权力距离文化背景的团队成员对于这种信任的需求不高①。实际上，综合运用以下方法加以应对才是最为恰当的跨国项目的跨文化项目团队的正确管理方法。

1. 针对所有成员使用相同的工作流程和管理模式

在跨国项目管理必须采用一视同仁的管理方法，所以在跨国项目开始之初必须对所有成员使用相同的工作流程和管理模式，使得所有成员感觉到获得公平的对待。不管是对来自投资国还是东道国的跨国项目团队成员，都要采用相同的工作流程对他们的工作进行管理控制。

2. 从文化差异的视角观察他们不同的反应和行为

然后借助文化背景的比较管理学的方法去了解人们的"喜好和厌恶"，仔细观察并确认来自不同文化背景的跨国项目团队成员所需要的控制强度高低。然后，建立有针对性的跨国项目团队的管理和控制方法，并且确认他们在新方法下是否更好地完成自己的工作。

3. 跨文化的差异性管理方法会收到高于预期的结果

在很多情况下，跨国项目团队成员都能在这种具有差别化管理的方法，以便很好地调整管理行为和适应跨国项目团队的多元文化需要。这种差异性跨文化管理方式和方法的使用，很多时候会收到高于预期的管理效果，跨国项目的跨文化团队成员们会在实际工作中会做出更高的绩效。

4. 根据团队成员反馈信息调整跨文化团队的管理方法

这种灵活的跨文化团队的管理方法需要特别注意收集和处理跨国项目团队成员的管理控制方面的反馈信息，管理学可以通过组织每周的跨国项目团队例会等形式获得他们的工作绩效和对于管理方法的反馈意见，然后进一步改进跨文化管理的方式和方法以获得更大的跨国项目绩效。

9.4.2　跨国项目管理的文化融通

跨国项目经理还必须发挥自己的创造力，针对跨国项目的跨文化特性去开展文化融通（融会贯通）方面的工作，以便能更好地带领跨国项目团队去实现跨国项目的成功。国际上研究有关文化融通的成果表明，只有将两种或多种文化进行有机整合，才能使深受多种文化影响的人们成为一个统一的整体。跨国项目团队就是一种

---

① Geert Hofstede, Gert Jan Hofstede, Paul B Pedersen. Exploring Culture: Exercises, Stories and Synthetic Cultures[J]. Intercultural Press, 2002.

需要融通文化的团队，因为这种团队成员具有来自不同国家和不同组织，所以他们是具有不同国家文化和不同企业文化背景的人们。所以，这种跨国项目团队需要开展文化融通去成为一个统一的整体。

从文化维度的比较研究和分析角度了解跨国项目团队成员的思维模式和文化背景的一手资料后，跨国项目管理者就需要借助文化融通的方法，去关注和改变跨国项目团队成员的行为模式和建立跨国项目团队自己的融通性的组织文化。在开展有效的这种多元文化融通过程中，跨国项目管理者可以根据以下步骤和内容来展开。

1. 熟悉不同类型的文化

不同国家和不同组织之间存在文化差异，这些差异所带来的影响又会使得跨国项目团队成员的行为和管理方式与方法有所不同。这就需要使用本章此前讨论的内容和方法，去找出并熟悉跨国项目团队中存在的文化差异，以便为构建跨国项目团队多元文化奠定基础。

2. 理解跨文化的差异

通过综合运用各个文化维度的管理比较研究，去理解对具有不同文化背景的跨国项目团队成员之间可能存在的行为和管理方式方法方面的差异，以便根据这些跨国项目团队成员间的文化差异，及其所导致的行为和管理方式方法的差异，去开展跨国项目团队的文化融通的工作。

3. 开展文化融通工作

根据对于跨国项目团队成员中文化差异的研究和理解，制定出开展文化融通的计划和安排，并借助所有可能的机会去开展跨国项目团队文化融通的工作。这既包括借助会议形式和规章制度，也包括借助文化交流或联谊活动等去开展跨国项目团队的文化融通工作。

4. 享受文化融通的成果

随着跨文化的跨国项目团队的文化融通工作不断进展，利用建设出来的多元文化跨国项目团队的优势，跨国项目管理者就可以更好地识别和降低项目风险，产生更高的项目工作绩效，以及以更好的方式实现跨国项目的目标，最终获得跨国项目实施和运行管理的成功。

第 10 章

| 跨国项目的跨文化沟通管理

云南大学　尤获

由于跨国项目参与者们来自不同国家和组织，具有不同文化背景，而且跨国项目管理需要开展异地沟通，所以现有一般项目管理的沟通方法无法满足跨国项目沟通的需要。在制定和实施跨国项目沟通战略和计划的过程中，需要跨国项目参与者们的积极参与，选择和利用可靠而有效的各种沟通技术和方法。为此，本章将重点介绍跨国项目沟通战略制定的过程与方法、沟通战略的实施过程，以及包括沟通媒介选择、会议沟通等在内的沟通技术。

10.1　跨国项目沟通的信息需求分析与确认

跨国项目沟通战略作为跨国项目有效沟通的方向性和原则性大政方针，不但应该基于跨国项目参与者的信息需求来制定，同时需要考虑跨国项目管理和决策的信息需求，只有综合考虑这两者才能够制定出可行而高效的跨国项目沟通战略。因此，以下将对跨国项目沟通的基本原则、跨国项目参与者的沟通需求、沟通过程所需的信息类型进行阐述。

10.1.1　跨国项目沟通的基本原则

跨国项目管理沟通与一般项目管理沟通不同，一方面是缘于跨国项目组织成员行为模式上的差异，如国家文化、民族、企业背景等因素；另一方面则是受制于时区、语言和可利用的通信工具等工具性的客观因素。因此，在跨国项目沟通中人们一般要遵循完整性原则、准确性原则、及时性原则、平等性原则和尊重非官方沟通的原则。

1. 完整性原则

跨国项目沟通的完整性原则包括两个方面：其一是信息的完备性；其二是沟通的完全性。完备性是指在跨国项目沟通过程中所传递的信息应该是相对充分且必要的，不能因有较大的信息缺口而使对方难以理解，从而出现沟通障碍。完全性是指跨国项目沟通中的信息发送、传递、接受、反馈和干扰各个环节都不能少，这还表现在通过采用必要的沟通管理手段，确保所有应该得到信息的人或组织都能够适时、全面地获得所需的信息[①]。

2. 准确性原则

跨国项目沟通的准确性原则体现在两个方面：其一是在沟通中所传递的信息本身必须是准确的信息，而不是似是而非或模棱两可的模糊信息；其二是沟通中所使用的编码和传递方式必须是有效的和准确的，而不是信息接收者无法理解和接收的。因为这种沟通的真正目的是为跨国项目决策提供所需的信息，并且使跨国项目团队成员更好地合作。所以，不管是跨国项目信息发送者的编码，还是信息接收者的编码与理解，都必须坚持这种准确性原则。

3. 及时性原则

这一原则的必要性在于，跨国项目团队成员只有获得有时效的信息时才能做出与实际相符的管理决策和行动。因为任何信息都有时效期或有效期，信息一旦过了时效期和有效期，就会成为毫无价值的"马后炮"而失去指导决策的作用。所以，跨国项目在一定时期的计划、统计、财务等信息，如果不能够及时生成、传递和使用，过了时效期等就没有任何用处了。在跨国项目实际工作中，常常因时差、通信工具等各种原因会出现信息失效而耽误了时机和工作的情况。

4. 平等性原则

这一原则可以归纳为两个方面。一是指在跨国项目沟通过程中不能用自己的标

---

① 戚安邦. 项目管理学[M]. 3 版. 北京：科学出版社，2019.

准去要求别人，而忽略了他人内心的想法和感受，也就是应学会站在他人的角度去思考问题，而不能以自我为中心，甚至无端地去指责对方。二是指在跨国项目沟通过程中，要认真了解对方的习俗、信仰、民族文化等，对他人充分的尊重，不侵犯不贬低，不随意谈论他人隐私，这一点不仅体现出个人素质，对跨国项目团队的合作和工作气氛的营造也十分重要，正所谓"身有礼则身修，心有礼则心泰"。

5. 尊重非官方沟通的原则

这是指在那些不便使用正式或官方沟通渠道时，要积极使用非正式或非官方的沟通渠道，以弥补正式或官方组织沟通渠道的不足。这一原则是指跨国项目中必然存在各种非官方或非正式组织及其信息沟通渠道，学会使用这些非官方沟通渠道会产生很好的沟通效果。另外，有些跨国项目信息不适宜通过官方沟通渠道来传递，所以也需要非官方沟通渠道去开展沟通。

受到来自不同国家成员间语言、价值观、心态等方面的影响，跨国项目沟通中经常会遇到很多独特的问题，而这些问题的解决必须坚持上述原则，以满足跨国项目参与者的信息需求。

10.1.2　跨国项目的信息需求

跨国项目管理与决策的信息需求包括跨国项目各方面管理和决策的信息需求，即跨国项目沟通的需求是跨国项目全部参与者在项目实现过程中的各种管理和决策的信息需求总和。这包括跨国项目业主、项目实施组织、项目团队、项目经理、项目供应商、项目所在社区和政府主管部门等的信息需求，核心是他们对跨国项目范围、时间、质量、成本、价值、环境影响和风险、资源需求、预算控制、经费结算和公共关系等各方面信息的需求。跨国项目信息需求的确定涉及所需要信息的内容、格式、类型、传递渠道、更新频率、信息质量要求等，其中最主要的内容包括以下几方面[①]。

1. 跨国项目组织与管理方面的信息需求

这是跨国项目实施组织、项目团队、项目经理，以及项目全部参与者有关跨国项目在组织与管理方面的信息需求，包括有关跨国项目组织与管理的组织结构、相互关系、主要责任与权利、主要的规章制度、主要的人力资源情况等方面的信息沟通的需求。

---

① 戚安邦. 项目管理学[M]. 3 版. 北京：科学出版社, 2019.

2. 跨国项目内部管理方面的信息需求

这是跨国项目组织、项目团队和项目经理在开展各种跨国项目自身的管理活动中所需的各方面信息，典型的这方面的信息需求包括跨国项目团队内部各种专项管理所需的信息、跨国项目各种资源管理所需的信息、跨国项目各种工作过程管理和决策所需的信息。

3. 跨国项目技术管理方面的信息需求

这是有关跨国项目实施技术、运行技术、技术装备、技术工作，以及技术管理工作所需的各种信息，包括整个跨国项目产出物的生成技术的信息、跨国项目运行工作和业务工作等方面的技术信息、跨国项目实施过程中的各种技术装备方面的信息和跨国项目运行的过程控制技术方面的各种信息等。

4. 跨国项目资源管理方面的信息需求

这方面的信息需求是有关整个跨国项目全过程中所需各种资源和预算的信息需求，这包括跨国项目所需要的人、财、物等各种资源的信息，以及这些资源的配备时间要求和质量要求等信息资源的需求。这些跨国项目的信息需求对于实现跨国项目资源的及时获得和有效配置是必不可少的。

5. 跨国项目实施与控制方面的信息需求

跨国项目实施与控制方面的信息需求包括跨国项目在实施过程中有关项目的范围、时间、成本和价值等计划安排及其完成情况方面的信息，跨国项目产出物的质量和项目工作质量及其完成情况的信息，以及整个跨国项目的资金与资源及其供给情况方面的信息等。

6. 跨国项目环境影响和风险方面的信息需求

这包括三个方面的信息需求：其一是跨国项目对于自然环境和社会环境所产生影响方面的信息需求，即跨国项目对于自己所处环境的影响信息需求；其二是跨国项目所处自然和社会环境对于该项目实施和运行的影响信息需求，即环境对于跨国项目造成的影响信息需求；其三是跨国项目各种风险方面的信息需求，即跨国项目风险识别与度量等方面的信息需求。

7. 跨国项目公众关系方面的信息需求

这包括两个方面的信息需求：一是跨国项目所需的各种相关的公共信息（包括国家、地区，以及当地社区的政治、经济、社会、风俗、文化等方面的信息）的需求；二是跨国项目需要向社会公众即时发布的跨国项目信息（包括环保、项目带来的好处、项目的重要性等）的需求。

由于不同跨国项目的信息需求是不一样，为了能够借助沟通去获得所有跨国项目所需信息，这就需要在跨国项目团队成员及跨国项目参与者的帮助下，明确哪些跨国项目信息是沟通计划中必不可少的。表 10-1 所示的信息需求分类标准基本适用于多数跨国项目。

表 10-1　跨国项目信息需求分类表①

序号	信息类型	信息内容	信息的作用
1	跨国项目管理计划	各类跨国项目管理计划，管理计划的变更请求记录、变更记录	跨国项目定义文件是项目实施与控制活动的主要信息来源
2	跨国项目状态	跨国项目绩效情况：实际发生的成本、进度、质量等情况	将跨国项目实际情况与项目基准和管理计划进行比较，掌握项目绩效
3	跨国项目记录	各类跨国项目原始记录：出现的问题、风险等	帮助跨国项目团队跟踪可能影响项目整体绩效的项目要素
4	跨国项目工作包状态	跨国项目工作包完成情况，以及其中出现的问题记录	以帮助人们了解跨国项目的工作状况，协助分析跨国项目整体绩效变动情况
5	跨国项目组织	跨国项目章程、项目团队成员角色和责任文件、项目组织结构图等	明确职责，利于落实责任人，以及明确沟通对象
6	跨国项目资源保障	跨国项目商务旅行指南、项目采购来源国家的文化和社会情况介绍等	有利于跨国项目团队成员之间了解彼此文化，并且选择恰当的沟通方式
7	跨国项目标准和模板	文件模板、跨国项目实施涉及的相关标准等	统一文本格式，避免跨国项目信息结构不一致或遗漏的状况

资料来源：根据文献整理编制。

10.1.3　跨国项目参与者的信息需求

除了上述跨国项目管理和决策所需的信息需求外，跨国项目参与者为了参与或监督跨国项目的管理，他们各自都有其各自的信息需求。这方面的信息需求是准确

---

① Jean Binder. 全球项目管理——跨国界的沟通、合作和管理[M]. 戚安邦，陈海龙，于悦，译. 天津：南开大学出版社，2011.

地计划和安排整个跨国项目的沟通战略的最基本的基础信息。这方面的沟通需求可以是用矩阵的方法进行描述（见表 10-2），这种矩阵中包括跨国项目参与者之间的关系（矩阵各列所代表的内容）及所需的信息资源（矩阵各行所代表的内容），矩阵中每个单元格分别描述了不同的跨国项目参与者各自对跨国项目沟通做出的不同贡献。

表 10-2　跨国项目沟通需求矩阵实例[①]

参与者	跨国项目发起人	跨国项目决策委员会	跨国项目经理	跨国项目协调人	跨国项目团队成员	跨国项目的最终顾客	跨国项目的供应商	跨国项目的合作伙伴
跨国项目状态准备	由跨国项目经理告知	由跨国项目经理告知	与跨国项目协调人共同准备	与跨国项目经理共同准备	由跨国项目经理告知	部分信息由跨国项目经理告知	部分信息由跨国项目经理告知	部分信息由跨国项目经理告知
工作包状态	—	—	由跨国项目协调人告知	与跨国项目团队成员共同准备	与跨国项目协调人共同准备	—	—	—
跨国项目组织	为跨国项目经理提供输入及审批	为跨国项目经理提供输入及审批	与跨国项目协调人共同准备，与决策委员会共同回顾	与跨国项目经理共同准备	由跨国项目经理告知	部分信息由跨国项目经理告知（机密信息除外）	部分信息由跨国项目经理告知（机密信息除外）	部分信息由跨国项目经理告知（机密信息除外）
跨国项目资源保障	由跨国项目经理告知	由跨国项目经理告知	与跨国项目协调人共同准备	与跨国项目经理共同准备	由跨国项目经理告知	—	—	—

[①] Jean Binder. 全球项目管理——跨国界的沟通、合作和管理[M]. 戚安邦，陈海龙，于悦，译. 天津：南开大学出版社，2011.

跨国项目标准与模板	—	—	与跨国项目协调人共同准备	与跨国项目经理共同准备	由跨国项目经理告知	—	—	—
跨国项目管理计划	由跨国项目经理告知	由跨国项目经理告知	与跨国项目协调人共同准备	与跨国项目经理共同准备	与跨国项目经理共同准备	部分信息由跨国项目经理告知（机密信息除外）	部分信息由跨国项目经理告知（机密信息除外）	部分信息由跨国项目经理告知（机密信息除外）

如表 10-2 所示，沟通需求矩阵是一个能够同时展现沟通信息种类和需求对象的工具，这一方法能够帮助跨国项目管理者避免去收集沟通需求矩阵中没有的信息，除非是那些通过跨国项目变更程序后确认的新信息需求。此时，这种沟通需求矩阵不但需要及时反映跨国项目变更情况，同时还需要反映这些跨国项目变更可能会对跨国项目参与者造成哪些影响，借此提升信息的附加值，有效提高沟通和信息对跨国项目管理和决策的贡献度。

10.2 跨国项目沟通战略的制定

在明确了跨国项目的信息需求和跨国项目参与者的信息需求之后，人们就需要进行跨国项目沟通战略的制定了。这种沟通战略作为开展跨国项目有效沟通的大致方针，要确保准确完整地满足跨国项目管理信息需求，要让跨国项目沟通过程和信息交换的结果及时地为跨国项目管理和决策服务。以下将对跨国项目沟通战略的基本内容、形成过程、制定的方式和方法进行说明。

10.2.1 跨国项目沟通战略的基本内容

跨国项目沟通管理既是跨国项目信息获得过程的全面管理，也是对跨国项目所需信息传递过程的全面管理，还是对跨国项目参与者们思想和感情交流活动与过程的全面管理。其目的是保证跨国项目所需信息能够适时以合理的方式产生、收集、处理、存储和使用，保证跨国项目团队和项目其他成员的思想和感情能够获得有效的交流。

　　由于跨国项目团队成员会来自不同的国家和地区，他们不论是语言、文化、习俗还是个人生活与工作习惯、办事方式等都存在巨大的差异，因此要想让沟通各方真正能够理解通过沟通所传递的数据、信息及其含义，相互理解各自表达的思想和情感，相互理解字里行间或话里话外的真实含义是一件十分困难的事情。跨国项目沟通战略正是一种力图让跨国项目参与者们在有限时间内进行有效沟通的大政方针和整体计划，以便跨国项目沟通的结果能够有利于跨国项目的目标实现。有关跨国项目沟通战略通常由四个要素组成，具体如图 10-1 所示。

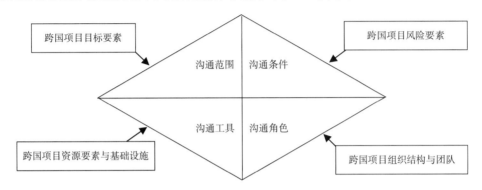

图 10-1　跨国项目沟通战略组成要素示意图

　　由图 10-1 可知，跨国项目沟通战略的构成要素中包括沟通范围、沟通条件、沟通角色和沟通工具四个方面，而这四个方面又分别与跨国项目目标四要素、资源三要素及项目实施当地的基础设施、跨国项目风险要素、跨国项目组织结构与团队等密切相关。其具体内容如下。

1. 沟通范围

　　对于跨国项目来说，其沟通范围涉及两方面：其一是哪些跨国项目的信息需要沟通，即在沟通战略中哪些跨国项目的信息需要进行沟通；其二是哪些跨国项目参与者需要参与沟通，以及他们所了解自己国家和地区的经济发达程度、文化、社会环境、风俗等（这些会直接影响沟通战略的制定）。综合这两方面的情况就会清晰地给出跨国项目沟通的需求空间特征，即跨国项目沟通会在哪些地方发生，它们需要获得哪些信息，以及为此需要设计何种跨国项目的沟通网络和技术。这种跨国项目沟通范围的明晰，可以减少信息的冗余度和沟通工作量。例如，在跨国项目的范围变更之后，跨国项目的沟通范围需要做哪些调整，从而会帮助跨国项目团队成员及时调整自己的信息沟通需求和工作，避免出现信息滞后和冗余过高所带来的沟通问题。

2. 沟通条件

在跨国项目中，沟通条件一方面取决于跨国项目的时间，而另一方面取决于跨国项目成本。从跨国项目时间或进度来说，其主要涉及跨国项目进度安排和项目团队成员所在地的时差。跨国项目时间或进度不仅决定整个跨国项目沟通何时开展和需要多长时间，也决定跨国项目沟通工作在哪些时间点上去开展。同时，因为跨国项目的跨时区问题，还会影响跨国项目沟通方式选择，以及沟通方法和工具的选取。例如，一个跨国项目的团队成员分布于多个国家，那么他们就无法经常性地开展面对面沟通。同时，跨国项目成本决定跨国项目沟通环境（地点）和工具与方法的选择，因为跨国项目沟通是需要成本的。如果跨国项目成本预算宽裕，那么人们就会允许花费较多跨国项目成本来创造更为舒适和便捷的沟通环境和沟通工具与方法。

3. 沟通角色

跨国项目中涉及的项目参与者角色十分复杂，加之他们各自有不同的文化背景和语言，这就更加大了跨国项目沟通的难度。因此，跨国项目的沟通战略中必须充分考虑不同的跨国项目参与者在沟通中所扮演的角色，以实现更加有效的跨国项目沟通管理。这种沟通角色的分析与确定是基于跨国项目组织结构来开展的，此处的跨国项目组织结构既包括跨国项目团队的构成，同时也包括不同的跨国项目参与者之间的关系结构，以及他们对跨国项目的影响结构。所以，这种沟通角色可以通过使用对跨国项目目标实现的影响力、与其他项目参与者的关联紧密程度和关联范围、所处的跨国项目组织层次、是否属于跨国项目核心参与者等来描述，对于那些担当重要角色的组织或跨国项目团队成员就应当在沟通战略中予以重点关注和做好战略安排。

4. 沟通工具

随着互联网时代的进步，可选的沟通媒介、工具和办公通信设备越来越科学和多样，这无异于给跨国项目的沟通和沟通效果提供了有力支撑和保障。但这并不意味着人们使用的沟通工具和方法越先进或越多就越好，还必须充分结合跨国项目人员能力和跨国项目所在地的基础设施条件等实际情况做出选择。因为多数跨国项目团队成员具有不同的文化背景、不同的语言和受教育水平，以及不同的学习能力，他们在接受先进的通信工具和掌握沟通技术上无法实现同步，因此在选择沟通工具和方法时要考虑大多数人能够适应的情况。另外，由于所跨越国家经济发展情况的不同，通信基础设施条件差异较大，因此在跨国项目沟通工具和方法的选择上也必须充分考虑到各地的差异性和这些沟通方法与工具的实用性。

跨国项目沟通战略除了必须包括以上四方面的内容外，还应该充分考虑这四方面的全面集成，这样才能够获得最为适用的跨国项目沟通战略。

10.2.2 跨国项目沟通战略的制定过程

从上述对跨国沟通战略组成要素的阐述不难看出，这种沟通战略不仅与跨国项目参与者息息相关，同时也与跨国项目所处环境有着密不可分的关系。因此，在制定跨国项目沟通战略时，人们必须全面考虑各方面的影响因素，有关跨国项目沟通战略的制定过程和内容分述如图 10-2 所示。

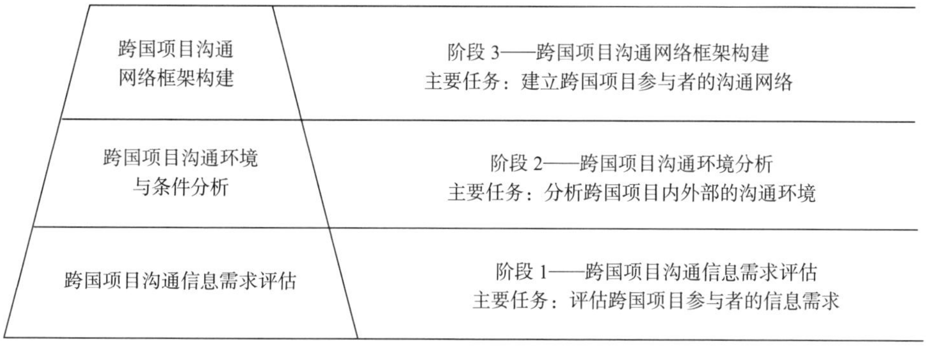

跨国项目沟通网络框架构建	阶段 3——跨国项目沟通网络框架构建 主要任务：建立跨国项目参与者的沟通网络
跨国项目沟通环境与条件分析	阶段 2——跨国项目沟通环境分析 主要任务：分析跨国项目内外部的沟通环境
跨国项目沟通信息需求评估	阶段 1——跨国项目沟通信息需求评估 主要任务：评估跨国项目参与者的信息需求

图 10-2 跨国项目沟通战略制定三阶段示意图

如图 10-2 所示，跨国项目沟通战略的制定过程分为三个阶段，即跨国项目沟通信息需求评估阶段、沟通环境分析阶段和沟通网络框架构建阶段，每一阶段所开展的工作和内容如下。

1. 跨国项目沟通信息需求评估

这一阶段是基础，它的主要工作是根据跨国项目参与者的构成和跨国项目的具体情况，明确跨国项目和跨国项目参与者的信息需求，并且结合跨国项目范围和时间或进度安排情况，分析并评估跨国项目信息需求满足的可行性，构建跨国项目沟通需求矩阵（见表 10-1）。实际上在这一步骤已经将跨国项目沟通范围、沟通条件和沟通角色进行了初步分析，形成了沟通网络选用的基础。

2. 跨国项目沟通环境与条件分析

基于上述跨国项目沟通信息需求评估的结果，这一阶段需要对跨国项目内外部的沟通环境与条件进行分析，包括跨国项目内部的组织结构与工作职责分配、跨国项目成本与时间的要求、跨国项目团队成员所处地区或国家通信设施和条件等方面的分析，以及跨国项目所在地的政治环境、经济社会发展程度、基础设施状况等在内的跨国项目外部环境与条件的分析。

3. 跨国项目沟通网络框架构建

这一阶段重点在于构建跨国项目参与者之间的沟通网络框架，以及这种沟通网络所需的沟通频率、沟通方式、沟通工具、沟通内容等。当存在某种沟通障碍和客观困难的情况时，人们需要在这一阶段根据困难情况去优化跨国项目沟通网络，调整沟通的成本预算和时间安排，以保证跨国项目信息的交换和传递，从而降低跨国项目的不确定性和风险。

由于跨国项目沟通战略是基于跨国项目沟通需求矩阵制定的，因此人们仍然可采用矩阵形式来给出这种跨国项目沟通战略的计划结果和内容。由于不同的跨国项目其项目复杂程度、涉及的跨国项目参与者类型与数量、涉及的区域和国家不尽相同，所以所需使用的矩阵也会有所不同。

10.2.3 跨国项目沟通战略的制定方法

由于每个跨国项目都有全新的局面和挑战，所以并没有完全适用于所有跨国项目沟通战略的样本或模板存在。因此，在制定沟通战略的过程中，需要跨国项目团队成员和项目参与者参与进来以汇集各方面的需求和智慧，根据自己实际情况制定出跨国项目沟通战略。根据跨国项目跨越地域和时区的特点，使用在线头脑风暴会议方法（见图 10-3）是较为适宜用于跨国项目沟通战略制定的方法。该方法是一种激发创新思维的协同工作方法，参与的跨国项目团队分布在不同地点，通过视频或者通信工具进行互动和交流，由跨国项目经理主持和大家参与最终形成沟通战略。

该方法根据会议时间的安排可以分为同步在线头脑风暴会议和异步在线头脑风暴会议两种。其中，同步头脑风暴会议是指在约定的时间但不同的地点，跨国项目团队成员通过选定的沟通工具开展头脑风暴会议，以讨论如何制定跨国项目沟通战略的议题。异步头脑风暴会议则是跨国项目团队成员在不同时间和不同地点以会议的方式展开思考并提出意见，这种方法可以使跨国项目团队成员不再受语言、地点及所在时区等众多因素的影响。特别是由于参与会议的成员并不清楚在异地究竟是谁在参与讨论，因此可以排除特定跨国项目团队或者个人权威的影响。跨国项目经理或者跨国项目协调人主要负责整合信息、组织翻译、监控回答情况，以保证会议书面发言的整体质量。以下就对这种方法中的四个阶段，以及与跨国项目沟通战略形成过程的作用进行介绍。

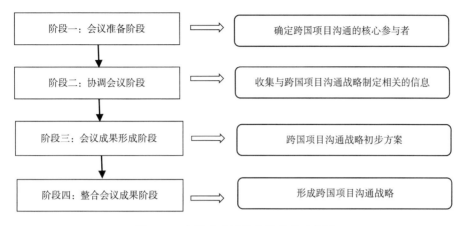

图 10-3　在线头脑风暴会议阶段示意图

如图 10-3 所示，在线头脑风暴会议的实施分为四个阶段，其具体内容如下。

1. 会议准备

这一阶段，首先是要确定哪些跨国项目团队成员和参与者需要参会，并选择适合会议期间使用的沟通媒介（通常选择视频会议的模式），之后就需要对会议进度进行合理安排。会议安排通常包括会议目标、会议主题、背景和目标、会前准备要求、会议进程计划、会议保障等。

2. 会议协调

这一阶段，其核心在于选择合适的方法开展与会者各种观点的收集，并且解决会议中可能存在的各种问题，这一阶段需要让与会者们畅所欲言。许多普通的软件工具就可以及时记录会议过程和人们的观点，使用较多的是借助思维导图等技术去搜集人们的意见和信息。会议协调人（或主持者）可以将人们的相似观点分类，然后在相互联系的主题之间建立联系，同时记录下与会人员现场发表的各种支持和反对意见。

3. 会议成果形成

参与这种在线头脑风暴会议的跨国项目团队成员或参会者通常都是代表整个当地跨国项目团队来表达各种想法和意见的，因此在这一阶段通过要求参会成员所代表的组织召开同一知识领域内的专家评审会议，来评估跨国项目团队成员们确认的各种观点，评估从其他渠道获得的信息，并对现有偶同战略观点进行补充，从而形成各跨国项目参与组织认可的沟通战略方案。

4. 整合会议成果

在这一阶段，跨国项目经理或管理者需要全面整合已经形成的各方面组织给出的沟通战略方案，因为这些方案出自不同专业、不同地区或不同领域的小组之手，需要合并其中达成一致的沟通战略方案，并通过多次召开与会人员的全员评审会议来确定最终沟通战略。

其中，对于同步在线头脑风暴会议来说，可能涉及大多来自多个不同时区的人们，由于这种头脑风暴会议时间长且难以达成统一意见，再加上人们使用通用语言方面的困难，所以会出现某些人无法或没有时间去表达其真实想法的情况。异步在线头脑风暴会议虽然缺少了面对面沟通的各种好处，但异步在线头脑风暴会议却可以较好地解决时间限制造成的这些问题。

10.3 跨国项目沟通战略的实施

基于上述对跨国项目沟通中的信息需求和沟通战略制定过程的讨论，人们不难看出跨国项目沟通战略的核心是为实现处于不同空间的跨国项目不同参与者之间的信息传递与信息交换。因此，在跨国项目沟通战略的实施过程中，重点就是确保充分的、准确的、及时的信息传递、交换与分享。因此，以下将着重对沟通战略实施中的信息管理问题进行讨论。

10.3.1 跨国项目信息的收集

信息收集是开展实施跨国项目沟通战略管理的第一步，其主要内容包括收集项目及其团队所产生的信息和其他跨国项目参与者所产生的相关信息。实际上所有的这些信息都是经过加工处理以后对人们的决策有用的数据，因为任何信息都是由数据加工而来的，并都是为开展决策提供支持服务的。

1. 跨国项目信息的收集主体

由于跨国项目有多种信息需求，因此在进行信息收集时需要充分考虑各种信息处理者的专业背景、其国家或地区的文化与习俗、自身的工作经验和工作能力等，以免处理不当产生不实信息或信息冗余。例如，对于专业性很强的跨国项目技术信息应由专业人员来进行收集和处理。特别是在收集跨国项目参与者的信息需求的时候，需要由充分了解他们相关文化背景的人进行收集和处理信息，以免不能收集完备而有效的信息。

2. 跨国项目信息的收集对象

在明确了收集信息的主体之后，还需要确定需要向谁进行收集（信息收集对象或客体）。对于跨国项目沟通战略管理来说，主要需要收集七大类的信息，这些信息对于跨国项目沟通分别起到不同的作用，这些信息对于构建和实施沟通战略来说都缺一不可，表 10-3 给出了对这种信息收集工作的分工安排。由表 10-3 可知，在收集信息的过程中跨国项目团队应该根据信息来源对收集工作进行分工，并建立协调人制度，以便让跨国项目信息收集工作中的沟通更为顺畅，以及不出现遗漏现象。

表 10-3　跨国项目沟通战略实施中的信息收集工作分工表实例

序号	信息类型	信息来源	信息收集协调人
1	跨国项目管理计划	跨国项目经理	跨国项目沟通管理专员
2	跨国项目状态	跨国项目各地方负责人	地方协调人（非地方负责人）
3	跨国项目记录	各工作包负责人	跨国项目经理
4	跨国项目工作包状态	各工作包负责人	跨国项目经理
5	跨国项目组织	跨国项目各地方负责人	地方协调人（非地方负责人）
6	后勤保障	跨国项目团队成员	跨国项目沟通管理专员
7	标准和模板	跨国项目上级主管单位	跨国项目沟通管理专员

如表 10-3 所示，跨国项目信息来源和信息收集的协调人不应该为同一个人，这样会有利于确保跨国项目信息收集过程中工作职责的清晰划分。相比于信息来源，表 10-3 中的信息收集的协调人更多的是在信息收集过程中起到监督、协调和控制的作用，以确保跨国项目信息收集者和提供者都能尽职尽责，并且在出现困难时与跨国项目领导商议解决办法。表 10-3 中的跨国项目沟通管理专员（或主管）是沟通战略管理的重要角色，他是直接由跨国项目经理领导并专门负责跨国项目沟通管理的，该岗位对于不太复杂的跨国项目来说，也可以由跨国项目经理来兼任。

由于跨国项目信息收集工作十分复杂且工作量大，所以使用智能化的跨国项目管理信息系统可以给跨国项目沟通带来便利性，尤其是给跨国项目沟通信息的收集工作带来好处。在跨国项目实施过程中，智能项目管理系统可以帮人们收集和处理各种跨国项目信息。人们要利用智能化的跨国项目管理信息系统来开展信息收集工作，需要注意以下几个关键点。

（1）需要在系统中提供一个共享的数据存放地点。人们可将所有跨国项目文件集中在此储存，同时在此供成员查询和下载，并保护跨国项目信息的安全。

（2）需要建立信息输入的电子模板。这样便于人们在任意时点将跨国项目情况按照标准格式输入系统中，以增加数据的规范性，并方便从中提取有用信息。

（3）系统要与其他办公软件有较强的兼容性。这可在引导跨国项目团队成员按照预设的活动、问题、风险等相关信息同时，方便人们使用其他类型的电子文档并形成数据库。

（4）在应用系统过程中要对相关的信息提供者提出明确的要求。即在规定的时间上传相关的跨国项目信息，并实时共享，在每一次会议后及时更新跨国项目相关的记录。

当然，跨国项目管理信息系统并不是万能的，一部分隐性的信息（如跨国项目成员的经验、不同国家的文化与习俗、个人行为模式与性格等影响跨国项目沟通的因素）并不能有效地反映在这种管理系统中，这些只能通过相关人员不断收集跨国项目这方面的相关信息。

10.3.2 跨国项目沟通信息的发布与交换

在收集并处理好信息之后，人们需要利用不同的工具将跨国项目信息选择不同的方式将其进行发布，可行的方式主要有以下几种。

1. 跨国项目会议

跨国项目团队成员可以根据需要，通过面对面会议、音频会议、带音频网络会议及视频会议进行沟通，相关信息也可以在这些会议上通过语言、文字、图像等方式发布。作为跨国项目沟通的最重要方式，跨国项目会议的具体内容将在下文中进行专门讨论。

2. 电子数据库

跨国项目应该建立电子数据库，尽可能使大家都以同样结构、遵循同样的规则来储存和提取文件。在这一跨国项目虚拟空间里，将保存所有的跨国项目文件、报告、记录。当上传新的文件，或者某个文件目录更改或更新时电子数据库会自动通知相关人员。

3. 电子沟通工具

随着时代的发展，越来越多的电子沟通工具进入跨国项目沟通过程中，目前普遍使用电子工具包括电子邮件、即时信息、音频、视频、翻译软件等。这些工具可以让跨国项目团队成员在任何地点任何时间，以十分快速便捷的方式获得各自需要的相关信息。

4. 跨国项目管理信息系统

跨国项目管理信息系统是一个有效的信息管理系统工具，它可以根据成员上传的基本数据进行费用估算、进行挣值计算并绘制 S 曲线、判断偏差、绘制跨国项目关键路线图和跨国项目计划图表等。它还应有多语言转换的功能，以及智能化提供跨国项目全面信息的功能。

10.3.3　跨国项目沟通信息的交换平台

在跨国项目沟通中，信息的发布与交换是互为支撑的，人们在发布信息的同时，也需要获取他人所提供的信息。人们可以在必要的时候发出信息需求申请，从他处获得自己所需的信息。这就需要构建跨国项目信息交换平台，这种平台不仅能储存和共享各种跨国项目信息和提供多语言转换的服务，还能有针对性地提供跨国项目参与者国家的政治、人文、社会等各方面的信息。这种跨国项目信息平台不必强大或持久，但其功能和操作必须充分考虑跨国项目信息需求和人们的能力。建立跨国项目信息平台有如下三种方式。

1. 由跨国项目发起人创建一个跨文化的信息交流平台

这种方式具有很高的针对性，可以针对具体跨国项目的信息要求，去设计专属的信息交流平台。但是要实现这种方式需要专业的 IT 人才，以及大量的资金投入，同时还要承担新开发的平台不适应跨国项目要求的风险。

2. 重复利用历史类似跨国项目的信息交流平台

这是节约成本的一种方式，由于已经在上历史类似跨国项目中使用过该平台，在本次跨国项目中再次使用也会更加方便。但是由于跨国项目组织的独特性，因此在采取这种形式时，务必更新交流平台的语言模式、文件模板等，使其适应新跨国项目的具体情况。

3. 外包给更专业的企业来做这种平台

当跨国项目无法自行建设信息交流平台的时候，还可以外包给更专业的企业来做这种平台。这种专业企业还能承担信息交流平台的维护工作，但是其弊端是这些专业公司不像跨国项目团队成员了解跨国项目情况，因此需有跨国项目组的成员对这种平台的需求和要求等方面进行帮助。

10.4　跨国项目沟通媒介的选用

随着科技的发展，可供跨国项目管理者选择的沟通媒介或方法日益增多，如何选择适合跨国项目且能够帮助沟通战略实现的高效沟通媒介就成了沟通战略实施的关键。本节将从沟通方式的类别、沟通媒介的类型、沟通媒介的选择方法等方面进行阐述。

10.4.1 沟通方式的分类及特点

沟通媒介作为存储和传播信息的物质工具，其作用在于在让信息能够准确、及时且完整地传递给沟通对象。由于不同的沟通媒介能够达到的信息传递范围和效果不同，它们适用的沟通方式也不同，因此人们需要在确定沟通方式的情况下进行沟通媒介的选择。以下将首先对跨国项目中的六种主要沟通方式（见表 10-4）进行说明。

表 10-4　跨国项目沟通方式分类表

沟通方式	信息传递方向	沟通对象类型	适用场合
面对面交谈	双向	一对多/多对多	非正式/正式
电话交流	双向	一对多/多对多	非正式/正式
直接命令	单向	一对多	正式
借助文件	单向	一对多	正式
召开会议	双向	多对多	正式
业务报告	双向	一对多	非正式/正式

如表 10-4 所示，跨国项目的六种主要沟通方式在信息传递方向、沟通对象类型和适用场合等方面均有所区别。以下对每一种沟通方式的特点进行说明。

1. 面对面交谈

这是最常见的沟通方式，也是最有效的沟通方式，因为双方不仅能了解言语的意思，而且能够了解肢体语言的含义（如手势和面部表情）。这种沟通方式可以应用于沟通对象一对多或多对多的情况，而且"亲自参加会议"也传递了一种信息，即表达了对跨国项目、团队成员及参与者的尊重和承诺。在很多文化背景和环境里，这可应用于非正式或正式的场合。但这种方式也有其弊端，如容易受人情绪等方面的影响，使跨国项目信息得不到全面的传递。

2. 电话沟通

与面对面交谈相比，电话沟通（包括电话录音）的好处在于可以实现远距离的直接沟通，不用拘泥于特定地点和时间。特别是随着可视电话技术的成熟，在很多跨国项目中电话已经在很大程度上成为跨国项目团队成员进行日常非正式的主要沟通方式，甚至也已经成为一些正式场合的沟通方式。此外，对于远距离沟通，很多组织都开始使用网络电话，这样不但可以大量减少通信成本，同时也可以方便在正式场合下进行录音、录像等一些记录活动的开展。

3. 直接发布命令

跨国项目组织中的上级领导对下级员工布置工作、安排任务都可以直接发布命令，这种命令又分口头命令与书面命令两种。对于跨国项目来说，鉴于在空间上的阻隔和时间的有限性，人们通常需要通过电子邮件或社交软件等信息交流平台来下达书面命令，同时也会通过电话等形式下达口头命令。这种直接发布命令的沟通方式是一种单向的一对一或一对多的沟通方式，它通常应用在正式场合。但是在使用这种方式的时候，一定要随后做好必要的说明和解释。

4. 借助文件

跨国项目经理或管理层下发有关文件是典型的单向且一对多的沟通方式。对于与跨国项目参与者和需要跨国项目团队成员共同的信息多数需要按照文件模式给出。需要注意的是，必须在具体文件制定并下达前与相关人员进行彻底的沟通，充分确保文件内容的可行性与必要性。在跨国项目文件下发到各方面后，需要人们认真阅读和理解，并听取意见，以确保文件内容沟通、执行到位。由于跨国项目中会涉及使用不同语言的团队成员，因此需要确保跨国项目文件在翻译过程中的准确性。

5. 召开会议

会议可以说是跨国项目沟通中能够实现多对多且双向沟通的最常用沟通方式，也是开展跨国项目协调的最佳手段和方式。但是对于跨国项目来说，由于跨文化和跨时区等限制而使得经常举行面对面的会议并不现实，因此更多的跨国项目团队选择采用远程沟通媒介来开展线上会议或虚拟会议。由于现在的各种虚拟或电子及社交软件的会议的形式多样化，且对于跨国项目沟通有着重要作用，因此本文将在下文中对其进行专门阐述。

6. 各种业务报告

跨国项目业务报告可分为口头报告和书面报告两种，其具体形式包括情况报告、请示、建议书等。这是一种上行沟通的方式，一般需要批复或口头上给予反馈。在跨国项目中，业务报告可能通过信息平台和个人递交两种途径提交，但由于语言上可能存在障碍，因此在报告的过程中可能需要提前沟通，确定报告语言及具体提交方式后再行准备报告并提交，以免出现遗漏和错误。对于一些重要的业务报告，还需要有第三方或信息平台进行保存和记录。

10.4.2 沟通媒介的类别

从上述几种沟通方式来看，其所适用的环境并不相同，其中除了面对面交谈外，都需要借助一些沟通媒介来实现跨国项目沟通战略。以下就对目前广泛应用的几种沟通媒介进行说明。

1. 电子邮件

电子邮件打破了时间和空间的限制，让工作时间或工作地点不同的人们能够有效地沟通。电子邮件让人们能够同时给多人发送信息，并能发送电子文件、图片或文档等附件。但电子邮件不能展示人们的外貌特征、气质形象、行为方式方面的信息，也不能传达微妙的手势或者非言语的暗示，仅凭语言表达可能让邮件内容被误解或曲解，从而导致人们之间矛盾产生。因此，对于有争议或者敏感的问题，进行跨国项目沟通时应避免使用电子邮件。

2. 社交媒体的即时信息

社交媒体的即时信息是一种采用文字、录音、图片等方式进行实时沟通的媒介，它可以在两个或更多用户之间进行。它和普通电子邮件的不同之处在于，它的信息沟通是即时的，进行对话十分便捷。人们当前经常采用的脸书、微信、推特等社交软件就是这种即时信息工具。由于可采用分类的好友名单和工作群，因此这有助于建立有效的跨国项目沟通群体，同时这种媒介还可以将某一信息同时发送至多人或者某一群体，因此能够大大提高沟通效率。

3. 音频会议

音频会议是采用电话和语音邮件等方式进行的会议，这种媒介方便快捷、使用简单、灵活性大。音频会议最突出的优点是与会者之间有了更加实质性的交流，因为在音频会议上人们可以通过改变语气、音调或者音量和使用停顿或语气词来衔接话题。音频会议最大的缺点是看不见与会人员，有调查显示在音频会议上只有23%的人在全神贯注地开会。总之，音频会议在跨国项目沟通上是有效的，但必须是合理地使用这种方式。

4. 带音频的网络会议

网络会议增加了一定的视频信息，能让与会者观看对方及其电子文件的演示，在主持人引导下人们可以浏览网络文件或者和其他人沟通与讨论文件。这让与会者在参加远程会议的同时，可以通过浏览器共享文件和信息。这是一种相对便宜和有效的跨国项目团队沟通媒介，可以增强团队的会议体验。然而，网络会议和音频会议类似，与会人员是"隐身"的。如果要建立合作关系或者促进跨国项目团队工作，这不是十分理想的沟通媒介。

5. 网络直播

跨国项目团队可以在互联网或者公司内部网上快速传输和直播各种音频和视频文件，用户不必苦苦等候文件下载就可以看到视频画面或者听到声音。在一个直播或者实时的信息流中，参与人员被告知在预定的时间访问特定的网址，大家同时收听或观看相关文件。最重要的是这种沟通模式是一种从主持人到观众的单向沟通媒介。假如一个跨国项目议题需要与会人员讨论，或者要求发言人和与会者提问和回答的时候，这就不是最好的沟通媒介和方式了。

6. 视频会议

这是一种召开虚拟会议的方法，它为处在两个或者两个以上不同地点的人提供虚拟的面对面沟通的机会。视频会议同样也有远程共享其他媒介的方法，包括录像带、书写板和电子文件等。视频会议提供了虚拟面对面沟通的好处，而不用支付召集异地人员集中到一个会议室的直接和间接成本。与会人员可以展示与工作相关的物品，也可以发现其他人是否在认真听取会议和做出何种反应。与会人员还可以分成小组，同时对问题展开讨论，推进跨国项目决策进程。

对于跨国项目管理来说，大多都选择采用多种沟通方式来帮助跨国项目团队成员保持联系和正常工作，因此沟通媒介也呈现多样化并需要将不同的沟通媒介整合到跨国项目沟通平台上，以在确保沟通顺畅、无信息冗余的情况下，提高沟通效率。

10.5　跨国项目的会议沟通技术

会议对于每一个跨国项目来说都是不可或缺的沟通方式，因为这是一个思想汇聚且能够进行即时交换信息的方式，并且多数会议就会就跨国项目某些议题做出决策。对于跨国项目来说，由于成员来自不同国家或地区的不同组织，他们对于跨国项目有着不同的看法，而地理上的分隔导致召开面对面的会议并非易事。因此，以下将对跨国项目所需的具体会议类型、沟通媒介、会议组织程序等进行探讨。

10.5.1　跨国项目的会议类型与沟通媒介

在跨国项目中，常用的会议类型有跨国项目情况评审会议、跨国项目技术评审会议、跨国项目问题解决会议三种，其具体内容如下。

1. 跨国项目情况评审会议

这通常由跨国项目经理主持，分为内部和外部两种。内部的跨国项目情况评审会议一般每周一次，由跨国项目团队成员参加。外部的跨国项目情况评审会议则间隔时间更长，由跨国项目组部分成员及跨国项目业主/客户参加。这种会议的内容主要包括自上次会议后跨国项目所取得的成绩、各种跨国项目指标的完成情况、跨国项目实际与项目计划之间存在的差异、跨国项目未来的发展趋势、跨国项目最终结果的发展预测、解决已发现问题需要采取的措施、下一步的具体行动安排等。

2. 跨国项目技术评审会议

跨国项目技术评审会议通常由跨国项目经理主持，分为跨国项目技术初审会议和跨国项目技术终审会议。会议的内容和方法因跨国项目所属专业技术领域的不同而有所差异，会议的内容和方法也会因跨国项目专业技术问题的不同而有所差异。跨国项目技术评审会议的目的在于在跨国项目开始实施之前和实施过程中，由跨国项目业主/客户和团队成员对跨国项目的技术方案及完成了技术问题的解决方案进行必要的讨论、评审和确认。

3. 跨国项目问题解决会议

跨国项目问题解决会议是一种解决跨国项目随时出现各种管理问题的紧急会议，是不定期的一种跨国项目会议。通常，该会议的主持人、何种情况下召开这种会议、会议参加者及其权限都应该在跨国项目起始阶段做出了明确的规定。这种会议内容主要包括：描述或者说明跨国项目存在的主要管理问题，全体与会者共同分析找出跨国项目管理问题的原因及影响因素，提出可行的解决方案，评估并选出满意度最高的解决方案，必要时修订或者变更相关跨国项目计划。会议的目的在于及时发现并解决跨国项目问题，将其对跨国项目的影响最小化[①]。

面对面交谈是跨国项目各种会议最常用的沟通方式，但是有时限于地域上的阻隔和时区上的差异，面对面交谈并不容易实现，因此需要选择其他沟通媒介进行会议组织。表10-5就对不同类型会议建议使用的沟通媒介进行了总结。

---

① 戚安邦. 项目管理学[M]. 3 版. 北京：科学出版社，2019.

表 10-5　跨国项目中不同类型会议建议使用的沟通媒介[①]

会议类型	参 加 人	人数	持续时间	协调人	建议使用媒介	避免使用媒介
与协调人召开的跨国项目监督控制会议或者后续日常跨国项目评审会议	跨国项目所在地的协调人	≤5 人	≤1 小时	跨国项目经理	音频网络会议	音频会议
与团队核心成员召开的跨国项目监督控制会议或者后续日常跨国项目评审会议	跨国项目团队成员	5~15 人	1~2 小时	地方协调人	音频网络会议	音频会议
为了解决冲突，商讨项目风险等原因召开的跨国项目监督控制会议	跨国项目团队成员	≤5 人	≤1 小时	地方协调人	地方会议/视频会议	
为制定战略和计划而召开的专门研讨会	跨国项目团队成员	≥15 人	半天~一周	地方协调人	地方会议	音频会议/网络会议
与跨国项目发起人团队召开的日常会议—获得承诺	高层管理者	5~10 人	≤1 小时	跨国项目经理	音频网络会议	音频会议
项目起始会议	跨国项目团队成员、地方协调人	≥15 人	半天至一周	跨国项目经理	音频会议及音频网络会议	

10.5.2　跨国项目的会议组织形式与基本流程

最新研究结果表明，面对面的会议能多吸引大多与会者的注意力，因此很多跨国项目团队正在尝试利用现代通信工具来减少不能召开面对面会议造成的问题。以下就对目前经常被使用的会议组织形式进行简要总结。

1. 现场会议

现场会场会议即所有参加会议的人都位于同一地点时的会议。其优点是组织起

[①] Jean Binder. 全球项目管理——跨国界的沟通、合作和管理[M]. 戚安邦，陈海龙，于悦，译. 天津：南开大学出版社，2011.

来方便，成员间可以快速及时地传递信息并给出反馈。同时，在处理较敏感的问题及微妙的人际关系时，面对面都是最合适的方式，这种视觉上的接触也有助于成员间建立信任和融洽的关系，在团队刚建立时尤其重要。但是对于不能与会的跨国项目人员来说，这种会议所传达的信息就不完全了，虽然可以通过会议记录或录像来了解。

2. 音频会议

最常见的跨国项目音频会议形式即为电话及语音电话，在会议上与会者可以听过语调、音量、语气词等来增加对于发言者真实意图的理解。但与会者不能看到对方，参与感不足，而且这种方式的会议不适合长时间的会议。同时，该方式对跨国项目沟通信息的安全和通话方隐私保护要求更高。

3. 音频网络会议

该方式最大的优势是人们可以实时通过屏幕共享文件、报告、图像等，与会者在主持人的引导下观看电子文件演示并进行讨论，同时能对谈论中涉及的相关要点所达成的共识进行确认。这是一种相对便宜并有效的网络技术，但是它有和音频会议类似的缺点，所以在跨国项目沟通中的使用率也不高。

4. 视频会议

在现场会议无法成行的情况下，视频会议是很好的替代方式。它为两个或者两个以上的人提供虚拟的面对面的沟通条件，而不用支付召集人们到一个会议室开会所要支付的成本。视频会议内容的记录和保存也更为便捷，但是该方式需要相应的专业技术人员及专业性很高的硬件设备来保证实现，也会受到网络不稳定等因素的影响，但这种方式在跨国项目沟通中使用较多。

虽在具体采用的媒介上有所区别，但上述会议的基本流程归纳见表 10-6。

表 10-6　跨国项目会议组织流程于流程

阶　　段	组织工作
会议前	（1）制定会议题并提前几天发布会议邀请，和与会人员协商好会议时间并发布会议电话号码，以及所有与会国家的准入号码。 （2）安排技术小组提前调试设备并及时处理会议进行过程中的连接问题；需要对音频会议的内容进行安全保护以防隐秘信息泄露，还需要录音。 （3）请各与会人员提前准备较为安静的通话环境，避免噪声给会议带来干扰。

续表

阶　　段	组织工作
会议前	（4）合理分配各与会人员的发言时间，提前收集发言人员需要共享的文件、并上传到共享的数据空间，以确保会议时，各成员手上有必备的材料。 （5）依据会议题及各与会成员的发言内容，制定合理的会议议程，连同会议应遵守的纪律一并分发给各与会成员
会议中	（1）至少提前 5 分钟启动会议设备。 （2）确认所有受邀请者都连接到后开始会议，若有一些必要的与会者未能及时参与的话，要与其他与会者商量会议继续或者稍作等待。 （3）请新成员介绍他们的角色、主要责任等基本情况。为了不影响会议进程，可以为新成员单独召开一次以解释项目背景及项目组织的会议。 （4）请各成员就议题进行发言。 （5）与会人员根据各成员的发言内容，对议题发表意见。主持人应记下发言人员的名单，对未参与讨论的成员以提问的方式询问意见。 （6）做出决议并进入下一项议题。 （7）在会议达成一致的决定，确认成员是否存在异议，进行总结
会议后	（1）将会议记录反馈给与会者，对有异议的部分进行讨论和修改。 （2）将会议记录及会议录音材料保存归档

第 11 章

| 跨国项目的风险管理

石家庄铁道大学 项志芬

任何跨国项目风险都是由项目的不确定性造成的，正是这些具有不确定性的跨国项目事务（风险事件）及其后果，才是人们开展跨国项目管理的真正对象。实际上，对于跨国项目的确定性事务（无风险事件）而言，由于它和它的结果是确定的，所以人们管与不管其最终结果都是一样的，所以它们不应该是跨国项目管理的重点。但是对于跨国项目的不确定性事务而言，因为其后果是不确定的，所以人们可以通过有效的管理去改变其结果。因此，跨国项目风险管理是整个跨国项目管理中最为重要的部分，因为跨国项目风险可能会带来项目风险损失和收益的后果，从而严重影响跨国项目的成败和结果如何。

11.1 跨国项目风险和风险管理

跨国项目最大的特性是这种项目的风险性，这是由于跨国项目本身具有的一次性、创新性和独特性等特性，特别是跨国项目跨越国界、组织边界、文化和治理体系等跨越性造成的。如果人们不能很好地管理跨国项目中的风险，就会给跨国项目参与者造成风险损失或丧失机会。反之，人们就会带来跨国项目风险收益和抓住机遇。因此，在跨国项目管理中必须积极地开展跨国项目风险管理。

11.1.1　跨国项目风险的定义与概念

要做好跨国项目风险管理工作，首先需要了解跨国项目风险和跨国项目风险管理的基本概念。跨国项目风险所涉及的主要概念有如下几个方面。

1. 跨国项目风险的定义

跨国项目风险是指由于跨国项目所处环境和条件等方面的不确定性，以及跨国项目参与者们主观上预见跨国项目风险的能力有限，从而使跨国项目最终结果与人们期望的结果发生差异，给跨国项目参与者带来风险损失或收益的可能性。这个定义可使用公式表示为：

$$R = P \times (L / B) \tag{11-1}$$

式中：R 为跨国项目风险；P 为跨国项目风险发生的可能性；L 为跨国项目风险损失；B 为跨国项目风险收益。

由式（11-1）可以看出，跨国项目风险可能会带来损失，也有可能会带来收益，所以跨国项目风险管理就是一种趋利避害的管理工作。因此，跨国项目风险管理既要努力消减风险损失，更要努力抓住风险收益。

2. 跨国项目信息的完备性

形成跨国项目风险的根源有两个：其一是人们在主观上对于跨国项目发展变化的认识不足，其二是客观上跨国项目的环境和条件不断发展变化而导致的信息不完备性。从信息科学的角度讲，跨国项目风险的根源是项目信息的不完备性，即人们对跨国项目及其未来发展变化情况缺乏完备的信息。通常人们对跨国项目的认识可以划分成如下三种不同的状态。

（1）拥有完备性信息的状态。此时，人们知道跨国项目和具体活动只有一种肯定会发生的结果，一般人们把拥有这种特性的跨国项目或项目活动称为确定性的跨国项目活动（$P=1$）。例如，某跨国建设项目露天浇灌混凝土的作业活动，如果晴天每天可完成 10 万元工程量，下雨天则会因停工而损失 5 万元。如果天气预报第二天不下雨，那第二天开工作业并完成 10 万元工程量就是确定性跨国项目活动。如果天气预报第二天的降水概率为 100%，则第二天停工而损失 5 万元也是确定性的跨国项目活动。

（2）拥有不完备性信息的状态。此时，人们知道跨国项目活动会发生的 N 种后果，并且知道这 N 种跨国项目活动每种后果各自的发生概率（发生的可能性

$P<1$）。但人们并不知道究竟哪一种跨国项目活动的后果会确切地发生，这种跨国项目活动情况就是有风险性的。例如，若天气预报第二天的降水概率为 20%，则第二天开展作业就有 20%的可能会因下雨而无法完成 10 万元的跨国项目工程量并且会损失人机料费用；反之，如果不开工就要发生 5 万元的窝工费并有 80%的可能丧失了因不下雨而赚取 10 万元的机会。这种就是不完备性信息状态的风险性跨国项目活动。

（3）**完全没有相关信息的状态。**此时人们对跨国项目活动有多少种后果，以及每种跨国项目活动后果的发生概率都不知道（$P=?$），这种跨国项目活动就被称为完全不确定性跨国项目活动。例如，在上述例子中人们根本就没有得到天气预报的信息，对于第二天是否下雨根本不清楚，那么该跨国项目活动第二天作业结果是完成 10 万元工程量，还是有可能损失 5 万元的窝工费都不清楚。在这种情况下，第二天的跨国项目作业就成了一个完全不确定性跨国项目活动了。

在跨国项目实现过程中，这三种情况都是存在的，风险性跨国项目活动所占比例最大，而其余两种项目活动都不多。由于在跨国项目管理实际中人们会将一些风险性不大的跨国项目活动简化成确定性项目活动，这就给人们造成了有很多跨国项目活动都是确定性的印象，而实际上许多确定性的项目或项目活动是有假设前提条件的。显然，在跨国项目管理中，风险性和完全不确定性跨国项目活动是管理的根本对象。

3. 跨国项目风险产生的原因

跨国项目风险是由跨国项目信息不完备造成的，即由于人们无法充分认识跨国项目活动未来的发展变化和结果造成的。跨国项目风险产生的主要原因有如下四个方面。

（1）**人们对于跨国项目活动的认识能力有限。**任何跨国项目都有自己的属性，这些属性是由跨国项目活动的数据和信息加以描述的。但由于人类认识世界的能力有限，所以人们对于跨国项目活动属性的认识也存在局限性。从信息科学的角度上说，这种局限性的根本原因是人们获取和处理跨国项目活动数据和信息能力的有限性和跨国项目及其环境与条件发展变化的无限性的矛盾。由于人们对跨国项目的认识在广度和深度方面存在能力制约，所以人们不能确切地预见跨国项目活动的发展变化和最终结果，这是形成跨国项目风险在人们主观方面的原因，所以拓展人们认识能力是跨国项目风险管理的出路之一。

（2）**跨国项目信息本身有滞后的特性。**从信息科学出发，信息本身具有的滞后性也是信息不完备性的起因。因为人们只有在项目或事物发生后才能够收集到描述项目或事物的数据,然后人们对这些数据进行加工处理以后才能获得对于决策有支持作用的信息。所以,只有在事物发生后人们才能获得其数据,经过加工以后才能称为信息。因此,任何跨国项目活动的信息都有一定的滞后时间,这就是信息的滞后性造成的。这也影响了人们认识跨国项目活动及其规律,所以努力缩短信息滞后性也是跨国项目风险管理的出路之一。

（3）**跨国项目环境与条件会发展变化**。造成跨国项目风险的另一个原因是跨国项目环境和条件的不断发展变化,由此而导致了跨国项目的不确定性和风险性。所以,有人将跨国项目分为开放性、半开放性、半封闭性和封闭性四类,其中开放性跨国项目的风险最大,因为这是一种完全不确定性的跨国项目。此时,即使人们有历史类似跨国项目的信息可供参考,但是仍无法避免因意外情况而导致的跨国项目风险后果。正如俗话说的"树欲静而风不止"。跨国项目环境与条件的发展变化是造成跨国项目不确定性和风险性的重要原因所在。

（4）**跨国项目沟通管理方面的问题**。跨国项目沟通管理方面的问题也会导致跨国项目信息不完备性或信息不对称性,这也是造成跨国项目风险的根源之一。这主要包括某些跨国项目参与者不愿意分享跨国项目信息方面的问题和跨国项目信息沟通的时效性问题。因为有些跨国项目参与者会利用自身的信息优势地位谋取自己的利益,导致在跨国项目信息资源无法为跨国项目决策服务,从而会大大增加跨国项目的风险性。另外,跨国项目沟通管理涉及诸多跨国、跨文化和跨组织方面的管理,这些会形成沟通障碍而使得跨国项目沟通滞后,这也是形成跨国项目风险的重要原因。

11.1.2　跨国项目风险的分类及其特性

跨国项目风险可按不同标志进行分类,人们可借助这些分类去进一步认识项目风险的特性。

1. 跨国项目风险的分类

跨国项目风险的分类方法主要有六种,如图 11-1 所示。

（1）**按跨国项目风险发生概率分类**。这种方法可使人们充分认识跨国项目活动风险发生可能性的大小,以便区分跨国项目活动风险发生的可能性。

（2）**按跨国项目风险后果严重程度分类**。这可使人们充分认识跨国项目活动风险损失或收益的大小,以便区分不同跨国项目活动风险后果的严重性。

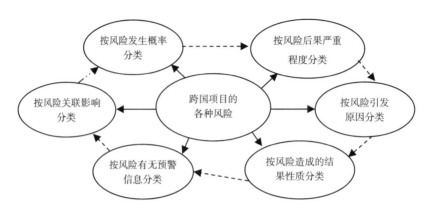

图 11-1　跨国项目风险分类方法及其关系示意图

（3）**按跨国项目风险引发原因分类**。这可以使人们充分认识造成跨国项目活动风险的原因，以便有针对性地对跨国项目活动风险进行管理（如按主观/客观、组织内部/外部等原因分类）。

（4）**按跨国项目风险造成的结果性质分类**。这可使人们充分认识跨国项目活动风险结果的特性（如按人、财、物的风险损失或收益分类），从而预先安排好跨国项目活动的风险应对措施。

（5）**按有无预警信息的风险分类**。这种方法将跨国项目风险分为无预警信息而突然爆发的跨国项目活动风险和有预警信息的跨国项目活动风险，以便按这两种跨国项目活动风险去开展管理。

（6）**按跨国项目风险的关联影响分类**。这可将跨国项目活动的风险分成独立性风险和有关联影响的风险，有关联影响的跨国项目活动风险会引发其他关联跨国项目的风险发生。

所有这些跨国项目风险分类都是为开展跨国项目风险管理服务的。例如，对于有无预警信息的分类，由于无预警信息的跨国项目风险是人们很难事前识别、度量和控制的，所以只能在这种跨国项目活动风险发生之后去开展类似"救人和救火"的办法去消减这类跨国项目活动风险的不利后果；而对于有预警信息跨国项目活动风险，就可以通过识别、度量、监控和应对去管理。

2. 跨国项目风险的主要特性

跨国项目风险有其自身的特性，其中最主要特性有如下几个方面。

（1）**跨国项目风险原因的独特性**。这是指由于跨国项目具有跨越国家、组织、文化、地区和治理体系等一系列的特点，所以跨国项目风险自身也具有很多独特性。

（2）**跨国项目风险发生的随机性**。跨国项目风险的发生是随机的（偶然的），所以没有人能够准确预言跨国项目风险发生的确切时间和内容，即便借助统计研究得到某种规律，那也是具有随机性的统计规律。

（3）**跨国项目风险的相对可预测性**。跨国项目风险多数是可以预测和识别的，但由于跨国项目环境与条件的不断变化和人们认识能力所限，没有人能确切地预测所有风险。

（4）**跨国项目风险的阶段性**。跨国项目活动风险的发展是分成潜在、发生和后果三个阶段的，这些阶段有明确的界限、里程碑和征兆，这为开展跨国项目活动风险管理提供了机会。

（5）**跨国项目风险的突发性**。跨国项目无预警信息的风险是突发性的，这是当跨国项目环境或条件发生突变时导致的跨国项目风险，这使得跨国项目活动风险管理变得困难。

11.1.3 跨国项目风险管理的概念和方法

跨国项目风险管理是以人们通过采取有效措施以确保跨国项目风险处于受控状态，从而努力实现趋利避害所开展的一种专项的跨国项目管理工作。

1. 跨国项目风险管理的定义

跨国项目风险管理是由跨国项目风险管理计划、项目风险识别、项目风险度量、项目风险应对计划、项目风险监控工作所构成的跨国项目专项管理。跨国项目风险管理可表示为：

$$RM = P\uparrow \times (L\downarrow / B\uparrow) \qquad (11\text{-}2)$$

式中：RM 为跨国项目风险管理；$P\uparrow$ 为弥补跨国项目风险信息缺口的工作；$L\downarrow$ 为努力降低跨国项目风险损失的工作；$B\uparrow$ 为努力提高跨国项目风险收益的工作。

（1）**跨国项目风险管理中的 $P\uparrow$ 方面的工作**。由式（11-2）可以看出，跨国项目风险管理的首要任务是通过收集跨国项目及其环境与条件等方面的信息去填补跨国项目信息缺口，进而使得人们对于跨国项目风险发生概率的认识从 $P=?$ 转变为 $P<1$ 并最终变为 $P=1$ 的过程。由图 11-2 可以看出，跨国项目的全过程就是一个不断填补项目信息缺口的过程。在图 11-2 中的原始创新项目的初始信息缺口最大（100%），而跨国项目信息相对国内项目的信息缺口要大很多。实际上每种项目都是一直到项目终结才会达到信息缺口封闭的情况，因为此时的项目信息就是完备的了，即项目已经"盖棺定论"了。

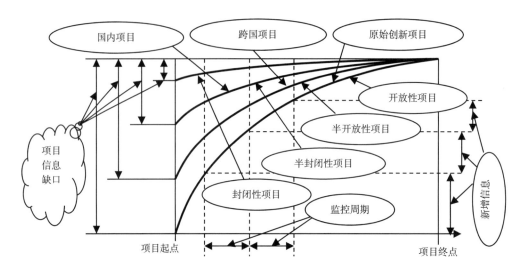

图 11-2　跨国项目分类及其信息缺口弥补过程的示意图

（2）跨国项目风险管理中的 $L\downarrow$ 方面的工作。 式（11-2）中的 $L\downarrow$ 代表的是通过跨国项目风险管理努力去降低风险损失方面的工作，这实际就是人们通过开展跨国项目风险管理去降低跨国项目成本的工作。实际上，跨国项目的成本又可分成确定性成本、风险性成本和完全不确定性成本三类，其中的跨国项目确定性成本是没有办法消减的（已经是确定的了），只有其中的跨国项目风险性成本和完全不确定性成本才是可以通过跨国项目风险管理进行降低或消减的。因此，实际上是跨国项目风险管理是跨国项目成本管理的重要组成部分。

（3）跨国项目风险管理中的 $L\downarrow$ 方面的工作。 式（11-2）中的 $B\uparrow$ 代表通过跨国项目风险管理去努力提高跨国项目风险收益的工作，这实际是通过开展跨国项目风险管理去提高跨国项目价值的工作。同样，实际上跨国项目的价值也分成确定性、风险性和完全不确定性的三类价值，其中的跨国项目确定性价值也是没法提升和增加的（因为已经是确定的了），只有风险性价值和完全不确定性价值才是能通过跨国项目风险管理进行提升或增加的。因此，跨国项目风险管理同样也是跨国项目价值管理的重要组成部分。

2. 跨国项目风险管理的基本理论与方法

跨国项目风险管理理论中最主要的部分是将跨国项目风险按照有/无预警信息的风险进行分类，然后按照两种不同的跨国项目风险管理理论去进行不同的跨国项目风险管理。

（1）**无预警信息跨国项目风险管理的基本方法**。由于这种跨国项目风险难以提前识别、度量和监控，人们只能在这种跨国项目风险发生之后采取类似"救人救火"式的方法去管理它们。所以，这种跨国项目风险管理主要有两种方法：其一是消减跨国项目风险损失后果的方法，其二是跨国项目风险转移的方法（通过购买保险等方式转移风险）。当然，对于"天上掉馅饼"这种无预警信息跨国项目风险收益，人们同样很难提前预测和管理，只能是"喜出望外"地接受这种风险结果。

（2）**有预警信息跨国项目风险管理的基本方法**。由于人们可以识别、度量和监控有预警信息跨国项目风险及其发展进程，从而在这种跨国项目风险的过程中对其实现有效的管理与控制，所以这种有预警信息跨国项目风险管理的方法有如下几个方面。

1）**跨国项目风险潜在阶段的管理方法**。在这种跨国项目风险的潜在阶段，人们可用各种规避和风险损失和提高风险收益的方法。实际上这种跨国项目风险阶段就是人们开展风险识别和度量的阶段，也是人们在识别和度量这些跨国项目风险的基础上，制定各种相应的跨国项目风险应对措施的阶段。例如，若已知某跨国项目存在很大风险损失或风险收益，人们就应该针对具体究竟是风险损失还是风险收益去制定风险应对措施和计划。

2）**跨国项目风险发生阶段的管理方法**。在这个阶段人们可以采用跨国项目风险化解和扩大风险收益等方法对其不利和有利后果进行控制和管理，俗话说的"兵来将挡，水来土掩"指的就是这个阶段所应该做的事情。任何跨国项目风险的发展总会进入项目风险的发生阶段，但如果此时人们能立即采取正确的方法去应对跨国项目风险，多数情况下会使跨国项目风险的不利后果得到消减从而降低跨国项目风险的不利后果，或者使跨国项目风险收益得以提升。

3）**跨国项目风险后果阶段的管理方法**。在有预警信息项目风险发生后会进入风险后果阶段，此时人们只能采取消减跨国项目风险不利或有利后果的应对措施去对跨国项目风险进行管理。因为人们此时已经无法像在跨国项目风险潜在阶段规避或发生阶段那样去开展应对和管理了，而只能针对跨国项目风险已经发生的不利和有利后果，去采取消减跨国项目风险不利后果的措施，或者提升跨国项目风险收益的措施等方面的管理。

3. 跨国项目风险管理工作的主要内容

根据上述跨国项目风险管理的理论和方法，跨国项目风险管理的内容如图 11-3 所示。

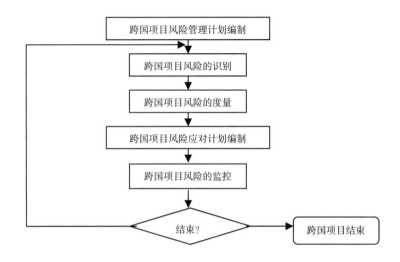

图 11-3　跨国项目风险管理主要工作示意图

由图 11-3 可知，跨国项目风险管理工作的主要内容包括如下几个方面。

（1）**跨国项目风险管理计划工作**。这是确定如何在跨国项目过程中开展风险管理活动的计划安排工作，这一工作给出的跨国项目风险管理计划书（或指南）是整个跨国项目风险管理的指导性文件。

（2）**跨国项目风险的识别工作**。这是指识别和确定跨国项目究竟存在哪些风险，以及识别和确定这些风险所做的工作，其主要任务是找出跨国项目存在的风险以识别引起跨国项目风险的主要因素。跨国项目风险识别工作使用预测和推理等方法对跨国项目风险做出识别和推断。

（3）**跨国项目风险的度量工作**。这包含跨国项目风险的定性度量和定量度量两方面的工作，其中跨国项目风险定性度量是使用定性语言描述跨国项目风险可能造成的后果，而跨国项目风险定量度量是使用定量数据描述跨国项目风险及其后果。人们可以单独选用定性或定量的跨国项目风险度量或两者同时使用，有关跨国项目风险度量的基本公式为：

$$R = (\sum_{i=1}^{n} P_i \times L_i) + (\sum_{j=1}^{m} P_j \times B_j) \qquad （11-3）$$

式中：R 为跨国项目风险后果；P_i 为第 i 种跨国项目风险的发生概率；L_i 为第 i 种跨国项目风险造成的损失额；P_j 为第 j 种跨国项目风险的发生概率；B_j 为代表第 j 种跨国项目风险造成的风险收益额。

所以，跨国项目风险的定量度量等于跨国项目各种风险发生的可能性与这些项目风险造成的损失额或收益额的乘积之和。另外，跨国项目风险的度量还必须开展跨国项目风险发展进程的度量和关联影响（多米诺效应）的度量。

（4）跨国项目风险应对措施制定。这是一项根据跨国项目风险识别和度量结果，制定针对每种跨国项目风险可能后果的应对措施，以及配备跨国项目风险应对资源等计划安排工作。这主要是设计和制定好跨国项目风险应对的各种措施，以便在跨国项目风险监控中发现风险征兆时能够正确和及时地采取跨国项目风险应对措施应对跨国项目风险。

（5）跨国项目风险的监控工作。这是指根据跨国项目风险计划及跨国项目风险识别和度量的结果所开展的对整个跨国项目全过程中各种风险的监督和控制的工作这包括在监控跨国项目风险征兆，一旦出现跨国项目风险征兆预示跨国项目风险会出现哪种可能后果的时候，人们能及时选择和实施与具体风险可能后果相对应的应对措施，以及根据跨国项目情况再次识别和度量项目风险。

（6）跨国项目风险的循环工作。如图 11-3 所示，跨国项目风险管理工作是一个动态循环的过程，因为随着跨国项目环境与条件的发展变化，原有已识别和度量的跨国项目风险也会发生变化，所以只要跨国项目没有结束就需要进入跨国项目风险管理的下一个循环。

11.2　跨国项目风险管理计划

这是有关跨国项目风险管理的计划和安排工作，即规划和设计如何开展跨国项目风险管理活动的计划工作。这是跨国项目风险管理的首要环节，其结果是给出一分跨国项目风险管理计划书，即一份指导跨国项目团队开展跨国项目风险管理的纲领性文件。

11.2.1　跨国项目风险管理计划的主要任务和内容

跨国项目风险管理计划是跨国项目风险管理的首要工作，具体工作内容如下。

1. 跨国项目风险管理计划工作的任务

这一工作的根本任务是给出一分跨国项目风险管理计划书，即关于跨国项目风险识别、风险度量、风险监控、风险应对措施等各项工作的基本安排，以及关于如何系统全面、有机配合、协调一致地开展跨国项目风险管理策略、方针、方法、技术和工具。

2. 跨国项目风险管理计划的主要内容

跨国项目风险管理计划的主要内容包括下述几个方面。

（1）**确定跨国项目风险管理的角色和责任**。这是指定义给出跨国项目每种风险管理行动的领导者、支持者和实施者的角色和责任。在进行跨国项目风险管理过程中跨国项目业主和跨国项目团队，以及其他跨国项目参与者都有各自的角色和责任，他们所承担的责任和角色有些是跨国项目合同中明文规定的，所以他们必须各自明确自己这方面的角色和责任。

（2）**跨国项目风险管理的预算**。这是指在跨国项目风险管理计划中要安排好跨国项目风险管理所需的资金，因为跨国项目风险管理必然会耗费资源而形成花费。跨国项目风险管理的预算是跨国项目风险管理的资源保障，所以必须在跨国项目风险管理计划中给出安排。

（3）**跨国项目风险管理的时间安排**。这是指在跨国项目风险管理计划中要安排好跨国项目风险管理所需的时间计划，这包括在跨国项目生命周期内多长时间进行一次跨国项目风险的识别和度量及何时开展何种跨国项目风险应对措施等。

（4）**跨国项目风险识别和度量的安排**。这是指在跨国项目风险管理计划中要给出跨国项目风险识别和度量的大政方针、所需使用的方法，以及何时开展跨国项目风险识别和度量等。这需要根据跨国项目各方的期望和要求，以及风险偏好与承受能力来制定相关计划与安排。

（5）**跨国项目风险的监控和应对安排**。这是指在跨国项目风险管理计划中要给出如何监控跨国项目风险征兆（或阈值），以及在发现跨国项目风险征兆以后如何去应对跨国项目的风险的计划和安排，这方面的计划安排是跨国项目风险计划的核心内容。

（6）**跨国项目风险管理选用的方法**。这是指在跨国项目风险计划中应该给出开展跨国项目风险管理中所选用的有针对性的管理方法、工具和手段等。这必须结合跨国项目团队的知识、技能和经验等实际情况出发，选择适合于具体跨国项目的风险管理方法。

（7）**跨国项目风险报告格式和内容**。这种计划中还应该规定每次跨国项目管理工作报告的格式、内容、报告周期等，具体报告包括跨国项目风险识别报告、跨国项目风险度量报告、跨国项目风险监控报告和风险应对计划报告等。

11.2.2 跨国项目风险管理计划制订的依据和方法

要制订一份跨国项目风险管理计划就必须有依据和方法，只有这样才能够在制订跨国项目风险规划的过程中做到有的放矢。具体内容讨论如下。

1. 跨国项目风险管理计划的依据

这方面的主要的依据包括如下几个方面，它们的具体内涵分述如下。

（1）**跨国项目章程**。这是跨国项目管理的"宪法"，它规定了跨国项目参与者的风险管理责任和角色，其作用是向跨国项目参与者授权使他们能够开展跨国项目及风险管理。

（2）**跨国项目合同**。这是指跨国项目参与者之间所签署的双方合意的文件，它正式规定了跨国项目参与者各自承担的跨国项目风险和拥有的相应跨国项目风险管理权利。

（3）**跨国项目风险管理的政策**。这是跨国项目参与者确认的在跨国项目风险管理中使用的基本原则和大政方针，它是跨国项目管理者管理各种风险的基本指南和指导性原则。

（4）**跨国项目风险管理角色和任务**。这是在跨国项目风险管理中跨国项目参与者的风险管理角色与任务的安排，以便使得跨国项目风险有具体的人负责管理和承担管理责任。

（5）**跨国项目参与者的风险承受度**。因为跨国项目的每个参与者对风险的容忍程度是不同的，所以在跨国项目风险管理计划编制中必须了解跨国项目参与者们能够接受的跨国项目风险的程度。

（6）**跨国项目风险管理的制约情况**。这包括跨国项目风险的资源约束和跨国项目风险管理能力约束，因为跨国项目风险管理需要花费资源和需要足够的跨国项目风险管理能力。

2. 跨国项目风险管理计划的编制方法

这种计划所采用的主要方法是会议法，即通过召开会议集思广益，最终形成一个跨国项目的风险管理计划，这种方法的主要做法和内容分述如下。

（1）**参会的主要成员**。参加这种计划会议者包括跨国项目经理、项目团队成员和项目参与者、项目风险管理人员，以及其他应该参与的相关人员。

（2）**会议的主要内容**。这种会议讨论的内容包括跨国项目风险管理的过程、基本原则、具体责任和角色划分、报告关系、跨国项目风险管理的监控与应对措施和方法等。

（3）**会议给出的结果**。这种会议给出的结果就是给出一份跨国项目的风险管理计划，即描述在跨国想明全过程中人们如何开展跨国项目风险管理活动。

11.3　跨国项目风险的识别与度量

跨国项目风险的识别和度量是一项贯穿跨国项目全过程的项目风险管理工作，其目标是识别和确定跨国项目究竟存在哪些风险，以及这些风险有哪些基本的特性和这些跨国项目风险可能如何影响到项目各方面等。

11.3.1　跨国项目风险识别的概念和内容

这是根据跨国项目风险管理计划和跨国项目各专项计划与集成计划，分析和识别出跨国项目全过程中所存在的各种风险的管理工作。

1. 跨国项目风险识别的概念

其根本任务是识别和给出跨国项目究竟存在哪些风险，以及这些风险会有哪些方面的影响。例如，一个跨国项目究竟是否存在着跨国项目工期、成本和质量风险，这些风险是有预警信息的风险还是无预警信息的风险，它们会给跨国项目的范围、工期、成本、质量等哪些方面带来哪些影响等，这些都属于跨国项目风险识别的范畴。

跨国项目风险识别还包括风险原因的识别，即识别和确认跨国项目风险是由于何种因素造成的。例如，是跨国项目内部条件造成的（这种风险相对好管理和控制），还是跨国项目外部环境因素造成的（这种风险比较难管理）。在跨国项目风险识别的过程中，人们要全面识别可能带来的风险损失和风险收益两种情况。

2. 跨国项目风险识别的内容

跨国项目风险识别的主要工作内容包括如下几个方面。

（1）识别并确定跨国项目有哪些风险。这是跨国项目风险识别的根本内容，在跨国项目风险识别中要全面分析跨国项目环境与条件的发展变化，进而识别出跨国项目各种风险。

（2）识别引起跨国项目风险的起因。这是跨国项目风险识别的第二项内容。以便实施对跨国项目风险进行可能的应对和控制。

（3）识别跨国项目风险可能引起的后果。这是跨国项目风险识别的第三项内容，以便人们在后续跨国项目风险管理中消减跨国项目风险不利后果和扩大跨国项目风险有利后果。

11.3.2　跨国项目风险识别的依据和方法

跨国项目风险识别的关键是根据必要的依据，然后借助科学的方法识别出风险。

1. 跨国项目风险识别的依据

人们可以用作跨国项目风险识别的依据，主要包括如下几个方面。

（1）跨国项目所跨越国家的法律法规。由于跨国项目的实施和运行必须依法合规，所以跨国项目东道主和投资国，以及跨国项目产品销往国家的法律法规、行业标准、现行财税制度等各个方面都是跨国项目风险识别的依据，违法违规是跨国项目风险的主因之一。

（2）跨国项目所跨越文化的行为规范。由于跨国项目涉及跨文化和跨组织等因素，而如果不遵守当地文化、风俗和社会行为规范就可能导致跨国项目出现风险，所以在跨国项目风险识别中跨国项目所跨越文化的风俗习惯和行为规范等也是重要依据之一。

（3）跨国项目产出物的描述文件。这也是跨国项目风险识别的主要依据之一，因为跨国项目最大的风险就是跨国项目无法按时、按质量和按预算去实现跨国项目的产出物和实现项目的目标，所以跨国项目产出物描述和要求是识别跨国项目风险的依据之一。

（4）跨国项目的各种计划文件和信息。这包括跨国项目的集成计划和各种专项计划，以及这些计划中所包含的相关信息。因为跨国项目最主要的风险就是无法按计划完成项目，所以这些计划信息就成了跨国项目风险识别的依据。

2. 跨国项目风险识别的方法

跨国项目风险识别所用的方法有很多，既有结构化的方法也有非结构化的方法，既有经验性的方法也有系统性的方法，使用较多的跨国项目风险识别方法有如下几种。

（1）假设条件分析法。这是通常使用最多的一种跨国项目风险识别方法，这种方法通过对照跨国项目计划中的假设前提条件和跨国项目实际情况，然后分析二者之前的差异而识别出跨国项目风险。实际上在跨国项目计划和决策中，由于有很多不确定性的条件和因素，人们只能对这些不确定性的条件和因素进行必要的假设。在跨国项目实际实施过程中，这些假设的跨国项目计划前提条件和跨国项目实际情况的发展变化不一致时，跨国项目风险就出现了。

（2）跨国项目系统分解法。这是一种将跨国项目看作一个系统，然后按照系统分解的原理将其分解成一系列简单子系统或系统元素，从而分析和识别出跨国项目各子系统或系统要素和整个项目中可能出现的各种风险的方法。多数跨国项目需要根据具体跨国项目的特性将跨国项目整体风险分解成跨越风险、市场风险、投资风险、经营风险、技术风险、资源及原材料供应风险、环境污染风险等子系统风险，然后分别对其进行识别。

（3）**跨国项目流程图法**。这是一种按照跨国项目全过程的流程，以及跨国项目各流程之间的相互关系去识别跨国项目风险的方法。这种方法需要使用跨国项目流程图，包括跨国项目系统流程图、跨国项目实施流程图和跨国项目作业流程图等各种不同详细程度的流程图，人们使用这些流程图去分析和识别跨国项目各环节中可能存在的风险。

（4）**头脑风暴法**。它是运用创造性思维和发散性思维，以及专家经验，通过会议等形式去识别跨国项目风险的一种方法。在使用这种方法识别跨国项目风险时，要允许与会专家和分析人员畅所欲言，共同分析和发现跨国项目存在的各种风险。使用这种方法需要专家们回答：这个跨国项目会遇到哪些风险、这些跨国项目风险的主要成因是什么、风险征兆有哪些等。

（5）**风险核检清单法**。这是利用跨国项目风险核检清单去识别跨国项目具体风险的方法。表 11-1 就是一份跨国项目的风险识别用核检清单，该清单将该跨国项目风险划分成技术风险、商务风险、分包风险和跨国项目现场服务风险四类，然后列出每类可能发生的风险而构成一份跨国项目风险核检清单，人们就可以使用这一核检清单去识别他们所开展的具体跨国项目的风险了。这种方法简单实用，而且核检清单可以在跨国项目风险管理循环（见表 11-1）中反复使用，即人们隔一段时间就可用它开展一次跨国项目风险识别。

表 11-1　跨国项目风险识别清单示意表

序号	跨国项目风险描述	有风险	无风险
1	跨国项目技术风险		
1.1	跨国项目技术成熟程度不足		√
1.2	跨国项目技术不适用于项目实际环境	√	
	……		
2	跨国项目商务风险		
2.1	跨国项目合同定价过低	√	
2.2	跨国项目需要信用担保		√
	……		
3	跨国项目分包风险		

续表

序号	跨国项目风险描述	有风险	无风险
3.1	跨国项目分包商能力不足	√	
3.2	无法在本国或本地找到跨国项目分包商		√
	……		
4	跨国项目现场服务风险		
4.1	跨国项目现场各种变更	√	
4.2	跨国项目现场遭受天气等方面的影响	√	
	……		

注：这种跨国项目风险识别清单可以在跨国项目的实施过程中循环使用，直至跨国项目终止。

11.3.3　跨国项目风险识别的结果

通常，跨国项目风险识别工作的结果主要包括以下几个方面。

1. 已识别出的跨国项目各种风险

这是跨国项目风险识别工作最重要的成果，通常人们将识别出的跨国项目风险开列出清单。这种已识别出的跨国项目风险清单的列表要尽可能易于理解和详尽，其中包括的信息有：已识别出的跨国项目风险、导致它们出现的可能原因、它们可能影响的对象和范围、它们可能发生的时间和跨国项目专项等。

2. 已识别出跨国项目风险的起因

这也是跨国项目风险识别工作最重要的结果之一，通常这类起因会分成主观原因和客观原因两大类，即究竟是天灾还是人祸。实际上已识别出跨国项目风险的起因各不相同，人们只有识别出跨国项目风险的起因才能够有针对性地开展跨国项目风险管理。如果人们能够设法消除跨国项目风险的成因，人们就可以实现消减风险损失或提高风险收益的目标。

3. 已识别跨国项目风险的征兆（阈值）

这是指那些指示跨国项目风险即将发生的现象或标志，所以它们又被称作跨国项目风险的触发器。跨国项目风险的不同后果会有不同的征兆，人们只有监控到跨国项目风险征兆才能针对跨国项目风险可能带来的后果去开展有针对性的风险应对措施，所以跨国项目风险识别必须给出这些征兆的识别结果。

11.3.4 跨国项目风险度量的内涵和结果

跨国项目风险度量工作就是对于跨国项目风险可能性的大小、风险后果、风险关联影响和风险发展进程所做的评价与估量工作。这方面工作的内涵和主要影响因素分述如下。

1. 跨国项目风险度量的内涵

跨国项目风险度量的内涵包括对跨国项目风险发生可能性（概率大小）的评价和估量、对跨国项目风险后果严重程度（损失或收益大小）的评价和估量、对跨国项目风险关联影响范围的评价和估量、对跨国项目风险发生时间的评价和估量四个方面。其主要作用是根据跨国项目风险度量结果去制定跨国项目风险应对措施和开展跨国项目风险控制。

（1）跨国项目风险发生可能性的度量。 跨国项目风险度量的首要任务是分析和评估跨国项目风险发生概率的大小，因为一个跨国项目风险的发生概率越高，则造成项目风险后果的可能性就越大，人们对它的监督和控制就应该更加严格。

（2）跨国项目风险造成后果的程度。 跨国项目风险度量的第二项任务是分析和评估跨国项目风险后果的严重程度，即度量跨国项目风险可能带来的风险损失和分析收益的大小。因为即使一个跨国项目风险发生概率不大，但其后果十分严重的话，也必须对它严格管控。

（3）跨国项目风险关联影响的度量。 跨国项目风险度量的第三项任务是分析和评估跨国项目风险关联影响的情况，即一个跨国项目风险发生后是否会导致多米诺骨牌效应而引发其他的跨国项目风险，对于会产生关联影响的跨国项目风险也要严格管控。

（4）跨国项目风险时间进程的度量。 这是跨国项目风险度量的第四项任务，即关于跨国项目风险可能何时发生的分析和评估。因为跨国项目风险的管控必须根据跨国项目风险发生进程去进行安排，一般是按照先发生的跨国项目风险应该优先开展跨国项目风险管控。

2. 跨国项目风险度量给出的结果

跨国项目风险度量的结果包括两种：一种是定性度量的结果，另一种是定量度量的结果。其中，定性度量的结果就是对上述跨国项目风险的四个方面给出不同等级度量结果的文字说明，如发生概率高、中、低的说明，或风险后果严重、一般、影响不大的说明，等等。跨国项目风险度量的定量结果就是给出一个具体跨国项目风险的发生概率、后果情况、关联影响和时间进程的具体数字说明。例如，某跨国项目风险的发生概率为 76%，后果是风险损失 132 万元人民币，关联影响涉及五个具体方面，而发展进程是风险会在跨国项目实施阶段的第三个月中旬发生。这些就是跨国项目风险度量的定性和定量的两种结果，通常两种结果各有不同的用途，定性度量结果多为制订跨国项目各种管理计划使用，而定量度量结果多为制定跨国项目风险应对措施使用。另外，有很多时候人们还需要给出整个跨国项目风险情况的度量（以说明该项目可行性），以便供高层制定跨国项目决策使用。

11.3.5　跨国项目风险度量的方法和过程

在跨国项目风险度量的方法和过程讨论如下。

1. 跨国项目风险度量的方法

在跨国项目风险度量中所使用的主要方法有如下几种，其具体特性分述如下。

（1）风险期望值法。这种方法首先要分析和估计跨国项目风险发生概率大小和风险所带来的损失或收益的大小，然后将这二者相乘以求出跨国项目风险的期望值，最终使用期望值度量和给出跨国项目风险的后果。例如，某跨国项目的市场风险会有三种可能后果：其一是跨国项目产品好销而盈利 100 万元人民币，这种风险后果的发生概率为 50%；其二是跨国项目产品销路一般而盈利 10 万元人民币，这种风险后果的发生概率为 20%；其三是跨国项目产品销路不好而会损失 500 万元人民币，这种风险后果的发生概率为 20%。按照期望值法，该跨国项目市场风险的期望值是三者的乘积相加后的结果，即：100×0.5=50 万元人民币，10×0.3=3 万元人民币，–500×0.2=–100 万元人民币，相加后等于–47 万元人民币。这说明该跨国项目的市场风险的期望值是损失 47 万元人民币，显然这是不可接受的。

（2）模拟仿真法。这是用人工或计算机进行模拟仿真分析而度量出跨国项目风险的方法，这种方法多数使用蒙特卡罗模拟或三角模拟等具体的技术方法来度量各种跨国项目风险的四个方面。模拟仿真法多数用在大型跨国项目或是复杂跨国项目的风险度量上，而相对较小的跨国项目多数使用损失期望值法。由于跨国项目范围、质量、时间（工期）和成本（造价）四个目标要素的风险会直接关乎跨国项目的成败，所以模拟仿真法在这些方面的跨国项目风险的度量中被广泛地使用。

（3）专家法。这也是在跨国项目风险度量中经常使用的方法之一，它可以代替或辅助其他跨国项目风险度量的方法。在许多大型和复杂的跨国项目管理中都会邀请各方面专家运用自己的经验做出跨国项目范围、项目时间、项目成本、项目质量、项目资源等各方面跨国项目风险的度量。这种跨国项目风险的度量的方法还是比较准确可靠的，有时甚至比上述的期望值计算和模拟仿真方法还要准确和可靠。因为跨国项目专家所具有的经验通常是一种比较可靠的思想型信息和数据，他们在很多跨国项目风险度量中给出的跨国项目风险概率和后果的估计会有很好的精确度和可信度。

2. 跨国项目风险识别与度量的过程

跨国项目风险识别与风险度量的具体步骤如图 11-4 所示。

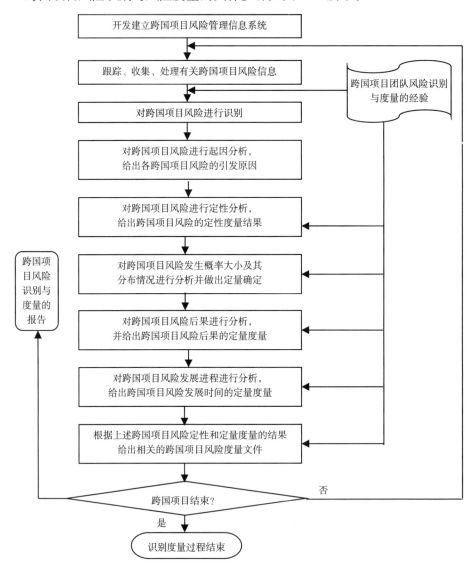

图 11-4 跨国项目风险识别与度量过程示意图

由图 11-4 可知，跨国项目风险度量的主要工作包括如下步骤。

（1）跨国项目风险管理信息系统的建立。这种信息系统的主要功能是及时收集、处理和传递跨国项目各方面的信息，以便为跨国项目风险的识别、度量和管理与控制服务。

（2）跨国项目风险信息的收集和处理。这是使用跨国项目风险管理信息系统去收集、处理和生成有关跨国项目风险的信息，以便为开展跨国项目风险识别与度量提供动态信息。

（3）跨国项目风险的识别。这是运用跨国项目风险管理信息系统生成的信息，加上跨国项目管理人员的风险管理经验，所进行的一种对跨国项目各种风险分析和识别的工作。

（4）跨国项目风险起因的分析。这是对已识别出的跨国项目风险进行风险原因的分析与确认，借此找出各种引发跨国项目风险的主要原因。

（5）跨国项目风险的定性度量。在识别出跨国项目风险以后，人们还需要使用定性度量的方法对跨国项目风险进行必要的文字说明，并且给出跨国项目风险的清单文件。

（6）跨国项目风险发生概率的定量度量。这是要对已识别出的跨国项目风险进行概率及其分布的分析和度量，这是跨国项目风险定量度量的重要工作之一。

（7）跨国项目风险后果的定量度量。这是对跨国项目风险可能造成的后果严重程度所做的定量分析与确定，即对跨国项目风险损失和风险收益大小的定量度量。

（8）跨国项目风险时间进程的度量。这是指对已识别跨国项目风险所进行的项目风险何时发生，以及风险征兆（阈值）方面的定量度量，即给出跨国项目风险何时发生的说明。

（9）给出跨国项目风险识别和度量报告。这是跨国项目风险识别与度量的最后一步，这一步要给出跨国项目风险识别和度量工作的最后结果。

11.4　跨国项目风险监控与应对

在完成了跨国项目风险识别和度量以后，人们就可以根据获得的信息去开展跨国项目风险监控和应对工作了。其中，跨国项目风险监控属于跨国项目风险潜在阶段的管理，而跨国项目风险应对属于对跨国项目风险发生和后果阶段的管理，它们的具体管理内容讨论如下。

11.4.1　跨国项目风险监控的概念、目标和依据

1. 跨国项目风险监控的概念

这是指在整个跨国项目过程中，人们根据跨国项目风险管理计划所开展的各种监督和控制跨国项目风险的管理活动。由于多数跨国项目风险都会有一个不断发展和变化的进程（无预警信息风险除外），所以人们可以监督和控制跨国项目风险而使其后果有所改变，从而起到跨国项目风险管理趋利避害的作用。这种跨国项目风险的监督与控制的过程会产生出更多信息，一方面可以使人们进一步认识跨国项目风险，另一方面可以使人们能够开展跨国项目风险应对，从而实现跨国项目风险管理的目标。因此，跨国项目风险监控的内容主要包括监视跨国项目风险的发展变化进程、辨识是否出现了跨国项目风险即将发生的征兆、及时采取跨国项目风险应对措施、隔段时间开展跨国项目风险识别与度量的下一个循环工作。

2. 跨国项目风险监控的目标

跨国项目风险监控的目标主要有如下几种。

（1）努力及早发现跨国项目风险的征兆。这是跨国项目风险监控的首要目标，以便人们能够根据以便人们根据跨国项目风险征兆去有针对性地开展跨国项目风险的应对。

（2）正确选用跨国项目风险应对的措施。在人们发现跨国项目风险征兆后，就必须根据跨国项目风险征兆和跨国项目环境条件的情况去选用有针对性的跨国项目风险应对措施。

（3）使用正确措施去应对跨国项目风险。在选定跨国项目风险应对措施后，人们还需要实施该应对措施去实现跨国项目风险管理的趋利避害的根本目标。

3. 跨国项目风险监控的依据

跨国项目风险监控的依据主要有如下两个方面。

（1）跨国项目风险管理计划。跨国项目风险监控活动都是依据该计划开展的，所以在人们发现跨国项目的新风险后就需要立即更新跨国项目风险管理计划。

（2）跨国项目风险的发展变化情况。跨国项目风险是不断发展变化的，所以这种跨国项目风险发展变化的实际情况也是跨国项目风险监控工作最重要的依据之一。

11.4.2　跨国项目风险监控的步骤与内容

跨国项目风险监控是按照一定流程进行的，跨国项目风险监控的步骤与做法分

述如下。

1. 跨国项目风险监控的流程图

跨国项目风险监控的具体步骤、内容与做法如图 11-5 所示。

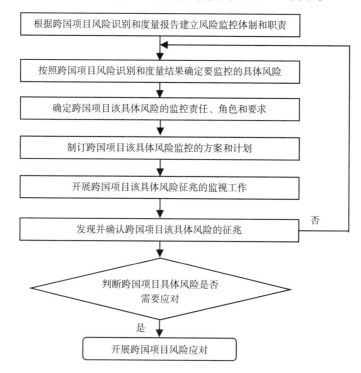

图 11-5　跨国项目风险监控的过程和步骤示意图

2. 跨国项目风险监控各步骤的内容与做法

跨国项目风险监控各具体步骤的内容与做法说明如下。

（1）**建立跨国项目风险监控的体制和职责**。这是制定跨国项目风险监控的方针、程序、管理体制和职责分工的工作，以确定跨国项目风险管理责任、报告、决策、沟通程序等。

（2）**确定要控制的跨国项目具体风险**。这是根据跨国项目风险识别与度量结果的优先序列，确定对跨国项目哪个具体风险进行监控的工作。

（3）**确定跨国项目具体风险的监控责任、角色和要求**。即落实到具体人员去负责具体跨国项目风险的监控，并要规定他们所负的具体风险监控责任，各跨国项目具体风险监控都要由专人负责监控。

（4）**制订跨国项目该具体风险监控的方案和计划**。即制订监控跨国项目具体风险的工作方案和计划，并列出在跨国项目风险监控中应该发现和确认的风险征兆。

（5）开展跨国项目该具体风险征兆的监视工作。这是根据制订出的方案开展的跨国项目风险征兆的监视工作，以便能够及时应对具体的跨国项目风险。

（6）发现并确认跨国项目具体风险的征兆。这是努力发现了跨国项目具体风险即将发生的征兆，并进一步确认给出跨国项目具体风险即将发生的信息。

（7）判断跨国项目具体风险是否需要应对。当确认跨国项目具体风险征兆已经出现后，人们需做出是否需要应对该具体跨国项目风险的决策（有些跨国项目风险是可以容忍的）。

（8）采取相应的跨国项目风险具体风险应对措施。若跨国项目具体风险需要应对则转入跨国项目风险应对措施的实施工作，以便实时做出跨国项目风险的应对处理。

（9）循环开展下一个跨国项目具体风险的监控。这是在应对完成上一个具体的跨国项目风险后，按照跨国项目风险监控的优先序列而进入下一个具体风险监控。

综上所述，跨国项目具体风险是一个一个进行独立监控的，而且这种监控是落实到具体人去按照跨国项目风险监控的优先序列开展的。

11.4.3　跨国项目风险应对措施和依据

跨国项目风险监控工作在人们发生风险征兆后，就进入开展跨国项目风险应对措施的阶段，有关跨国项目风险监控措施方面的内容讨论如下。

1. 跨国项目风险应对措施的定义

跨国项目风险应对措施是指人们针对跨国项目风险识别和度量确定出的跨国项目风险情况，为了实现趋利避害的结果而采取的跨国项目风险应对的做法。因为跨国项目风险是指那些可能出现多种结果的跨国项目工作或活动，所以人们需要预先涉及、安排和确定出针对跨国项目风险性工作或活动的每一种结果的应对措施，以便在人们确认跨国项目风险征兆的时候（指示哪种风险后果会出现的征兆），人们可以及时采取相应的应对措施。

2. 跨国项目风险应对的主要措施

按照跨国项目风险工作与活动可能的不同结果，人们可以做出如下的应对措施。

（1）风险规避措施。当跨国项目风险的不利后果超出了人们可接受的水平时，人们会从根本上放弃有这种风险的跨国项目或项目活动的工作方案，从而避开跨国项目风险的不利后果。

（2）风险遏制措施。当跨国项目风险的不利后果未超出人们可接受的水平时，人们可以遏制跨国项目风险不利后果。

（3）风险转移措施。当跨国项目组织自身没有能力去应对的跨国项目风险的时候，只有通过买保险或专业分包等应对措施使跨国项目风险得以转移。

（4）风险化解措施。这是在跨国项目风险发生阶段，人们消除跨国项目风险成因所采取的应对跨国项目具体风险后果的措施和方法。

（5）风险消减措施。这是在跨国项目风险后果阶段人们采取的应对措施，这是一种借助"救人、救火"这一类的措施去消减跨国项目风险不利后果的应对措施。

（6）风险容忍措施。这是针对那些跨国项目风险发生概率小且后果影响不到的情况所采取的风险应对措施，这是最为常用的一类跨国项目风险应对措施。

（7）风险分担措施。这是指根据跨国项目风险的大小和自己承担风险的能力，而由不同的跨国项目参与者，通过合同方式分担跨国项目风险后果的一种应对措施。

（8）风险进取措施。这是通过提高跨国项目风险有利后果而获利的应对措施，此时人们应该最大限度地发挥跨国项目风险带来的机遇，去更多地获得跨国项目风险的有利后果。

实际上还有许多跨国项目风险的应对措施，上述这些只是在跨国项目风险管理中最常用用到的应对措施。必须指出的是，跨国项目风险应对措施是针对跨国项目风险每个可能后果的，所以一个跨国项目风险如果有三种可能后果，就必须有三个相对应的风险应对措施。

3. 制定跨国项目风险应对措施的依据

在制定跨国项目风险应对措施时，人们需要参照的主要依据包括如下几方面。

（1）**跨国项目风险后果的数量**。人们必须依据跨国项目风险后果的数量去制定应对措施，而且必须保证每个跨国项目风险的可能后果都有一个对应的应对措施。

（2）**跨国项目风险自身的特性**。跨国项目风险应对措施还必须根据跨国项目风险及其后果的特性去制定，如对于有、无预警信息的风险特性就需要制定不同的风险应对措施。

（3）**跨国项目风险责任的归属**。跨国项目风险应对措施最根本的依据是跨国项目风险责任的归属，人们只应该去制定应对那些属于自己承担的跨国项目风险。

（4）**跨国项目组织抗风险的能力**。承担跨国项目风险者自身的抗风险能力也是制定跨国项目风险应对措施的主要依据之一，因为不同能力者的跨国项目风险容忍程度不同。

（5）**可供选用的应对措施**。跨国项目风险应对措施必须是具有可实施性的，有些跨国项目风险有多种可供选用的应对措施，这也是人们制定跨国项目风险应对措施的一个依据。

综上所述，跨国项目风险管理是直接关乎跨国项目成败和收益大小的管理工作，因此必须给予高度的重视和做好这方面的资源保障工作，只有这样才能实现跨国项目管理的趋利避害的作用和效果。

第 12 章
| 跨国项目的变更管理

杭州电子科技大学　杨伟

不同国家、组织和文化等环境的差异性，使得跨国项目具有高度不确定性和风险性，这就需要人们使用跨国项目变更管理的方法去应对跨国项目的高不确定性和风险性。反过来，跨国项目的任何变更都会对跨国项目目标、项目所需资源和项目风险与集成等产生多方面的影响，所以必须开展对于跨国项目变更方面的管理。本章将专门讨论跨国项目变更管理的内涵、类型和影响，以及跨国项目变更管理的过程与方法。

12.1　跨国项目变更概述

任何跨国项目都需要开展变更管理，因为实际上就没有任何一个跨国项目是没有变更的，所以跨国项目变更管理是跨国项目管理中一个十分重要的组成部分。

12.1.1　跨国项目变更的概念

从概念上说，跨国项目变更的实质是对跨国项目原有计划、设计和安排的一种修改和变动，是对于原有跨国项目计划不周或安排不当的一种改变。所以，跨国项目变更实际上是人们在跨国项目实施一段时间以后，通过对跨国项目实施绩效评估和跨国项目客观环境与条件发展变化的分析，发现并认识到跨国项目原有的计划、设计和安排存在的问题，主要是由于在计划的时候对于环境与条件的预测和实际的跨国项目客观环境与条件的情况不相应，或者是由于跨国项目环境与条件发展变化使得预测和实际之间出现了较大差异。因此，人们就必须进行跨国项目计划的改变，从而出现了跨国项目变更。人们需要通过跨国项目变更去使纠正错误或失误，并由此能够使得跨国项目获取更多的收益。因此，跨国项目变更实际是人们审时度势、因势利导的一种具有纠正、完善和提高等内涵的跨国项目管理行动。

12.1.2 跨国项目变更的内涵

图 12-1 给出了跨国项目变更内涵的示意图，具体的解释和讨论如下。

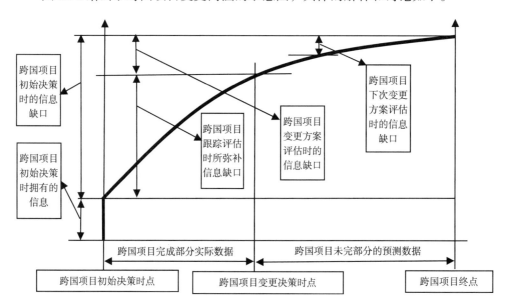

图 12-1　跨国项目变更内涵的示意图

从图 12-1 中可以看出，当跨国项目实施到跨国项目变更决策时点时，人们所拥有的跨国项目信息远远比人们在跨国项目起始决策时候所拥有的信息要多得多。所以，此时人们对于跨国项目及其环境与条件的认识更加符合实际，因为此时有很多当初所做的预测数据已经被跨国项目实施结果的实际数据所代替，而且人们从跨国项目变更决策时点去更准确地预测跨国项目后续情况（比当初跨国项目起始决策时的预测精确许多）。因此，由于此时跨国项目起始决策时的信息缺口有些得到了弥补，人们就会发现跨国项目起始决策中的很多计划不周和方案错误或决策失误的问题，而这些问题需要断然采取跨国项目变更去予以改正。所以跨国项目变更是一种改正跨国项目起始决策失误或计划不周的跨国项目管理工作，这是一种为跨国项目全过程中的跟踪决策和改正性的跨国项目工作。

12.1.3　跨国项目变更的分类

跨国项目变更可以根据不同的分类标准而有多种分类，主要有根据主观和客观导致的变更方面的分类、根据变更可持续性的分类和根据变更的索赔情况的分类。

（1）**主观和客观的跨国项目变更分类**。由于跨国项目环境与条件等客观原因导致的变更和由于跨国项目参与者主观意愿改变而导致的跨国项目变更两大类。具体分述如下。

1）**客观环境变化导致的跨国项目变更**。这是指跨国项目环境条件已发生的各种发展变化，或者是跨国项目环境条件未来可能发生的各种发展变化而导致的跨国项目变更。这种跨国项目变更的根本目的是得跨国项目计划或方案能够符合客观环境与条件的实际情况，从而纠正跨国项目此前决策中由于信息缺口所导致的计划不周或决策失误。

2）**主观意愿变化导致的跨国项目变更**。这是指由于跨国项目参与者在利益、意愿、要求和期望等主观意愿方面发生变化后提出的变更，这种跨国项目变更的根本目的是改变跨国项目的既得利益格局而使某些跨国项目参与者的主观意愿得到满足。这种主观意愿的变化多是由跨国项目参与者的自我觉悟和对于跨国项目认识的提高导致的。

（2）**根据跨国项目变更持续性的分类**。这可将跨国项目变更分为永久性变更和临时性变更两大类，具体分述如下。

1）**永久性变更**。这是指对于跨国项目计划、设计和实施工作中的一种变更，这种永久性跨国项目变更可以在跨国项目计划书和图纸等文件中反映出来，并最终影响到跨国项目产出物的形态和功能特征。跨国项目永久性变更是不可逆的，对跨国项目结果的影响大。

2）**临时性变更**。这是跨国项目实施过程中的一种权宜之计，这种临时性的跨国项目变更多数过一段时间或最终会被取消，但是有一些可能会转变为跨国项目的永久性变更。这种临时性变更最终是要取消的，所以这种变更对跨国项目结果的影响较小。

（3）**根据跨国项目变更的索赔情况分类**。这可以分为有索赔的跨国项目变更和无索赔的跨国项目变更两类，具体分述如下。

1）有索赔的变更。有索赔的变更是指跨国项目变更所增加的成本最终会由跨国项目业主或某个被索赔者去承担跨国项目变更所增加的成本。多数情况下这种变更是由跨国项目业主或被索赔者的主观原因导致的，所以这种跨国项目变更会涉及跨国项目的某种索赔。

2）无索赔的变更。这是指没有任何跨国项目业主或其他参与者会承担跨国项目变更成本的那一类跨国项目变更，这类变更通常是由于某个跨国项目参与者自身存在问题而引发的，所以需要由他们自己承担跨国项目变更的成本。实际上，任何跨国项目的变更都会导致跨国项目成本上升，只是承担跨国项目变更成本的主体不同而已。

12.1.4　跨国项目变更的影响

跨国项目是一个系统工程，所以任何变更对会对整个跨国项目产生多方面的影响。准确理解跨国项目变更带来的影响是做好跨国项目变更管理的前提。

（1）从影响内容来看。跨国项目变更产生的影响主要包括三类：对跨国项目所需资源的影响、对跨国项目产出物的影响和对跨国项目组织的影响。其中，大多数情况下跨国项目变更肯定会影响跨国项目的资源需求，包括原材料、设备、技术、人力和时间等资源的需求。这方面的影响又会反映在跨国项目的成本和工期等方面，最终会对跨国项目的经济效益产生影响。跨国项目变更对于跨国项目产出物形态和功能的影响是最为重要的，所以当跨国项目变更会有这种影响时，就需要审慎决策和确保结果能够为所有参与者接受。跨国项目变更对项目组织产生的影响包括对跨国项目组织方式和组织构成两方面的影响，因为变更可能需要新的合作方加入，导致跨国项目组织构成变化，也可能组织构成不变而只是跨国项目原有的组织方式发生变化，如契约关系的调整和利益分配格局的改变等。

（2）从影响的因果关系来看。这可以将跨国项目变更的影响分为直接影响和间接影响两种：直接影响是指跨国项目变更直接导致的结果，而间接影响则是跨国项目变更产生的连锁反应。例如，一个跨国项目由于外部环境和条件发展变化原因而导致延误，进而对跨国项目工期计划造成直接影响，其产生的直接影响就是跨国项目的完工时间发生变化。但是由于跨国项目工期的变化有可能进一步导致跨国项目所需资源和投入成本等方面的变化，从而引发的间接影响是跨国项目资源需求计划和成本计划等方面的变化。因为跨国项目变更管理中必须开展跨国项目变更的集成管理。

12.2 跨国项目变更管理概述

由于跨国项目变更会带来各种各样的影响，所以人们就必须对跨国项目变更开展管理。

12.2.1 跨国项目变更管理的概念

由图 12-1 给出的跨国项目变更内涵的示意可知，跨国项目变更管理是人们在获得了更多的跨国项目信息的前提条件下，为完善和改进跨国项目计划、涉及方案和其他方面所做出的一种跟踪决策和决策实施的管理工作。所以，从概念上说，跨国项目变更管理的实质是一种对跨国项目原有计划、设计和安排的一种修改和变动方面的管理工作，是对原有跨国项目计划不周或安排不当的一种改变和完善性跨国项目工作的管理。其内涵分述如下。

1. 纠偏与变更

跨国项目实施过程中经常会有人们发现计划偏离实际的情况，对于相对较小的这种偏离，人们只需采取纠偏措施即可，即随时做出调整即可。俗话说"计划赶不上变化"，所以跨国项目也会随时进行变化。但是跨国项目的这种纠偏措施不属于跨国项目变更的范畴，跨国项目变更更多的是指永久性和有索赔等性质的变动。例如，工程建设跨国项目中的计日工和现场签证等临时性的变化就属于纠偏的范畴，所以这方面的管理就不属于跨国项目变更管理的范畴。

2. 多方共同决策

跨国项目的纠偏措施可以由某个方面的技术或管理人员（如监理工程师）单独决策，但是跨国项目变更必须是多方共同协商做出决策，因为这种决策会影响到跨国项目多个参与者的利益。其中，由于跨国项目参与者（业主或承包商）主观意愿变化所导致的变更因为各方面利益发生变化，所以需要就原有跨国项目合同的权利和义务做出新的协商和共同决策。即便是由于跨国项目环境与条件发展变化导致的项目变更，由于会带来跨国项目参加者的利益格局变化，也需要共同协商做出决策。

3. 使结果更好

跨国项目变更管理的根本目的是纠正原有跨国项目计划步骤或方案与安排等方面的失误，所以这种管理必须能够使跨国项目结果变得更好。这就需要跨国项目变更管理做好两方面的事情：其一是跨国项目变更方案的评估和优化，其二是跨国项目变更管理方案实施的管理与控制。特别需要指出的是，跨国项目变更管理备选方案的制定和评估与优化的前提条件是，先要做好跨国项目变更决策时点之前的环境与条件的初始预测，以及实际情况的差异分析（见图 12-1），其次是要做好跨国项目变更决策时点之后的环境与条件的预测。

12.2.2　跨国项目变更管理的内容

跨国项目变更管理的内容主要有三个方面，具体分述如下。

1. 跨国项目变更的决策管理

这方面包括的内容有如下三个方面。

（1）跨国项目变更必要性的评估。首先人们必须评估跨国项目是否有必要开展变更，很多时候人们可以采用纠偏措施去解决的跨国项目问题就不需要开展跨国项目的变更。所以，这种必要性评估需要从客观环境和主观意愿两个方面去进行全面的评估，以确保在充分必要的情况下才开展跨国项目的变更。

（2）跨国项目变更方案可行性的评估。跨国项目变更必须设计多个备选方案，并且对这些跨国项目变更备选方案都要做可行性评估。因为，一方面，即使是有必要开展的跨国项目变更，但是没有可行的变更方案也是无法开展变更的；另一方面，只要开展跨国项目变更就不能是单一方案的决策，而必须是比较所有备选方案择优做出决策。

（3）跨国项目变更方案的优化选择。针对所有可行的跨国项目变更备选方案，应该使用"取长补短"的方法去优化这些备选方案，并通过评估从中选出一个最优的方案作为最终采用的跨国项目变更方案。所以，这就需要开展跨国项目变更方案的优化选择方面的管理工作，这是一种先是优化方案，然后做出方案选择的跨国项目变更管理工作。

2. 跨国项目变更的过程管理

跨国项目变更是一个完整的过程，所以必须开展跨国项目变更的过程管理。这种跨国项目变更过程管理是针对跨国项目变更全过程每个步骤的管理。具体的管理内容及原理和方法将在后续小节中展开讨论。

3. 跨国项目变更的集成管理

跨国项目任何一个方面的变更都会影响到跨国项目的各个方面，所以人们还必须开展跨国项目变更的集成管理。跨国项目目标四要素中的项目范围、时间、成本和质量，只要有一个跨国项目要素发生变更，它们在原有计划或方案中的配置关系就会失效。所以人们就必须使用集成管理的方法去努力找到并实现跨国项目目标四要素，以及资源三要素和风险要素的新的合理配置关系，从而必须开展跨国项目变更的集成管理。

12.2.3 跨国项目变更管理的原则

跨国项目变更是一把"双刃剑",因为拒绝开展变更会使跨国项目在已知错误的道路上越走越远,而不恰当的跨国项目变更会对跨国项目实施和效益造成更大的冲击,进而影响跨国项目目标的实现。因此,跨国项目的变更管理需要遵循如下几个方面的基本原则。

1. 快速响应的原则

跨国项目变更是根据跨国项目内外部环境变化做出的跨国项目计划与方案的调整,一旦有跨国项目参与者或实施者提出跨国项目变更申请,人们就需要快速做出响应(所以国际上项目合同条款多对这方面申请的响应时间有明文规定)。因为这样才可能更加有效地应对跨国项目环境与条件的变化,防止跨国项目向不利的方向持续发展。

2. 明确界定变更目标的原则

在设计跨国项目变更方案时需要首先明确界定每个跨国项目变更的目标,一方面有助于跨国项目参与者更好地理解跨国项目变更的需求和更好地进行跨国项目变更决策;另一方面,明确的跨国项目变更目标有助于将跨国项目变更的各方面影响控制在一个相对具体的范围内,从而实现更好的跨国项目变更后果。

3. 做好跨国项目变更评估的原则

为了更加审慎地做出跨国项目变更的决策,人们就需要加强跨国项目变更的评估工作。首先需要对跨国项目变更可能带来的风险和效果进行系统的评估,从而确定跨国项目变更的必要性和变更方案的可行性。同时,要借助跨国项目变更的风险评估,做好趋利避害。

4. 优选跨国项目方案的原则

为了有效控制跨国项目变更对未来的不利影响,在跨国项目变更方案设计时需要尽可能地优化跨国项目变更方案。努力选用可以利用跨国项目现有资源的方案,重点限制跨国项目变更方案的不利影响。另外,在进行跨国项目变更方案选择决策时要选择相对最优的备选方案。

5. 及时公布变更信息的原则

在做出跨国项目变更决策后,人们必须及时更新与跨国项目变更相关的跨国项目文件,并及时公布跨国项目变更的各种信息,由此保证跨国项目的全体工作人员能够按照变更后的新计划和新方案去开展跨国项目变更，以及后续的跨国项目工作。

12.3 跨国项目变更的评估管理

当需要开展跨国项目变更决策时，人们就需要认真地评估跨国项目变更备选方案的合理性和可行性，有关这种评估的特性和原理与方法分述如下。

12.3.1 跨国项目变更评估的特性与作用

跨国项目变更的评估与第二篇中讨论的跨国项目起始决策的评估（前评估）有很大不同，这是一种跨国项目的跟踪决策所需的评估，具体讨论如下。

1. 非零基点的评估

由图 12-1 可知，跨国项目起始决策的评估是在跨国项目起点所做的一种零基决策的评估，而跨国项目变更评估是一种非零基决策的评估，因为在跨国项目跟踪决策时点上已有一些跨国项目工作完成了。

2. 回顾与预测并存

跨国项目变更评估的第二的特性是，这种评估首先要回顾和评估此前（跨国项目变更时点之前）跨国项目计划安排与跨国项目环境与条件的实际情况之间的差异，其次预测和评估此后的跨国项目所面临的环境与条件，以便后续可评估找出优化的变更方案。

3. 兼顾必要性和可行性评估

跨国项目变更评估涉及变更必要性和变更方案可行性两方面的评估，跨国项目变更必要性评估是为是否开展跨国项目变更的决策提供支持的，而跨国项目可行性评估是为确定可行的跨国项目变更方案提供支持的。

4. 备选方案评估与优化选择

跨国项目变更需要有多种备选方案并且每个备选方案都需要做可行性的评估，在此基础上人们需要根据评估结果去开展方案优化（取长补短）的工作，最终做出跨国项目实施方案的选择，所以跨国项目变更评估的根本作用是为跨国项目变更决策提供支持。

12.3.2 跨国项目变更评估的分类和内容

根据上述讨论可知跨国项目变更主要有跨国项目参与者的主观意愿变化而带来的变更和跨国项目所处客观环境条件变化而造成的变更。跨国项目变更的评估从对象上进行分类可以分成跨国项目变更投资方案评估和实施方案评估两大类，这种分类的示意如图 12-2 所示。

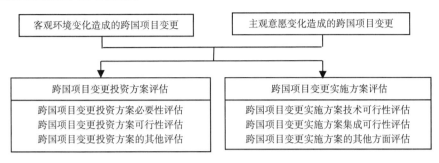

图 12-2　两大类不同的跨国项目变更方案评估及其内容

由图 12-2 可知，两类不同的跨国项目变更都需要开展两种不同的跨国项目变更方案评估。其中，一种是跨国项目变更投资方案评估，是从投资决策支持的角度，对跨国项目变更的经济必要性和可行性等进行的评估，另一种是跨国项目变更实施方案评估，这是从跨国项目实施决策支持的角度，对跨国项目变更实施方案的技术可行性和集成可行性等进行的评估。

12.3.3　跨国项目变更投资方案评估的原理和方法

一旦需要开展跨国项目变更，就需要认真地评估跨国项目变更的必要性和变更方案的可行性。通常，跨国项目变更的评估首先应该开展的是跨国项目变更投资方案的评估，这是一种跨国项目变更的经济可行性的评估，其主要原理和方法分述如下。

1. 跨国项目变更投资方案评估的特性

很显然，跨国项目变更投资方案评估具有自己的特性和作用。从时间上说，这种评估是跨国项目实施到某时点的时候开展（非零基点）；从评估角度上说，这种评估是从变更新增投资角度（或业主角度）去评估变更的可行性；从具体作用上说，这种评估是为开展跨国项目投资决策服务的。所以，跨国项目变更投资方案评估具有如下几个方面的特性。

（1）跨国项目变更投资方案评估的**决策支持特性**。这种评估的首要特性是支持跨国项目变更投资决策的特性，所以它的内容是对跨国项目变更方案的经济必要性和可行性进行评估。当然这也包括在全面考虑了跨国项目已实施完成情况的前提下，对于跨国项目变更而需要追加的投资信息，以及由此带来的跨国项目整体经济可行性的评估。

（2）跨国项目变更投资方案评估的信息相对完备特性。这是指在这种评估时点上人们比在跨国项目前评估时具有更完备的信息，因为此时跨国项目已经实施到了一个新的时点，所以出现跨国项目实施完成情况方面的新增信息，新增跨国项目环境条件发展变化信息，并且跨国项目未来实施和环境条件情况的预测信息也准确了很多。

（3）跨国项目变更投资方案评估兼顾参加者主观偏好的特性。对于那些由跨国项目参与者主观提出的跨国项目变更，在这种投资方案评估要充分考虑和兼顾跨国项目参与者的主观意愿、要求和期望等方面的主观偏好，因为任何跨国项目变更都是为更大地增加跨国项目参与者（如跨国项目业主或项目承包商等）的收益服务的。

（4）跨国项目变更投资方案评估的客观评价特性。这是跨国项目变更投资方案评估最为重要的一个特性，即在这种评估中人们必须充分考虑跨国项目环境条件的各种发展变化，所以这种评估必须对跨国项目实施到变更时点已经发生的环境与条件的发展变化和未来跨国项目可能发生的环境条件的发展变化进行客观的分析和预测。

2. 跨国项目变更投资方案评估的过程

跨国项目变更投资方案评估的过程和步骤如图 12-3 所示。

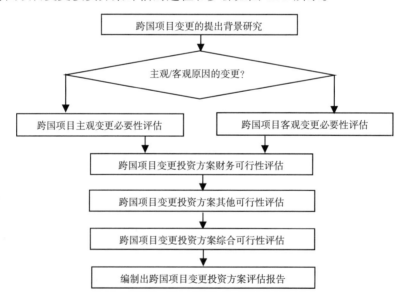

图 12-3　主/客观项目变更投资方案评估过程示意图

由图 12-3 可以看出，跨国项目变更投资方案评估中包含两部分工作：其一是跨国项目变更投资方案必要性评估，其二是跨国项目变更投资方案可行性评估。

3. 跨国项目变更投资方案评估的步骤及其内容

图 12-3 中给出的跨国项目投资方案评估的过程中各步骤及其评估内容的说明如下。

（1）**跨国项目客观变更或主观变更的确认。**这种评估首先必须确认究竟是跨国项目主观要求的变更还是客观需要的变更，因为二者在跨国项目变更投资方案评估的内容和方法上有所不同。

（2）**跨国项目变更的必要性评估。无论**主观还是客观要求的跨国项目变更都必须开展跨国项目变更的必要性评估，即从经济和技术等角度去分析和评估跨国项目变更是否必要。

（3）**跨国项目变更投资方案财务可行性评估。**跨国项目变更投资方案的财务可行性评估是为跨国项目追加或消减投资的决策提供支持的。这种跨国项目变更投资方案的财务可行性评估标准和依据多与跨国项目前评估是一致的。

（4）**跨国项目变更投资方案的其他专项可行性评估。**在人们确认跨国项目变更投资方案的财务可行性以后，就需要更进一步去开展跨国项目变更投资方案的其他方面的可行性评估，如跨国项目变更在技术、运作条件、风险、对环境和社会的影响等方面的可行性评估。

（5）**跨国项目变更投资方案综合可行性评估。**在完成上述各方面跨国项目变更投资方案评估的步骤以后，人们还需要综合跨国项目变更投资方案各专项可行性评估结果，最终得出跨国项目变更投资方案的综合可行性结论。

（6）**编制并给出跨国项目变更投资方案评估报告。**人们在完成上述的跨国项目变更投资方案评估的上述各个步骤以后，还要编制给出跨国项目变更投资方案评估报告。这种报告的主要内容包括跨国项目变更投资方案、方案可行性的评估工作和评估结论等。

4. 跨国项目变更投资方案财务评估的不同之处

对于跨国项目变更投资方案评估而言，其所用的很多原理和方法与人们在跨国项目前评估中的原理和方法是相同的。但是由于跨国项目变更的时点不是零点，并且这种评估必须以跨国项目变更时点作为跨国项目财务可行性评估的净现值计算的折现基点，所以整个这种评估的净现值计算方法和结果发生了变化，而这就是跨国项目变更投资方案的财务评估与跨国项目前评估的方法中最大的不同之处。这种不同可以由图 12-4 和图 12-5 给出示意。

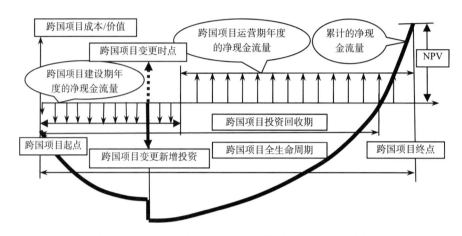

图 12-4　跨国项目变更投资方案评估的净现金流量示意图

由图 12-4 可以看出，当跨国项目变更时会出现新增投资和其他新增现金流量，此时的跨国项目累积现金流量就会出现折线。由此可知，跨国项目变更投资方案的财务评估的净现值计算与跨国项目前评估的时候有很大的不同。其中最大的不同在于跨国项目各年度现值的"现在"变成了跨国项目变更的时点而不是前评估中的跨国项目起始点，因此整个跨国项目各年度的现值都是向跨国项目变更时点进行折现，图 12-5 给出了相关示意。

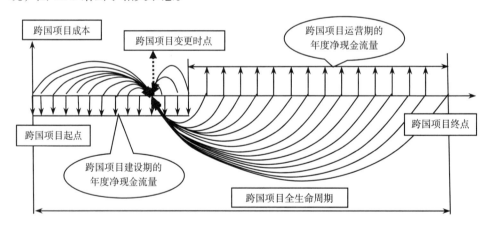

图 12-5　跨国项目变更投资方案各年度净现金流量折现示意图

由图 12-5 可以看出，跨国项目变更投资方案的各年度现金流量都必须向跨国项目变更时点进行折现。由于篇幅所限无法在此展开讨论，有关这种跨国项目各年度现金流量的折现计算可参见笔者出版的项目评估学方面的著作中的相关讨论①。

① 戚安邦. 项目评估学[M]. 2 版. 北京：科学出版社，2019.

12.3.4　跨国项目变更实施方案的评估原理和方法

任何跨国项目的变更都是为了改进和完善跨国项目最终结果的，但是如果跨国项目变更实施方案有误不但难以成功，而且会给跨国项目带来灾难。所以，跨国项目变更要想获得成功就必须进行跨国项目变更实施方案的评估，以确保跨国项目变更实施方案的可行性。

1. 跨国项目变更实施方案评估的概念

这种评估是对于跨国项目变更实施方案的技术可行性、集成可行性等所构成的综合可行性所开展的全面评估，最重要的是跨国项目变更与跨国项目各方面的集成评估，即跨国项目变更的实施方案能否与跨国项目已有条件和环境实现合理配置关系的评估。

2. 跨国项目变更实施方案评估的独特性

跨国项目变更实施方案的可行性评估最大的特性是，这种评估在跨国项目前期实施的已有结果和后期即将实施内容与要求的基础上开展的评估，所以就必须考虑跨国项目变更实施方案是否能够合理匹配跨国项目变更之时所涉及各方面环境与条件的合理配置与集成。

3. 跨国项目变更实施方案评估的内容

由图 12-2 可知，跨国项目变更实施方案评估的内容主要包括三个方面：其一是技术可行性评估，其二是集成可行性评估，其三是其他方面的评估。其中，跨国项目变更实施方案的其他方面的评估主要包括跨国项目实施方案的所需环境评估和环境影响评估，以及实施方案的综合可行性评估。

4. 跨国项目变更实施方案评估的过程

跨国项目变更实施方案评估的过程和步骤如图 12-6 所示。

由图 12-6 可以看出，跨国项目变更实施方案评估中主要包含两部分工作：其一是跨国项目变更实施方案的技术可行性评估，其二是跨国项目变更实施方案的集成可行性评估。

5. 跨国项目变更实施方案评估的步骤及其内容

图 12-6 给出的跨国项目变更的实施方案评估过程中，各步骤及其评估内容的说明如下。

（1）跨国项目变更的现有条件和环境研究。这主要是评估跨国项目实施到跨国项目变更时点所处的当时的跨国项目条件和环境的评估，其中包括对于跨国项目已有实施成果的评估和综合考虑这些成果所做出的跨国项目当时的项目环境与条件的评估。

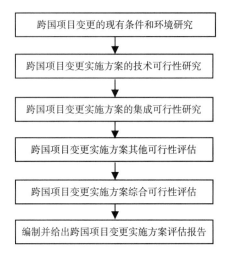

图 12-6　跨国项目变更实施方案评估的过程和步骤示意图

（2）**跨国项目变更实施方案的技术可行性研究**。这主要是对于跨国项目变更实施方案从技术实施的可行性及跨国项目实施变更以后对于跨国项目工艺技术和技术装备等方面的影响，以及最终跨国项目实施变工并完成交付的时候跨国项目整体的技术可行性。

（3）**跨国项目变更实施方案的集成可行性研究**。这方面的评估涉及三个方面：其一是跨国项目变更实施方案与跨国项目已经完成部分的合理配置的可行性，其二是跨国项目变更实施方案所带来的对于跨国项目目标要素、资源要素和风险要素实现合理配置的可行性，其三是跨国项目变更实施方案对于所有跨国项目参加者利益的合理配置的可行性。

（4）**跨国项目变更实施方案其他可行性评估**。这涉及跨国项目变更方案的实施环境与条件方面的可行性，既包括环境对于跨国项目变更实施方案的支持可行性，也包括实施变更给环境所造成影响的环境可行性等方面的评估。

（5）**跨国项目变更实施方案综合可行性评估**。这是集成上述各方面的跨国项目变更实施方案的专项评估的结果所给出的跨国项目变更实施方案的整体可行性的评估。通常，这是最终确定跨国项目变更实施方案可行性的最终结果。

（6）**编制并给出跨国项目变更实施方案评估报告**。人们在完成上述的跨国项目变更实施方案评估的各个步骤以后，还要编制出跨国项目变更实施方案评估报告。这种报告的主要内容包括跨国项目变更实施方案的内容、方案可行性的评估工作和评估结论等。

6. 跨国项目变更实施方案评估的独特之处

这里最大的不同有两个方面：其一是前面所讨论的非零基点的评估，所以必须全面考虑跨国项目已完成部分的成果和未来要进行跨国项目变更的工作之间的合理配置；其二是跨国项目变更实施方案各个方面或要素之间的合理配置。这与跨国项目前评估有很大不同，在前评估中所评估的方案是从零开始自行设计和安排跨国项目实施方案各方面的合理配置。所以，跨国项目变更实施方案的评估最核心的是这种方案的集成可行性评估，即这种方案能够与跨国项目已有成果实现全面集成，以及跨国项目变更实施方案的各个方面或要素（目标、资源、风险等）能否实现全面集成。由于篇幅所限无法在此展开关于这种集成管理的全部讨论，有关这方面的内容读者可参见关于跨国项目变更集成管理方面的内容，以及本书作者出版的《项目全面集成管理原理和方法》的著作。[①]

12.4 跨国项目变更的过程管理

如上所述，跨国项目变更的实施会产生多方面的影响，因而需要使用科学的跨国项目变更过程管理的方法加以管理。

12.4.1 跨国项目变更过程管理的模型

这种过程管理的方法及其步骤和内容如图 12-7 所示。

图 12-7 跨国项目变更的过程管理步骤和内容

由图 12-7 可知，跨国项目变更的过程管理模型中涉及六个基本的步骤，从跨国项目变更的提出和确认，一直到跨国项目变更实施结果确认，构成了整个跨国项目变更管理的全过程。

12.2.2 跨国项目变更过程管理的步骤

由图 12-7 可知，跨国项目变更管理的过程模型中涉及如下步骤和内容。

---

① 戚安邦. 项目全面集成管理原理与方法[M]. 天津：南开大学出版社，2015.

1. 跨国项目变更的提出和确认

首先，跨国项目变更委员会需要对跨国项目参与者提出的跨国项目变更申请进行确认和批准，不管是由于客观环境发展变化导致的客观性跨国项目变更还是由跨国项目参与者提出的主观跨国项目变更请求，都需要履行跨国项目请求和审批与确认程序。

2. 跨国项目变更投资方案评估

然后是开展跨国项目变更投资方案的评估，这是一种从经济可行性角度对跨国项目变更的投资方案所做的必要性和可行性评估，即对于跨国项目变更投资方案是否能够给跨国项目带来更好绩效和收益方面的评估。

3. 跨国项目变更实施方案评估

更进一步是开展跨国项目变更实施方案的评估，这是一种从技术可行性和集成可行性角度对跨国项目变更的实施方案所做的可行性的评估，即对于跨国项目变更实施方案是否能够具有技术手段和是否还能够实现跨国项目各要素的合理配置关系所做的评估。

4. 跨国项目变更方案的实施

在完成上述两个方面的跨国项目变更评估以后，人们就可以批准并实施跨国项目变更方案了。此时最重要的管理是开展"依计而行"的跨国项目变更实施方案的计划，并且在跨国项目变更实施过程中做好各方面的管理控制工作。

5. 跨国项目变更合理配置控制

在整个跨国项目变更实施过程中最重要的工作是开展每个实施工作或步骤中的跨国项目各个要素的合理配置的控制，这是一种保持跨国项目变更方案各个要素之间科学集成的控制方法，以防止在跨国项目变更实施中出现丢三落四或互不匹配的问题。

6. 跨国项目变更实施结果确认

最终，在整个跨国项目变更工作完成以后，人们必须对跨国项目变更实施结果的绩效进行评估，并且对于跨国项目变更实施中跨国项目各要素的合理配置关系实现情况进行分析，以确认跨国项目变更是否实现了集成性的成果。

综上所述，跨国项目变更的实施是一个独立的过程，整个过程需要开展必要的过程管理，以保证跨国项目变更实施方案的成功完成和跨国项目变更目标的最终实现。

12.5　跨国项目变更的集成管理

任何一个跨国项目变更的实施方案都必须实现跨国项目已实现部分和后续变更部分这二者的集成，而这二者的集成体现在跨国项目实施方案的各个要素之间的全面集成。例如，一个跨国项目的范围发生变更就会使得跨国项目时间、成本、质量、资源和风险等各方面发生相应变更，因此人们在对跨国项目变更的集成管理中合理配置跨国项目各方面的相应变更，即按照跨国项目各方面的合理配置关系去集成管理跨国项目变更的实施工作。

12.5.1　跨国项目变更实施方案的全要素集成模型

任何跨国项目变更实施方案都会涉及跨国项目各个要素的合理配置，这些跨国项目要素的合理配置可以使用下面的目标函数关系进行描述。

$$Y = f(Q,S,T,C,)$$
$$\text{subject to}: R_1,\ R_2,\ R_3,\ R \tag{12-1}$$

式中：Y 为跨国项目变更总体目标；Q、S、T、C 为跨国项目质量、范围、时间和成本的四目标要素；R_1、R_2、R_3 为跨国项目劳力物力、人力和信息三资源要素；R 为跨国项目风险要素。

由式（12-1）可知，跨国项目目标的实现是以跨国项目目标四要素之间实现合理配置的结果，也就是俗话说的"多快好省"。但是要实现"多快好省"还必须考虑跨国项目资源三要素的制约，所以跨国项目目标四要素必须与跨国项目资源三要素实现集成。更进一步，跨国项目的目标四要素和资源三要素都会受到跨国项目风险要素的影响，所以它们还必须与跨国项目风险要素实现集成，最终只有这八个要素的全面集成才是跨国项目变更集成管理成功的途径和保障。

12.5.2　跨国项目变更实施方案的集成计划方法

跨国项目变更实施方案的集成计划方法主要有如下几个方面。

1. 跨国项目变更实施方案的目标四要素集成计划方法

在跨国项目变更出现变更时，人们必须对跨国项目各个专项目标计划进行再次的集成计划，因为任何跨国项目变更都已经破坏了原有的跨国项目目标四要素的合理配置关系。这种计划的做法是按照跨国项目变更的要求，对跨国项目范围、时间、成本和质量四目标要素使用"两两分步集成"的方法，重新制订跨国项目变更的集成计划和目标四要素专项计划。

2. 跨国项目变更实施方案的资源三要素集成计划方法

在做好跨国项目目标四要素的集成计划安排以后，人们还必须对跨国项目所需各种资源的计划进行再次集成计划和安排。这种方法的内容主要包括跨国项目变更实施方案所需各方面的资源合理配置的方法，以及修订跨国项目资源集成计划和项目三种资源专项计划的方法。人们必须借助这一方法将跨国项目变更所需资源的计划安排进行全面的集成。

3. 跨国项目变更实施方案的全要素集成计划方法

在实现上述目标四要素和资源三要素的集成之后，人们还必须将跨国项目目标四要素和资源三要素与跨国项目风险要素进行全要素的集成计划和安排。这种计划集成方法的内容主要包括分析和确定跨国项目四个目标要素和三个资源要素各自的风险变动范围，然后使用跨国项目全要素的集成计划的程序和方法去集成计划跨国项目目标和资源要素的确定性部分和风险性部分，最终实现整个跨国项目所有要素的变更计划安排的全面集成。

12.5.3 跨国项目变更实施过程的集成控制方法

跨国项目变更实施过程的集成管理主要有如下两种方法。

1. 跨国项目变更集成控制系统的方法

这是指对于跨国项目变更实施方案及其文件的正式申报和审批的程序及做法所构成的一种集成控制系统，这种系统中包括跨国项目变更方案的书面审批程序，跨国项目变更实施过程的跟踪控制方法、审批跨国项目变更的权限规定等。一般这种系统方法首先需要建立一个专门负责批准或拒绝跨国项目变更请求的委员会，该委员会的权利和义务必须由正式文件做出明确的规定和说明。另外，这种系统还包括跨国项目文档化管理的要求等。

2. 跨国项目变更实施的配置管理方法

在跨国项目变更实施过程的集成管理中，人们需要按照跨国项目变更方案全要素的配置关系去使用跨国项目配置管理的方法开展集成控制。这方面的主要内容包括在跨国变更实施过程中努力控制跨国项目各要素之间的合理配置关系，图12-8给出了这种配置管理方法的示意。

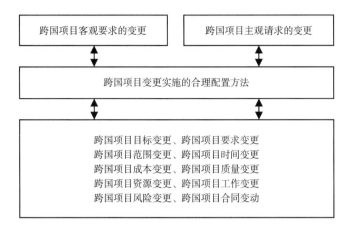

图 12-8 跨国项目变更集成管理中的配置管理方法示意图

由图 12-8 可知，这种跨国项目变更配置管理的方法的根本作用是根据跨国项目某个要素的变更对跨国项目其他所有要素进行全面的配置控制。例如，当跨国项目范围目标要素发生变更时，人们就必须对跨国项目产出物和项目工作进行合理配置管理。同时，人们还必须对跨国项目时间、成本、质量、资源、风险、合同等各要素进行合理配置与集成管理。